# Nachrichten aus Ontario

Auslandsdeutsche Literatur
der Gegenwart

Hauptherausgeber:

Alexander Ritter

Band 6

Nachrichten aus Ontario
Herausgegeben von Hartmut Froeschle

1981
OLMS PRESSE
HILDESHEIM · NEW YORK

# Nachrichten aus Ontario

## Deutschsprachige Literatur in Kanada

Herausgegeben
von

Hartmut Froeschle

1981
OLMS PRESSE
HILDESHEIM · NEW YORK

Printed in Germany
Herstellung: Hain-Druck KG, Meisenheim/Glan
ISBN 3 487 08223 3

Inhalt

# EINLEITUNG

Ob und inwiefern es eine deutschkanadische Literatur gibt, diese Frage drang erst vor rund vierzig Jahren ins Bewußtsein der deutschsprachigen Kanadier. Reflexion über das eigene Schrifttum findet sich zuerst Mitte der 30er Jahre bei den deutschsprachigen Mennoniten Westkanadas, denen nach der bolschewistischen Revolution die Auswanderung aus Rußland gelungen war und die sich von 1935-38 in der „Mennonitischen Warte" ein zentrales Publikationsorgan für ihre belletristischen Bestrebungen geschaffen hatten. Nach dem 2.Weltkrieg wurde das Thema zuerst wieder von Heinz Kloss aufgegriffen, der schon in den 30er Jahren einige Aufsätze darüber publiziert hatte; er veröffentlichte im Jahr 1961 eine Anthologie deutschkanadischer Dichtung unter dem Titel „Ahornblätter". Nur wer weiß, wie schwierig die Materialerschließung auf dem vernachlässigten Feld deutschkanadischer Literatur ist, vermag die Leistung von Kloss gebührend zu würdigen; in einem ausführlichen Vorwort setzt er sich zudem erläuternd mit den Texten auseinander. Wir haben bei der Vorbereitung der vorliegenden Anthologie in einigen Punkten dankbar auf Kloss' Vorarbeit aufgebaut. Nach einigen Teilaspekte erschließenden Aufsätzen von Clive H. von Cardinal - der uns, neben den Autoren dieses Bandes, besonders hilfreich bei der Materialsuche unterstützte - stellten wir selbst dann die Frage vom Standpunkt des heutigen Forschungsstandes (im 3.Band des „Deutschkanadischen Jahrbuchs") und versuchten beim ersten Montrealer Symposium über deutschkanadische Studien eine systematische und umfassende Antwort zu geben. Dieser Vortrag, in den „Annalen 1" veröffentlicht, stellt den Inhalt des Kapitels „Literaturkritik" unserer vorliegenden Anthologie dar.

Unsere Textsammlung weicht von den ersten zwei der bisher erschienenen Bände der Reihe (über die Sowjetunion und Rumänien) in einigen Aspekten ab. Erstens beginnt die „Gegenwart" der deutschkanadischen Literatur in den 30er Jahren mit dem literarischen Mündigwerden der rußlanddeutschen Mennoniten in Kanada; das Kriegsende stellt in der deutschkanadischen Literatur keinen markanten Einschnitt dar. Zweitens enthält unser Band, vor allem im Lyrikteil, eine ganze Anzahl von Erstveröffentlichungen. Und drittens beinhaltet unsere Anthologie einen relativ umfangreichen Essayteil. Diese Abweichungen resultieren aus der spezifischen kanadischen Situation. Die Erstveröffentlichungen, zumeist von Autoren stammend, die erst mit wenigen Texten an die Öffentlichkeit getreten sind, erschienen uns notwendig, um ein abgerundetes Bild der existierenden thematischen und stilistischen Bemühungen zu vermitteln. Der Essayteil steckt das soziale und kulturelle Umfeld ab, in dem die Dichtung entstand. Diese Texte, weniger wegen ihrer sprachlichen Formung als um ihres Informationsgehaltes wegen ausgewählt, erscheinen geboten in Hinsicht auf ein Land und eine deutschsprachige Minderheit, über die der gebildete deutsche Leser viel weniger weiß als über die Länder (und ihre deutschen Volksgruppen), denen die ersten drei Bände der Reihe gewidmet waren, nämlich die Sowjetunion, Rumänien (Siebenbürgen, Banat) und Frankreich (Elsaß).

Das heutige deutschkanadische kulturelle Leben kennzeichnet sich durch eine Anzahl von Phänomenen, die uns mutatis mutandis auch aus anderen Ländern bekannt sind, nämlich Institutionen, die sich die Gruppe in der Minderheitensituation als Instrument zum Erhalt und zur Fortentwicklung mitgebrachter Traditionen geschaffen hat: Organisationen aller Art, gesellige Vereine, muttersprachliche Religionsgemeinschaften, Privatschulen, Buchläden, Zeitungen und Jahrbücher, Rundfunk- und Fernsehprogramme, Laientheatergruppen, Spezialitätengeschäfte und Restaurants. Die deutschsprachige Gruppe Kanadas nahm in den 50er und frühen 60er Jahren infolge des mehrere hunderttausend Menschen umfassenden Einwandererstroms einen enormen Aufschwung. Heute, nach der im Vergleich mit anderen Gruppen überdurchschnittlich erfolgreich gelungenen Akklimatisierung der Einwanderer, sind Erosionserscheinungen aller Art im Gruppenleben nicht zu übersehen. Doch sind andererseits auch positive Zeichen dafür bemerkbar, daß sich zum erstenmal in der mehr als 300jährigen Geschichte deutscher Ansiedler in Kanada - zumindest bei einer aktiven Minderheit - ein Volksgruppenbewußtsein herausbildet, das über regionale Begrenzung hinausreicht und ein das ganze Land umfassendes und kohärenteres Kulturleben für die Zukunft verspricht. Was einen solchen kulturellen Zusammenhang bis vor ca. drei Jahrzehnten unmöglich machte, war die weite Streuung der Siedler, die unzureichende soziale Schichtung der verschiedenen Einwanderergruppen, der Assimilationsdruck der Gesellschaft und das mangelnde Volksgruppenbewußtsein der deutschsprachigen Einwanderer, dessen Entwicklung vor allem die beiden Weltkriege und ihre Folgen schwere Bürden auferlegten. Heute hat sich durch die auf schmerzlose Integration der Einwanderer abzielende kanadische Regierungspolitik des Multikulturalismus und durch die früher ungeahnten Möglichkeiten moderner Kommunikation die Lage zumindest potentiell zum Besseren gewendet.

So ist zu hoffen, daß sich in Zukunft auch die Rezeptionsbedingungen für deutschschreibende Autoren in Kanada verbessern, indem ein Publikum heranwächst, das die literarische Produktion einheimischer Autoren beachtet und bewußt fördert. Denn das große Dilemma deutschkanadischer Autoren lautete (und lautet noch): wo kann ich mein Werk publizieren, und durch welche Distributionskanäle erreiche ich die Leserschaft? Für die Verfasser religiös ausgerichteten Schrifttums war dieses Problem früher noch relativ einfach zu lösen; die größeren deutschsprachigen Religionsgemeinschaften, wie die Katholiken, Lutheraner und Mennoniten (die Herrnhuter gingen relativ früh zur englischen Sprache über) hatten ihre eigenen Verlage in Zentraleuropa oder in den U.S.A.; als Verteiler boten sich die weitgestreuten Gemeinden an. Für andere Autoren war es erheblich schwieriger; falls das Thema nicht zu regionalspezifisch war, konnten sie bis zum 1.Weltkrieg, als das Deutschamerikanertum noch ungebrochen war, ihre Schriften bei einem deutschamerikanischen Verlag unterbringen. Außerhalb klarer Gruppenbindung erwies es sich als sehr schwer, in Deutschland einen Verleger zu finden; und in Kanada selbst hatte sich - mit Ausnahme einiger Zeitschriftenverlage in Ontario und Westkanada und des kurzlebigen mennonitischen Echo-Verlags (der in den 40er und 50er Jahren eine historische Schriftenreihe über mennonitische Siedlungen in Rußland herausbrachte, die sich auf zehn Bände belief) - nie ein deutsches Verlagswesen herausgebildet. Viele Schriftsteller, unter ihnen vor allem mennonitische Autoren, griffen zur Selbsthilfe und gaben ihre Schriften im Selbstverlag heraus. Erst seit 1973 ist ein zweiter deutscher Verlagsversuch in Kanada zu verzeichnen: seitdem fungiert die Historical Society of Mecklenburg Upper Canada (zur Erklärung des Vereinsnamens siehe „Deutschkanadisches Jahrbuch" Bd.I, S.275ff.) als Herausgeber des alle ein bis zwei Jahre erscheinenden „Deutschkanadischen Jahrbuchs". Bisher gelang es dieser Freiwilligenorganisation mit großer Mühe, vier Bände dieses Sammelwerkes zu publizieren. Um einen genügend großen Abnehmerkreis zu erreichen, wurde das Jahrbuch von Anfang an zweisprachig konzipiert, d.h. je nach avisiertem Publikum ist ein Teil der Artikel auf englisch, ein Teil auf deutsch abgefaßt. Die durch den Zwang, verschiedene Zielgruppen zugleich zu erreichen, hervorgerufenen Schwierigkeiten umreißt der Herausgeber im Vorwort zum dritten Band des Jahrbuchs wie folgt: „Diese Publikation hat es insofern nicht leicht, als sie verschiedene Aufgaben zugleich zu erfüllen versucht: sie möchte sowohl das englischsprachige als auch das deutschsprachige Publikum ansprechen; sie möchte wissenschaftlich exakte Belehrung mit interessanter Unterhaltung verbinden; sie möchte das kanadische Publikum über die deutschsprachige Volksgruppe und das deutschsprachige Publikum über Kanada informieren; und sie möchte zur innerkanadischen Diskussion über kulturelle Identität sowie zum fruchtbaren Gespräch innerhalb der Deutschkanadier selbst beitragen. Bei solch vielfältiger Zielsetzung muß mancher Kompromiß geschlossen werden."

Den jüngsten Verlagsversuch hat der „Verband für deutschkanadische Geschichtsforschung", der eng mit der „Historical Society" zusammenarbeitet, unternommen. 1977 begründete er die Reihe „Deutschkanadische Schriften" mit den Sektionen „Sachbücher" und „Belletristik". In der Sachbuchreihe ist bisher ein Band erschienen (Gottlieb Leibbrandt, Little Paradise. Aus Geschichte und Gegenwart der Deutschkanadier in der County Waterloo, 1800-1975"); als Band 2 ist eine historische Dokumentation aus der Zeit des Amerikanischen Unabhängigkeitskrieges geplant. Diese ersten vier Nummern der Belletristik-Reihe sollen noch vor Mitte 1979 erscheinen und folgende Bände umfassen: Else Seel, Lyrik und Prosa; Christine Fröhlich, Zwei Märchenspiele für Schulbühnen; Drei frühe deutschkanadische Dichter: Eugen Funcken, Heinrich Rembe und Emil Querner; Drei deutschkanadische Humoristen: Rolf Max Kully, Ernst Loeb und Walter Roome. Die Gesamtherausgeber der Sachbuch-Reihe sind Hartmut Froeschle und Victor Peters, die der Belletristik-Reihe Hermann Boeschenstein und Hartmut Froeschle. Erfolg bzw. Mißerfolg dieser Schriftenreihe wird Aufklärung darüber geben, ob ein genügend großer deutschkanadischer Leserkreis vorhanden ist, der einen bescheiden aufgezogenen und weitgehend ehrenamtlich betriebenen deutschkanadischen Verlag tragen kann. Denn ob wirksame Unterstützung aus Deutschland für dieses Projekt zu erhoffen ist, erscheint angesichts der dort herrschenden stiefmütterlichen Haltung gegenüber den deutschen Sprachgruppen im Ausland recht fraglich. Bei der Beurteilung der Schwierigkeiten eines solchen Unternehmens darf man nicht übersehen, daß eine solche einheimische Produktion die Konkurrenz mit den aus Deutschland importierten Büchern zu bestehen hat. Der Informationsfluß über den Ozean ist breit und stetig; deutsche Zeitungen kann man dank des interkontinentalen Flugverkehrs heute in den großen kanadischen Städten schon wenige Tage nach ihrem Erscheinen im Mutterland erhalten.

Auch heute ist es noch so, daß nur diejenigen deutschkanadischen Autoren mit einem sicheren Abnehmerkreis rechnen können, die einen klar abgegrenzten Leserkreis ansprechen. Dies trifft vor allem auf die Mennoniten zu, bei denen trotz starker Anglisierung eine kleine Renaissance deutschsprachiger Literatur zu verzeichnen ist. 1974 brachte der Mennonitische Geschichtsverein die halb englische, halb deutsche Jubiläumsschrift „Harvest: Anthology of Mennonite Writing in Canada" heraus, und der Mennonitische Sprachverein publizierte im gleichen Jahr eine Auswahl der Gedichte Fritz Senns unter dem Titel „Das Dorf im Abendgrauen". Dem Sprachverein ist auch die schöne, umfassende Anthologie deutschsprachiger mennonitischer Literatur in Kanada „Unter dem Nordlicht" zu verdanken, die Georg K. Epp 1977 edierte. Den beigefügten biographischen Autorennotizen dieser Anthologie bin ich in der meinigen verschiedentlich dankbar verpflichtet. Durch Epps Initiative, der ab 1979 die Leitung des Canadian Mennonite Bible College in Winnipeg übernahm, sollen in einer Buchreihe die Werke von ca. 12 bedeutenden mennonitischen Autoren neu aufgelegt werden.

Autoren außerhalb religiöser oder (früher) regionaler Gruppenbildung waren und sind zumeist völlig vereinsamt. „Eichhörnchen hörten meine deutschen Lieder", schreibt Else Seel in ihrem Gedicht „In Memoriam". Nur wer fest mit einem deutschen Verlag zusammenarbeitet (wie dies Walter Bauer, Hogrebe und Schaffer taten bzw. tun), kann auf ein Stammpublikum in Deutschland selbst hoffen. Ein Dialog zwischen den weit verstreut lebenden Autoren findet, schon allein wegen der riesigen Entfernungen, nicht statt. Darüberhinaus existieren allerlei Barrieren anderer Art, religiöse, weltanschauliche, landsmannschaftliche, die das Gespräch erschweren oder verhindern und zu Sektierertum führen. Einsamkeit verbittert und pertifiziert, so daß manchmal selbst dem, der Hilfe anbietet und zur Kommunikation hinführen will, mit Mißtrauen begegnet wird. Da die deutschkanadischen Zeitungen (die heute wichtigsten Wochenzeitungen sind der „Courier-Nordwesten", die „Torontoer Zeitung" und die „Pazifische Rundschau", neben den spezifisch mennonitischen Organen „Der Bote" und „Mennonitische Rundschau") kein literarisches Konzept haben (nur die 1975 eingegangenen „Montrealer Nachrichten" und eine Zeitlang der „Nordwesten" vor seiner Fusion mit dem „Courier" billigten der Belletristik einen gewissen Raum zu), ist die Dokumentations- und Belletristik-Sektion des „Deutschkanadischen Jahrbuchs" derzeitig die einzige Stelle, wo schöngeistige Texte jeweils einiger Autoren dem vergleichenden Betrachter angeboten werden.

Es versteht sich, daß unter den oben skizzierten Schaffens- und Rezeptionsbedingungen die literarische Produktion deutschkanadischer Autoren gering ist - selbst wenn man davon ausgeht, daß infolge der durch die Weltkriege hervorgerufenen kritischen Lage viele Texte nie publiziert wurden und verlorengegangen sind. Wertende Vergleiche mit anderen deutschen Minderheitenliteraturen müssen diese spezielle Lage in Betracht ziehen, um zu einem angemessenen Urteil zu gelangen. Den mehr als 3100 Titeln mit einer Auflage von 8.200.000 Exemplaren, die laut Heinrich Stiehler von deutschsprachigen Verlagen Rumäniens von 1949 bis 1967 auf den Markt kamen, steht auf kanadischer Seite von 1949 bis heute schätzungsweise kaum mehr als ein Zehntel dieser Zahl mit einer Auflagenhöhe von höchstens einigen Zehntausend gegenüber.

Nur von wenigen der in unserer Anthologie vorgestellten Autoren liegt ein größeres Oeuvre vor: neben den mennonitischen Schriftstellern Arnold B. Dyck, Jakob H. Janzen und Peter J. Klassen sind zu nennen Walter Bauer, Mario von Brentani (vor seiner kanadischen Zeit), Hermann Boeschenstein (vor allem germanistische Werke) und Ulrich Schaffer. Eins bis vier belletristische Bücher publizierten folgende Schriftsteller: Abram J. Friesen (2), Anton Frisch (1), Jürgen E. Kroeger (2), Rolf Max Kully (2, vor seiner kanadischen Zeit), Ernst Loeb (1), Gerhard Loewen (1, plus einige vor seiner kanadischen Zeit), Gerhard Lohrenz (4, neben einigen englischen Werken), Petra von Morstein (1), Walter Roome (1 plus vier englische Übersetzungen deutscher literarischer Texte), Ben Sauder (1), Valentin Sawatzky (4), Else Seel (2), Fritz Senn (1), Gerhard C. Toews (2), Nikolaus H. Unruh (1), Jakob Warkentin (1), Marie Weiss (1), Carl Weisselberger (1) und Joseph Werneth (1). Die übrigen Autoren sind nur mit gelegentlichen unselbständigen Veröffentlichungen (Lyrik und Kurzprosa) in Zeitschriften hervorgetreten. Trotzdem verdienen sie, um der thematischen und stilistischen Abrundung willen, einen Platz in unserer Anthologie, die einen repräsentativen Überblick über die deutschkanadische Literatur der letzten Jahrzehnte zu geben versucht. Sie möchte nicht nur das deutsche Publikum in Europa, sondern vor allem auch die deutschkanadische Leserschaft auf die Existenz einer solchen Literatur hinweisen, von der das letztere Publikum oftmals nicht den geringsten Begriff hat. Unsere Sammlung beabsichtigt auch, die noch lebenden Autoren zu ermutigen und - last but not least - eine brauchbare Textgrundlage zu liefern für die Kurse über deutschkanadische Kultur, die an einigen kanadischen Universitäten eingeführt wurden und an anderen im Konzeptionsstadium sind. Dokumentarische Vollständigkeit wurde angestrebt; ob sie wirklich optimal erreicht wurde, bleibt abzuwarten angesichts der Schwierigkeit, die disparate, inkohärente deutschkanadische Literaturszene zu überblicken, worin die Mobilität des modernen Menschen und das Fehlen eines kanadischen Einwohnermeldeamtes in manchen Fällen noch nicht einmal das Aufspüren eines gesuchten Autors möglich macht.

Raummäßig unterrepräsentiert sind einige der mennonitischen Autoren, einige andere, die es verdient hätten (wie Hans Enns, Georg K. Epp, Karl Fast, Heinrich Goerz, Johann P. Klassen, Harry Loewen, Maria Penner, Elisabeth Peters, Gerhard A. Peters, Gerhard H. Peters und Franz C. Thiessen), sind in unsere Anthologie gar nicht aufgenommen. Dieses Vorgehen, durch Raummangel diktiert, war vertretbar, weil diese Autoren in G.K. Epps „Unter dem Nordlicht" und teilweise auch in Kloss' „Ahornblättern" vorgestellt worden sind. Wie weit unsere Textdarbietung über die von H. Kloss hinausgeht, erhellt daraus, daß bei uns

44 (größtenteils neuere) Autoren vertreten sind, die in den „Ahornblättern" fehlen.

Weglassen mußten wir auch die reiche plattdeutsche Dialektliteratur in Kanada, die eine eigene Anthologie mit kritischer Würdigung verdienen würde. Die meisten der bei uns und Epp aufgeführten mennonitischen Autoren (darüberhinaus unter den Autoren der jüngsten Zeit auch Reuben Epp, Gerhard Ens, Heinrich D. Friesen und Jack Thiessen) benutzten in ihrer literarischen Produktion neben der hochdeutschen Sprache auch ihr heimisches westpreußisches Platt. Ob es eine neuere jiddische Literatur in Kanada gibt, entzieht sich unserer Kenntnis. 1935 veröffentlichte H.M. Caiserman eine Anthologie „Jiddische Dichter in Canada", die Texte von über 40 Autoren umfaßte. Die einzigen Dialektschöpfungen, die wir in unsere Sammlung aufgenommen haben, sind zwei pennsylvaniendeutsche Gedichte von Benjamin Sauder. Auch die in Kanada geschaffenen pennsylvaniendeutschen Werke, die - teilweise sehr ergötzliche Gedichte und kurze Prosastücke - zumeist in Zeitungen zum Druck kamen, verdienten eine eigene Anthologie mit einer Deskription der kanadischen Variante dieses Dialekts, der noch heute vereinzelt auf der Niagarahalbinsel (Ontario) gesprochen wird.

Aus den Rezeptionsbedingungen erklärt sich, daß die Hauptmasse der deutschkanadischen Literatur aus Lyrik und Kleinprosa besteht. Eine Reihe von Autoren hat aber auch Romane vorgelegt: Walter Bauer, Hermann Boeschenstein, Arnold Dyck, Jakob H. Janzen, Peter J. Klassen, Gerhard Lohrenz und Gerhard G. Toews. Mangels eines blühenden Theaterwesens ist die Dramenproduktion naturgemäß sehr gering. Seit Dietrich Neufelds 1924 publiziertem Jubiläumsschauspiel „Kanadische Mennoniten" ist, wenn man von Abram J. Friesens Einakter „Gott grüß dich" (1952) absieht, auf diesem Feld nichts mehr erschienen. Die Publikation von zwei Märchenspielen für Schulbühnen von Christine Froehlich steht, wie oben schon angemerkt, kurz bevor. Die von Erwin Potitt für die deutsche Laienbühne Montreals geschriebenen Dramen sowie das von Gerd Neuendorff für die Winnipeger deutschsprachige Theatergruppe verfaßte Schauspiel „Und keiner hört hin" harren noch der Veröffentlichung.

Schaut man auf die Triebkräfte zum Schreiben bei den deutschkanadischen Autoren, so kristallisieren sich einige Themenkreise heraus. Neben der religiösen und gemeinschaftsbezogenen Didaktik, der Gottes- und Seinsvergewisserung der religiösen Dichter (die jüngeren unter ihnen, etwa Ulrich Schaffer, Hartwig Roosch und Rüdiger Krause, kennen durchaus die moderne existentielle Verunsicherung) steht die Literatur der geistig-seelischen Landnahme in der neuen Heimat, wie sie sich etwa in Bauers Kurzgeschichtensammlung „Fremd in Toronto" zeigt. Die Berichte von Else Seel und John Grossmann lassen, wohl zum letztenmal, noch etwas von den Pionierschicksalen früherer Jahrhunderte aufklingen. Inspiration wuchs manchem Dichter aus der weiten und oft grandiosen kanadischen Landschaft zu (vgl. etwa Rolf E. Windthorsts „Canada", P.J.Klassens „Nordlicht" und G.von Nusenows „Durch die nordische Nacht"). Dem Kanada der Jäger und Fischer hat Johannes K. Hogrebe mehrere erfolgreiche Bücher gewidmet. Naturgemäß zwingt die Dialektik der Existenz zwischen alter und neuer Heimat manchen Einwanderer, seine Erlebnisse und Empfindungen zu Papier zu bringen. Hierbei kommt undurchdacht-sentimentales Heimweh nur selten in der deutschkanadischen Literatur zur Sprache. Viele unter den schreibenden Deutschkanadiern wußten und wissen, daß sie ihre alte Heimat für immer verloren haben; ein Blick auf die Kurzbiographien am Ende unserer Anthologie zeigt, daß viele der Autoren entweder aus Osteuropa oder aus den abgetrennten deutschen Ostgebieten stammen. Alle diese Autoren versuchen, ihre Vertreibung geistig zu bewältigen. Ein besonderes Trauma der Mennoniten war die bolschewistische Revolution, die diese Religionsgemeinschaft vor eine grauenvolle Zerreißprobe stellte, welcher der traditionelle Pazifismus ihrer Mitglieder oft nicht gewachsen war. Diese Zeit wird von Gerhard Lohrenz ins Gedächtnis zurückgerufen. Sie beendete die heile Welt der bäuerlichen, von der Dorfgemeinschaft geprägten Existenz, welche vor allem Fritz Senn in seinen Gedichten so überzeugend heraufbeschwört. Das Wanderschicksal der Ostvertriebenen findet Ausdruck auch in Gedichten von Kroeg, Werneth und G.I. von Cardinal. Politisches Emigrantenschicksal der 30er Jahre gestaltet sich in der Lagergeschichte von Carl Weisselberger oder etwa in dem Gedicht „Meine Sprache" von Ernst Loeb. Um Orientierung in der vielfach flach oder absurd gewordenen Existenz des modernen Menschen ringen eine Reihe von Nachkriegsautoren, etwa Wilhelm Bauer, Anton Frisch, Kuonrat Haderlein, Petra von Morstein, Ewald Schaefer und H. Wesemann. Moderne Ratlosigkeit spiegelt sich auch in dem von Almuth Luetkenhaus gestalteten Hippie-Schicksal. Die bodenlose Einsamkeit des isolierten Dichters in fremdsprachlicher Umwelt findet gelegentlich erschütternden Ausdruck. Das Phänomen der geformten Sprache, für Dichter in jedem Fall von großer Bedeutung, findet geschärftes Interesse in der Minderheitensituation.

Literarische Einflüsse vielfältiger Art lassen sich bei den deutschkanadischen Autoren feststellen. Die Dichtung der Mennoniten wurzelt klar erkenntlich in dem klassisch-romantischen Erbe der Goethezeit und in der Tradition protestantischen Erbauungsschrifttums. Dem aufmerksamen Beobachter ihrer Lyrik können allerlei Anklänge an Goethe, Schiller, Eichendorff und Uhland nicht entgehen. G.I.von Cardinal ist fasziniert von der Sonettform. Von der großen Tradition des 19.Jahrhunderts zeigt sich auch die Lyrik Gertrude Nusenows und Marie Weiss' geprägt. Bei Frisch sind Rilkesche, bei Schaefer Bennsche Töne unüberhörbar. Bei manchen Gedichten von A. Luetkenhaus hat Georg Forestier Pate gestanden. Walter Bauer, der vielbelesene Autor, der sich zu vielen Anregungen bekennt (man lese daraufhin seinen autobiographischen Bericht „Ein Jahr" durch), gemahnt in vielen seiner freirhythmischen Gedichte an Brecht. In der Lyrik Else Seels stehen prosaähnliche freirhythmische Gebilde neben streng durchgeformten, gereimten Gedichten. Bei einer Reihe der jüngeren Autoren sind Einflüsse der hermetischen Dichtung, für die stellvertretend der Name Celan stehen mag, unverkennbar: Wilhelm Bauer, Kuonrat Haderlein (bei ihm fühlt man sich gelegentlich an Else Lasker-Schüler erinnert), Rüdiger Krause, Petra von Morstein, Erwin Potitt, Hartwig Roosch und Ulrich Schaffer. Einen ganz eigenen Ton, in seinen Fügungen und Effekten am ehesten noch dem Expressionismus zuneigend, hat sich Rolf E. Windthorst geschaffen. Die humoristische Lyrik Roomes und Loebs verweist unzweideutig auf Wilhelm Busch, die des letzteren auch auf Heinrich Heine.

Die deutschkanadische Prosa kennt den schlicht-kräftigen Berichtstil (Dyck, Seel, Grossmann), die durchgeformte Kurzgeschichte (die bei Bauer einerseits zur Situationsskizze, andererseits zur Novelle werden kann, die bei Boeschenstein zwischen Hebel und Brecht steht und die ihre jüngste Vertreterin in Almuth Luetkenhaus gefunden hat), stark dialogisierte Texte (Abram J. Friesen) und parabelähnliche Gebilde, die an Kafkas Surrealismus erinnern (Kully, Ullmann).

Ausländische Einflüsse sind kaum bemerkbar, obwohl natürlich Querverbindungen zur Literatur der anderssprachigen Bevölkerungsmehrheit bestanden und auch heute bestehen. In diesem Zusammenhang ist es nicht verwunderlich, daß sich unter den deutschkanadischen Autoren eine ganze Reihe Literarhistoriker, vor allem Germanisten, befinden. Die rußlanddeutschen Mennoniten betätigten sich als Übersetzer russischer Literaturwerke, und nicht wenige deutschkanadische Autoren leisten Mittlerdienste zwischen der anglokanadischen (und anderen englischen Literaturen) und der deutschen Literatur durch Übersetzung und Interpretation. Einige deutschstämmige Autoren, etwa Henry Beissel, Henry Kreissel, Rudy Wiebe und Andreas Schröder, wurden bekannte anglokanadische Schriftsteller. Henry Beissel gab zwei Auswahlbände der Lyrik Walter Bauers in englischer Übersetzung heraus. Walter Roome übersetzte Wilhelm Busch und Seumes „Der Wilde" kongenial ins Englische, andererseits englischsprachige Autoren (darunter einige Gedichte der kanadischen Halbindianerin Pauline Johnson) ins Deutsche; ein bedeutender Mittler deutscher Literatur für das englische Publikum wurde K. W. Maurer durch seine zahlreichen Übersetzungen deutscher Gedichte. Einige in Deutschland in letzter Zeit erschienene Anthologien kanadischer Kurzprosa - die letzte und umfassendste wurde von Walter Riedel herausgegeben - waren vor allem der Übersetzungsarbeit deutschkanadischer Germanisten zu verdanken. Das Thema: Deutschkanadier als literarische Mittler in beiden Richtungen ist, wie manch anderer in unserem Zusammenhang interessierender Aspekt, noch völlig unerforscht. Im Bereich deutschkanadischer Studien ist noch vieles zu leisten.

Toronto, 1979

*LITERATURKRITIK*

HARTMUT FROESCHLE

# Die deutschkanadische Literatur: Umfang und Problemstellungen

I

Mein Thema erheischt einige kurze Definitionsversuche. Was heißt Literatur? Im weitesten Wortsinn bedeutet es alle sprachlichen Äußerungen; im engeren Wortsinn meinen wir schöngeistiges, belletristisches Schrifttum damit.

Und was bedeutet "deutschkanadische" Literatur? (Deutschkanadisch wird ohne Bindestrich geschrieben). Diese Frage ist schwierig und beim jetzigen Forschungsstand noch nicht definitiv zu beantworten. Ist die deutschkanadische Literatur zeitlich, räumlich, thematisch, stilistisch zu umgrenzen? Im folgenden werde ich auf diese Fragen eingehen.

Der Umfang der deutschkanadischen Literatur im weitesten Sinn ist relativ leicht zu bestimmen; deutschsprachige geschriebene und gedruckte Dokumente in Kanada reichen zurück bis zu den Lunenburgdeutschen (Lunenburg wurde 1753 gegründet). Im Halifaxer Archiv sind noch Dokumente dieser Zeit einzusehen. Die Frage nach dem Beginn einer deutschsprachigen Belletristik in Kanada ist sehr viel schwieriger.

Versucht man, die deutschkanadische Literatur zeitlich zu gliedern, so bietet sich eine Strukturierung nach Einwanderergruppen an. Eine solche Gliederung wird auch zu thematischer Klärung führen, denn die verschiedenen deutschen Einwandererwellen waren nach ihrer staatlichen, geographischen und weltanschaulichen Herkunft sehr heterogen. "Deutsch" in meinem Vortrag bedeutet, im Sinn der ethnischen Studien, deutscher Sprache und Kultur.

Deutsche Einwanderung und Siedlung in Nouvelle France fand nicht in Gruppen statt und hinterließ deshalb auch keine literarischen Spuren.

1. So kann man die Deutschen, die ab 1749 von der britischen Krone als *foreign protestants* in Nova Scotia angesiedelt wurden, als die erste klar erkennbare Gruppe deutscher Einwanderer bezeichnen.

2. Die nächste Welle setzte sich aus entlassenen deutschen Soldaten der Hilfstruppen der britischen Krone und deutschen Empire Loyalists zusammen, welche sich vor allem in Ontario, aber auch in Quebec und in den atlantischen Provinzen niederließen.

3. Dann folgten, gegen Ende des 18. Jahrhunderts, die Pennsylvaniendeutschen, die Südwest-Ontario zu einem deutschen Siedlungszentrum in Kanada machten.

4. Sogenannte "reichsdeutsche Einwanderung" setzte etwa 1820 ein und ergoß sich, praktisch bis zum ersten Weltkrieg, nach Ontario.

5. Rußlanddeutsche Einwanderergruppen kamen nach 1874 und nach der bolschewistischen Revolution nach Kanada; die erstere Gruppe leistete Pionierarbeit im Westen. Von der zweiten Gruppe, die in den 20er Jahren auch vorwiegend in den Westen zog, sind die mitteleuropäischen Einwanderer dieser Zeit abzusondern.

6. Sondergruppen konstituieren auch die Flüchtlinge vor dem Nationalsozialismus in den 30er Jahren (darunter besonders auffällig die westkanadischen Sudetendeutschen) und die in kanadischen Lagern internierten Deutschen.

7. Schließlich ist auf die riesige Einwanderung nach dem zweiten Weltkrieg hinzuweisen, welche zunächst wieder viele Volksdeutsche aus Osteuropa, in den 50er und 60er Jahren aber auch große Mengen von Deutschen aus dem verbliebenen Reichsgebiet ins Land brachten.

Was kann man nun über die literarische Produktion dieser verschiedenen Gruppen berichten? Ich spreche zunächst vom Sachschrifttum.

## II

1. Die Lunenburgdeutschen sind die ersten Deutschkanadier, die ein eigenes deutschsprachiges Schrifttum hatten; sie ließen ihre religiösen Gebrauchsschriften zunächst in den USA (Philadelphia) und in Deutschland drucken. Den Beginn eigener Druckerzeugnisse stellen Anthon HENRICHS *Hochdeutscher Neu-Schottländischer Calender* und seine Zeitung *Die Welt, und die Neu-Schottländische Correspondenz*, beide ab 1788 und wahrscheinlich ein paar Jahre lang erschienen. Eine lohnende Aufgabe wäre es, die verschollenen Nummern dieser Publikationen aufzuspüren und wieder zugänglich zu machen. Manche Manuskripte im Archiv in Halifax warten noch auf ihre Auswertung, und sicher gäbe es noch manches interessante Dokument in deutschen und amerikanischen Archiven (z.B. in Pennsylvanien) zu finden. Es müßten viel mehr Kontakte mit lokalen Archiven und historischen Vereinigungen in den Gegenden angeknüpft werden, aus denen die Einwanderer kamen.

2. Seitens der deutschen Hilfstruppen und der Empire Loyalists ist sicher manches Interessante in Brief- und Tagebuchform niedergelegt worden. Auch in diesem Bereich müßte einmal systematisch gesucht werden. August Ludwig von SCHLÖZERS 1778 in Göttingen erschienene *Vertrauliche Briefe aus Kanada und*

*Neu-England vom Jahre 1777 und 1778* müßten neu zugänglich gemacht werden. Ich kann mir vorstellen, daß sie eine kulturhistorische Quelle ersten Ranges darstellen.

Die Herkunftsgebiete der entlassenen Soldaten und der deutschstämmigen Loyalisten müßten systematisch erfaßt werden und dortige Stadtarchive konsultiert werden. Beispielsweise müßte einmal nachgeprüft werden, ob die Heimatstelle Pfalz in Kaiserslautern relevante Dokumente besitzt; wie Sie wissen, kamen viele Pennsylvaniendeutsche aus der Pfalz.

Jeder Gebildete kennt die frühen Kanadaerzeugnisse des hessischen Grenadiers SEUME; man sollte es aber nicht bei der Wiederholung seiner populären Gedichte und autobiographischen Schilderungen bewenden lassen, sondern nach weiteren unausgeschöpften Zeugnissen zum frühen deutschen Kanadabild suchen, in deutschen Zeitschriften des 18. Jahrhunderts und anderswo.

In das Arbeitsgebiet der deutschkanadischen Studien fallen m.E. auch die Reiseberichte Deutscher über Kanada, angefangen von den frühesten, etwa der Baronin RIEDESEL, bis zu der Flut von Reisebeschreibungen im 20. Jahrhundert.

3. In der numerisch großen Einwanderungswelle der Pennsylvaniendeutschen, die sich um die Wende des 18. und 19. Jahrhunderts nach Ontario wandte, fallen die Mennoniten auf. Sie haben ein eigenes deutschsprachiges religiöses Gebrauchsschrifttum hervorgebracht, das noch nicht gesichtet ist. Aber auch andere Religionsgemeinschaften in Pennsylvanien hatten durch Wanderungsbewegung oder Korrespondenz Kontakte mit Kanada: etwa die Mährischen Brüder (Herrnhuter); der Missionar ZEISBERGER gründete Fairfield in Ontario und siedelte dort die Reste eines Delaware-Indianerstammes an. Das Zentrum der Moravian Church of America ist in Bethlehem (Pennsylvania); möglicherweise gibt es dort noch Dokumente aus der Frühzeit; da gute Verbindungen nach Europa bestanden, sollten auch herrnhutische Archive in Deutschland (falls es etwas dergleichen gibt) konsultiert werden. Die Mährischen Brüder zeichneten sich auch bei der Eskimo-Mission in Labrador aus (s. den Artikel von A.E. RATZ im 2. Bd. des *Deutschkanadischen Jahrbuchs*, S. 50 ff.); der Missionar Johann MIERTSCHING nahm als Übersetzer für Eskimo-Sprachen an der Expedition teil; seine deutsch geschriebene Autobiographie erschien 1967 in englischer Übersetzung in Toronto unter dem Titel *Frozen Ships*.

Eine kleine, aber wichtige Sondergruppe bei der frühen Besiedlung Ontarios stellt die BERCZY-Gruppe dar, welche 1794 die Grundlagen Torontos und Markhams legte. William BERCZY (der unter dem Namen Johann Albrecht Ulrich MOLL 1744 in

Wallerstein geboren wurde) hinterließ Aufzeichnungen in drei Sprachen, die noch nicht geprüft worden sind.

4. Durch den großen Zustrom reichsdeutscher Einwanderer nach Ontario wurde die Grafschaft Waterloo zu einem deutschen Siedlungszentrum in Kanada. Viele Ortsgründungen in dieser Gegend gehen auf deutsche Siedler zurück. Die Menschen sammelten sich um ihre religiösen Gemeinden; neben den Mennoniten entwikkelten sich ständig wachsende lutheranische und katholische Gemeinden. Ihr Sachschrifttum ist noch nicht andeutungsweise gesammelt, gesichtet und kritisch behandelt worden. Während die Mennoniten sehr geschichtsbewußt sind, haben die Lutheraner und Katholiken ihr literarisches Erbe nie systematisch gesammelt und archiviert.

Im 19. Jahrhundert wurden in Ontario viele Zeitungen ins Leben gerufen; Herbert KALBFLEISCHS Buch über die deutsche Pionierpresse in Ontario (*History of the Pioneer German Language Press in Ontario, 1835-1918*, Toronto 1968) bietet einen wichtigen Ansatzpunkt zum Weiterarbeiten auf diesem Gebiet, auf dem noch vieles zu leisten ist. In den Archiven Kitchener-Waterloos ist manches vergraben, was xerokopiert und ausgewertet werden müßte. Ich erinnere mich, im Doon Pioneer Village alte Dokumente praktisch ungeschützt gesehen zu haben.

Relativ wenig Dokumente sind von den eingewanderten Reichsdeutschen erhalten; dies ist verwunderlich und bedauerlich und wahrscheinlich auf die Folgen des ersten Weltkrieges zurückzuführen.

5. Die Rußlanddeutschen, die in den 1870er Jahren nach Westkanada kamen, haben ziemlich viel religiös-didaktisches Schrifttum hervorgebracht, bei der weiteren Welle des 20. Jahrhunderts kommen noch eine Reihe von autobiographischen Schriften und Essays hinzu. Das Schrifttum beider Gruppen wurde noch nicht systematisch behandelt, obwohl seitens mennonitischer historischer Vereinigungen viel positive Arbeit geleistet wird. Eine Starthilfe zum Weiterforschen bietet Victor D.KLIEWERS Winnipeger M.A. These von 1972 *The German Literature of the Russian Mennonites: A critical bibliography of writings located in Manitoba libraries*. Aus rußlanddeutschen mennonitischen Kreisen gingen auch eine Reihe zwar kurzlebiger, aber interessanter Jahrbücher und Zeitschriften hervor.

Bezüglich der Reichsdeutschen in den 20er und frühen 30er Jahren ist noch kein klares Bild erkennbar. Späte Zeugnisse dieser Einwanderergeneration stellt GROSSMANNS Erlebnisbericht in Band I und II des *Deutschkanadischen Jahrbuchs* dar.

6. Unter den Flüchtlingen vor dem Nationalsozialismus haben

die westkanadischen Sudetendeutschen ein klares Profil; es handelt sich hier um eine artikulierte Gruppe mit eigener Organisation und Zeitschrift; möglicherweise tauchen aus ihrem Mitgliederkreis noch autobiographische oder sonstige Schriften auf.

Auch unter den Internierten, die sich aus verschiedenen weltanschaulichen und politischen Lagern zusammensetzten, gab es homines scribentes; einige von ihnen arbeiten an autobiographischen Schriften. Karl WEISSELBERGER, dessen Kurzgeschichten vor einigen Jahren publiziert wurden, gehört zu dieser Gruppe. Ob es eine nennenswerte Exilliteratur in Kanada gab, entzieht sich meiner Kenntnis. Wahrscheinlich ist dies nicht der Fall. In Manfred DURZAKS Sammelwerk *Die deutsche Exilliteratur 1933-45*, in dem die literarische Landschaft von zehn Exilländern detailliert abgehandelt wird, ist Kanada nicht vertreten.

7. Die Nachkriegseinwanderer brachten ein reiches, thematisch weit gestreutes Sachschrifttum hervor.

Die Volksdeutschen sammelten sich teilweise in landsmannschaftlichen Gruppen, am frühesten und erfolgreichsten die Balten, aber auch Donauschwaben, Sudetendeutsche u.a. Der autobiographische Bericht eines Balten erschien letztes Jahr: Jürgen E. KRÖGERS *Start am anderen Ufer*.

Die deutschsprachige Literatur der Mitteleuropäer ist so vielseitig, daß sich dem Betrachter bislang ein diffuses Bild bietet. Die Redakteure der großen deutschkanadischen Zeitungen entstammen dieser Einwanderergruppe; auch das vielfältige wissenschaftliche Schrifttum in deutscher Sprache stammt zumeist von Personen dieser Gruppe. Dieses Sachschrifttum wird allerdings fast ausschließlich in Europa gedruckt. Für einen spezifisch deutschkanadischen Verlag scheint die Zeit noch nicht reif zu sein. Um so höher ist die Leistung der Historical Society of Mecklenburg Upper Canada zu veranschlagen, die das *Deutschkanadische Jahrbuch* im Eigenverlag herausgibt.

## III

Lenkt man seinen Blick auf das belletristische, schöngeistige Schrifttum, so ändert sich das Bild beträchtlich. Der Schwerpunkt verlagert sich klar auf die letzten Jahrzehnte.

1. Von den Lunenburgdeutschen ist bis dato nichts bekannt, das über Liturgie und Lehre hinausgeht und sich bewußt um eine dichterische Form bemüht.

2. Von den deutschen Soldaten des 18. Jahrhunderts ist bis-

lang nur Johann Gottfried SEUME ins literarische Bewußtsein gelangt. Möglicherweise sind aber noch Manuskriptentdeckungen zu machen. Manche Reiseberichte dieser Zeit reichen durch eine literarisch ansprechende Form in die Belletristik hinein, etwa die Aufzeichnungen der Baronin von RIEDESEL.

3. Die Pennsylvaniendeutschen des 19. Jahrhunderts brachten eine anspruchslose Dialektliteratur in Pensilfaanisch hervor, Kleinformen wie Gedichte, Anekdoten etc. Eine besondere Form dieser Dichtung stellt der sog. "Zeitungsbrief" dar, kurze, meist witzige Betrachtungen, die zumeist in der Allentwonder Zeitung *Pennsylfaanisch Deitsch Eck* veröffentlicht wurden. Die Kolumnen des Kanadiers John RITTINGER, der unter dem Pseudonym Joe KLOTZKOPP schrieb, bedeuten einen Höhepunkt in dieser Gattung. Herbert KALBFLEISCH plante die Herausgabe der Zeitungsbriefe Joe KLOTZKOPPS, brachte den Plan aber nie zur Ausführung. Hier sollten jüngere Forscher einspringen.

4. Von schöngeistigem Schrifttum der Mitteleuropäer zwischen 1820 und 1914 ist nur Spärliches überliefert. KLOSS hebt in seiner Anthologie *Ahornblätter* den lutherischen Geistlichen Heinrich REMBE (1858-1927), den katholischen Geistlichen Eugen FUNCKEN (1831-1888) und den 1848er Freigeist Emil QUERNER (1827-84) heraus; KLOSS meint, alle drei Dichter verdienten eine eigene Studie. Um solche erstellen zu können, müßten aber zunächst einmal die weitgehend verschollenen Texte dieser Dichter aufgefunden und gesammelt werden. Leider gibt KLOSS seine Quellen oder Kontaktpersonen nicht an, durch die er auf diese Autoren stieß.

5. Die einstellungsmäßig vorwiegend orthodoxen Mennoniten, die Rußland verließen, als dort die allgemeine Wehrpflicht auch auf sie ausgedehnt wurde, scheinen keine eigentliche Belletristik hinterlassen zu haben. Natürlich ist in der religiösen Dichtung respektive im Erbauungsschrifttum die Grenze nicht immer eindeutig zu ziehen. Hingegen waren die nach der bolschewistischen Revolution nach Kanada geflüchteten Rußlanddeutschen literarisch recht fruchtbar, wie die Bände der *Mennonitischen Warte* (zwischen 1935 und 1938) und des *Warte-Jahrbuchs* (1943 bis 1944) beweisen. Eine Reihe dieser Autoren, wie Fritz SENN, Arnold DYCK, Jakob H. JANZEN und andere, finden - obwohl sie klar erkennbar aus der großen Tradition des 19. Jahrhunderts schöpfen - doch zu einem eigenen Ton, zu eigenständigen Leistungen, die literarhistorischer Betrachtung wert sind.

Wie schon im 19. Jahrhundert kann auch in den 20er und 30er Jahren die Produktion der Mitteleuropäer quantitativ mit der der Auslandsdeutschen nicht wetteifern - ein erstaunliches Phänomen, dem man einmal näher nachgehen müßte. Eine sprachliche Leistung jener Zeit, die den Blick auf sich lenkt, sind Hermann BOESCHENSTEINS Übertragungen *Kanadischer Lyrik* (Berlin 1938). Literarische Leistungen von Else SEEL, die 1927 nach Kanada einwanderte, wurden erst nach dem zweiten Weltkrieg, in den 50er und 60er Jahren bekannt. Eine kleine Gedichtanthologie *Das Haus im Urwald* erschien 1956 in Vancouver, ihr *Kanadisches Tagebuch* 1964 im Erdmann-Verlag (Herrenalb/Schwarzwald). Die deutschkanadischen Zeitungen der 20er und 30er Jahre müßten einmal daraufhin untersucht werden, ob sich das eine oder andere Autorenporträt herauskristallisiert.

6. Über eine möglicherweise existierende Literatur der politischen Flüchtlinge der 30er Jahre und der Kriegsinternierten vermag ich (abgesehen von dem Hinweis auf die wenigen in Kanada geschriebenen Kurzgeschichten WEISSELBERGERS) nichts zu sagen. Möglicherweise schlummert noch einiges Beachtenswerte in Manuskriptform.

7. Das farbigste Bild bietet die Zeit nach dem zweiten Weltkrieg. Noch immer tragen mennonitische Schriftsteller zur deutschen Literatur in Kanada bei (ich verweise etwa auf Valentin SAWATZKY, A.W. FRIESEN, Gert NEUENDORFF und Jakob W. GOERZEN), aber sie dominieren das Bild nicht mehr. Ein eigentümliches Phänomen ist die reiche niederdeutsche Dialektliteratur der Mennoniten, die unter dieser ursprünglich aus dem friesischen Raum gekommenen religiösen Gruppe wahrscheinlich lebendiger ist als in Niederdeutschland selbst. Diese Dichtung müßte einmal von einem Kenner des niederdeutschen Platt gesichtet werden. Eine zusammenfassende Übersicht über das mennonitische literarische Schaffen der jüngsten Zeit wurde mit der dreisprachigen 1974 in Winnipeg erschienenen Anthologie *Harvest* versucht.

Erstmals in der Geschichte der deutschkanadischen Literatur beherrschen nach dem zweiten Weltkrieg die direkt aus Mitteleuropa eingewanderten Deutschen die Belletristik. Unter ihnen arbeiten ein paar fest mit deutschen Verlagen zusammen, wie Walter BAUER, der als Erwachsener 1952 nach Kanada kam, und Ulrich SCHAFFER, der 1953 mit seiner Familie als kleines Kind einwanderte. Einige andere haben bislang ein oder zwei Werke bei deutschen Verlagen veröffentlicht, so Walter ROOME und Anton FRISCH; andere kamen in deutschkanadischen Zeitungen öfters zu Wort, wie Gertrude von NUSENOW und Franz MOOS in den *Montrealer Nachrichten*. Von anderen Begabungen, z.B. dem höchst originellen Rolf WINDTHORST, sind bisher nur einige wenige Gedichte publiziert worden. Diese Autoren bringen eine breite Skala von Tönen zum Klingen, zumeist ernste, aber im Fall von Walter ROOME auch heiter-witzige; teils können sie die Probleme der alten Welt nicht loswerden, teils verarbeiten sie das Erlebnis der kanadischen Landschaft, teils sind sie von der modernen Großstadtproblematik bedrängt. Traditionelle Formenwahl steht neben Experimenten verschiedener Art. Hier bietet sich der Literarhistorie ein neuer Aufgabenbereich.

## IV

Im Hinblick auf die Lösung eines der methodischen Probleme bei der Behandlung der deutschkanadischen Literatur, nämlich dem einer möglichen Gliederung, scheint sich also eine zeitlich-chronologische Gliederung, die die verschiedenen Einwanderergruppen in Betracht zieht, anzubieten.

Andere Gliederungsversuche, etwa nach räumlichen Kriterien, bieten größere Probleme und scheinen nicht weiterzuhelfen. Hier wären Fragen denkbar wie: Haben gewisse Räume die deutschkanadische Literatur spezifisch geprägt, gibt es klare Unterschiede zwischen städtischer und ländlicher Literatur, und ähnliche. Der Gliederungsversuch von KLOSS in seiner Anthologie vermischt Kategorien des Siedlungsraumes und der Herkunft. Er unterscheidet zwischen drei Gruppen: den Deutschen aus Mitteleuropa, den Mennoniten und den kanadabürtigen Ontario-Deutschen (S. 38).

Denkbar wäre auch eine Gliederung nach Themenbereichen, wobei sich eine teilweise Deckungsgleichheit mit der Gliederung nach Herkunftsgruppen ergibt. Da wäre zunächst die kirchlich gebundene und religiöse Literatur zu erwähnen: Bibelauslegungen, Erbauungs- und Belehrungsschriften, Predigten, Kirchenlieder etc. Ein solches Schrifttum liegt vor von Mennoniten, Lutheranern und Katholiken, wohl auch in Einzelfällen von anderen Gemeinschaften. Eine zweite thematisch einander zuzuordnende Schriftengruppe mag erkennbar sein in den literarischen Dokumenten, die vom historischen Schicksal geprägt sind, etwa der Soldaten, der Loyalisten, der Flüchtlinge aus religiösen und politischen Gründen vom 18. bis zum 20. Jahrhundert. Ein dritter Themenbereich könnte die Werke umfassen, die sich mit spezifischen Auswandererproblemen, dem Pionierleben, den Integrationsschwierigkeiten, dem Generationskonflikt usw. befassen. Ein weiteres häufig anzutreffendes Thema ist das Erlebnis der kanadischen Landschaft. Schließlich darf nicht übersehen werden, daß auch in der deutschkanadischen Literatur universelle Probleme zur Sprache kommen.

Wie schon KLOSS in seiner Anthologie erkannte, ist eine genaue zeitlich-räumliche Abgrenzung der deutschkanadischen Literatur nicht möglich. Wie lange muß ein Schriftsteller in Kanada gelebt haben, um zur deutschkanadischen Literatur gerechnet zu werden, wo muß das Werk geschrieben und erschienen sein? Solche Fragen vermögen den Bereich der deutschkanadischen Literatur nicht exakt einzugrenzen. Es gibt Autoren, die in Kanada deutsche Werke schreiben, deren Thematik aber vorwiegend aus dem außerkanadischen Bereich genommen ist (wie das Rußland- und Kommunismuserlebnis der westkanadischen Mennoniten oder die Beschäftigung mit der deutschen Kriegs- und Nachkriegsproblematik im Werk Walter BAUERS), und andere, nicht in Kanada lebende Autoren, die nur vorübergehend im Land waren, deren Werk aber vom Kanadaerlebnis stark geprägt ist. Soll man diese vom Forschungsbereich deutschkanadische Studien ausschließen?

Diese Frage führt mich auf einige Sonderfälle, denen man auch Beachtung schenken sollte: der reichen Erlebnis- und Reiseliteratur über Kanada, der pensilfaanischen und niederdeutschen Dialektdichtung, den Übersetzungen in beiden Richtungen und schließlich der von Deutschstämmigen geschriebenen englischsprachigen Literatur (ich nenne hier Namen wie Rudy WIEBE und Frederick Philip GROVE).

Eine Gliederung nach Gattungen müßte unterscheiden zwischen Lyrik (Volkslieder, liedhafte Gedichte, Balladen, Gemeindechoräle, religiöse Lyrik aller Art, Reimsprüche), Versepik, Kurzprosa (Kalendergeschichten, Anekdoten, Kurzgeschichten etc.), Roman, Drama, Essay, Sachbuch, Biographie und Autobiographie, Erlebnis- und Reisebericht.

## V

Ein schwieriges Problem, zu dem noch kaum Vorarbeiten existieren, ist die Erarbeitung sachgemäßer Bewertungskriterien. Hierbei gilt es, die spezifischen Bedingungen von Minderheitenliteraturen in Betracht zu ziehen. Das Rezeptionsdilemma auf diesem Gebiet ist groß. Für wen schreiben die deutschkanadischen Autoren? Wer liest sie? - und noch schwerwiegender - wer druckt sie? Mit diesem Rezeptionsdilemma hängt es zusammen, daß eine Reihe deutschkanadischer Autoren ihre Schriften im Eigenverlag herausgaben. Frühere Schriftsteller wandten sich durchweg an überschaubare, religiös gebundene Gruppen. (Deshalb konnte KLOSS - was ihm zum Vorwurf gemacht wurde - so wenig allgemein interessantes Schrifttum aus dem 19. Jahrhundert finden, als er 1961 seine Anthologie zusammenstellte). Heutige Schriftsteller wenden sich vor allem an die deutschsprachigen Mitteleuropäer oder - im Fall von Sachbüchern - an ein Spezialpublikum in aller Welt, das Deutsch versteht.

Ein gebildetes, interessiertes und engagiertes deutschkanadisches Publikum, das sich bewußt um eine eigene Identität bemüht und eine spezifisch deutschkanadische Literatur tragen könnte, gab es und gibt es nicht. Nach Karl Kurt KLEIN (*Literaturgeschichte des Deutschtums im Ausland*, Leipzig 1939) steht und fällt ein eigenständiges Gruppenschrifttum mit dem Vorhandensein eines Volksgruppenbewußtseins. Dieses gibt es in Kanada bei den Deutschsprachigen und Deutschstämmigen (noch) nicht. Ob sich etwas dergleichen in der Zukunft herausbildet, bleibt mit der gebührenden Skepsis abzuwarten.

Bis heute waren und sind die deutschkanadischen Dichter, die sich nicht an ein spezifisches Gruppenpublikum oder an die Deutschen in Europa wandten, schrecklich vereinsamt (wie der Fall von Else SEEL exemplifiziert). Aufgrund eines mangelnden Publikums gibt es auch noch keine deutschkanadischen Verlage mit spezifischem Verlagsprogramm. Die Frage, ob das Experiment mit der Historischen Gesellschaft von Mecklenburg Upper Canada mit dem *Deutschkanadischen Jahrbuch* auf längere Dauer durchgehalten werden kann, kann angesichts der bisherigen spärlichen Erfolge im Einzelverkauf bis dato nur mit einem vorsichtigen "Vielleicht" beantwortet werden. Periodisch erscheinende Druckerzeugnisse wie etwa Zeitungen konnten bisher auf eine größere Lebensdauer hoffen, wenn sie ein thematisches Potpourri boten, intellektuell nicht zu anspruchsvoll waren und politisch-weltanschaulich eine mittlere Linie verfolgten. Originalität konnte bei den vorliegenden Rezeptionsbedingungen mehr schaden als nützen.

Wie also muß die Bewertung der vorliegenden Texte vorgenommen werden? Das Material muß an Vergleichbarem gemessen werden. Vergleichbares liefern die anderen deutschen Minderheitenliteraturen und anderssprachige kanadische Minderheitenliteraturen. Zu beachten sind natürlich auch immer die selbstgesteckten Ziele der Autoren.

Bezüglich der anderen deutschen Minderheitenliteraturen werden wir sehr viel mehr wissen, wenn die Reihe *Auslandsdeutsche Literatur der Gegenwart* von Alexander RITTER abgeschlossen ist. Ausgangspunkt für die Auseinandersetzung mit den anderen Minderheitenliteraturen Kanadas kann KIRCKKONELLS Anthologie *Canadian Overtones* (1935) und sein Aufsatz

*Literature, other than English and French* in der *Encyclopedia Canadiana* (1958) bieten. Klärend kann auch die kritische Auseinandersetzung mit der Kontroverse zwischen Volker KÜHN und Heinz KLOSS (über des letzteren Kriterien bei der Zusammenstellung seiner Anthologie), einigen Anregungen Hermann BOESCHENSTEINS in seinem Artikel über das deutsche Kanadabild (*Seminar* vol. 3, no. 1, 1967) und den einschlägigen Aufsätzen in den ersten drei Bänden des *Deutschkanadischen Jahrbuchs* wirken.

An Problemen herrscht im Bereich der deutschkanadischen Literatur kein Mangel. KLOSS weist im Vorwort seiner Anthologie auf viele offene Fragen hin, ich selbst bin in meinem Aufsatz *Gibt es eine deutschkanadische Literatur* auf eine Reihe vordringlicher Fragen eingegangen.

Obenan im Katalog der Desiderata steht die Materialauffindung und Erschließung sowie dessen Archivierung. Im Bereich der deutschkanadischen Studien befinden wir uns heute ungefähr in einer Position, der sich die Romantiker zu Anfang des 19. Jahrhunderts gegenübersahen, als sie die Dokumente des Mittelalters auszugraben und zugänglich zu machen suchten. Gestatten Sie, daß ich in diesem Zusammenhang einen der Pioniere dieser Zeit, Ludwig UHLAND, mit einem Zitat zu Worte kommen lasse, das auch uns heute angeht. In einem Brief an SEKKENDORFF beklagte er sich 1807 darüber, daß so wenige mittelalterliche literarische Werke die dem 19. Jahrhundert vorangegangenen, dieser Poesie verständnislos gegenüberstehenden Jahrhunderte überlebt hätten, und fuhr fort:"Umso ernster sollte man in unsern Tagen darauf denken, zu retten, was noch zu retten ist...Sollte nicht der Literator, ...der nicht selbst die Absicht hat, Kunden dieser Art poetisch zu bearbeiten, solche wenigstens, wo er sie antrifft, sammeln und den Dichtern seines Volkes anbieten? Sollt' er es nicht thun, wenn auch diese Kunden, wie er sie in alten Büchern findet, keinen künstlerischen Werth haben, aber doch aus den Schlacken ein körniges Gold blicken lassen, das der Künstler bearbeiten könnte?" Es sei darauf zu achten, "daß man bei Wiederaufgrabung der verschütteten Vorwelt auch das hervorzuziehen habe, was zwar für sich ohne großen Werth ist, aber doch als Stück in der großen Ruine seinen Platz ausfüllet...Man rette lieber zu viel als zu wenig."

Auf unsere Zeit und den hier besprochenen Fragenkreis transponiert, muß die Forderung lauten: Alle an den deutschkanadischen Studien Interessierten sollten endlich einmal ernsthaft daran gehen, das einschlägige Material aufzuspüren und an zentraler Stelle zu archivieren. Als Sammelpunkt bietet sich das Archiv der Historical Society of Mecklenburg Upper Canada in Toronto an. Weiterhin sollte das Material vollständig bibliographisch aufgearbeitet sowie Werkregister und bibliographische Daten der einzelnen Autoren erstellt werden. Ausgangspunkt für eine solche Unternehmung können die einschlägigen Bibliographien in den *Canadian Ethnic Studies* sein. Eine genaue Durchsicht der alten Zeitschriftenbände verspricht in diverser Hinsicht ergiebig zu sein. Als Ergebnisse solchen Bemühens sind kulturgeschichtliche Anthologien denkbar. Hermann BOESCHENSTEIN spricht in seinem Artikel im 1. Band des *Deutschkanadischen Jahrbuchs* diesbezügliche Anregungen aus.

Auch die Reiseliteratur und die Übersetzungen müßten bibliographisch erfaßt werden. Erst wenn das Material einigermaßen lückenlos den Bearbeitern zur Verfügung steht, können die literarischen - soziologischen, stilistischen und thematischen - Fragestellungen mit einiger Aussicht auf bleibende Lösungen angepackt und auf angemessenem Vergleichsmaterial basierende ästhetische Werturteile gefällt werden. Die Beschäftigung mit der deutschkanadischen Literatur - Literatur im weitesten Sinn - ist natürlich ergiebiger für Historiker, Soziologen, Völkerkundler, Kulturhistoriker und Linguisten als für Literarhistoriker; aber auch auf deren Feld gibt es einiges zu entdecken und zu klären.

# *LYRIK*

# WALTER BAUER

## CANADA

Diese Erde beschenkt dich nicht
Mit der Weisheit Platons,
Aristoteles lebte hier nicht.
Dante wanderte nicht hier durch das Inferno,
Begleitet vom brüderlichen Virgil.
Und Rembrandt? Nicht hier der Glanz des großen Herrn
Und dann der betrunkene ungekannte König im Exil.

Andere Weisheit empfängst du hier,
Herb und eisig und nicht bekömmlich für jeden.
Diese Erde sagt:
Ich war hier, lange, ehe du kamst und deinesgleichen,
Ungestört sprach ich mit Winden und Flüssen, vergiß das
nicht, Freund. –
Der Wind weht kalt von Labrador:
Ich habe eine Botschaft aus der Eiszeit für dich,
Aber ich entziffere sie nicht für dich. –
Die Wälder des Nordens rollen wie Wogen:
Wir werden länger dauern als du. –
Yukon und Mackenzie fließen in ruhiger Geduld:
Sohn, mach es dir nicht zu schwer, andere Zeiten werden
nach dir kommen, flüchtiger Fremder. –
Aus der Arktis kommt die Endsumme aller Weisheit:
Schweigen. Nichts weiter: Schweigen. Das Ende der Zeit.

## AUSWANDERER

Sie waren aus San Cataldo gekommen,
aus Racalmuto, Villa San Giovanni,
der afrikanischen Sonne Siziliens waren sie entflohen
und grenzenloser Armut.
Sie saßen an Deck der „Argentina"
wie am Brunnen ihres Dorfes und plauderten,
als gäbe es kein Meer
und dann auch nicht, nach der Ankunft,
alle die sprachlosen Dinge
wie einen noch kälteren Atlantik.
Das Schiff war ihnen ein langsam wanderndes
San Cataldo oder woher sie kamen
mit armseligen Kisten.
Wenn man in ihre Augen sah, konnte man
Hoffnungen erblicken ungeheuerer Art:
Studebaker oder Buick,
Eisschrank, Radio, ein Haus
und immer zu essen.
Manche der jungen Leute gingen,
sich in den Hüften wiegend,
als hätten sie Montreal erobert, das niemand kannte,
oder alle Goldminen des Nordens.
Und wie eine messianische Botschaft
hörte man immer wieder ein Wort:
money.

## TORONTO

Mein Brot verdiente ich nicht
an einem Tisch in Ruhe
von Dingen schreibend, die ohne Wahrheit waren
und die niemand wollte.
Und so, meiner Unehre als Schriftsteller
entfliehend,
arbeitete ich in einer Schokoladenfabrik,
und meine Schweißtropfen
fielen auf die Süßigkeiten
für Kanadas Kinder.
Morgens zuweilen, wenn ich noch frisch war,
sah ich durch das offene Fenster
den Ontario-See
herrlich im jungen Licht wie neues Silber;
später nicht mehr.
Abends trat ich erschöpft aus dem Tor
und trank die Luft wie klares Wasser.
Nachts, einen wilden Augenblick lang
erwachten die Träume,
aber meine rechte Hand schmerzte mich,
und ich schlief ein.
So war mein Leben in Toronto (Ontario), Kanada,
und ich fand es gut.

## *Morgens*

O tiefer Trunk, den ich getan
Heut, heute morgen, als der Tag erwachte —
Und er erwacht doch oder weißt du's nicht,
Weißt du's nicht mehr, daß tief entzückt ein Lachen in
dir lachte,
Ein leises Lachen, sorglos, als der Tag begann?
Willst du es leugnen, daß da Anfang ist nach stummer Nacht? —
nein, leugne nicht —
Ein Anfang, unerwartet, überströmt von Licht?
Ich weiß, ich weiß es wieder, bin beglückt,
Ich bin es, ich gesteh' das, von dem Trunk, den ich getan.

Ich kenne gut, was jeder kennt —
Und doch und ja: o Trunk, den ich getan —
Ich hab' erfahren, glaube mir, genug erfahren,
Die Wunden und die Narben sind in mir von vielen Jahren,
Doch sprech' ich nicht davon, nicht jetzt, obgleich das alles
unauslöschlich in mir brennt —
Brennt... ja, wie Holz, so überflüssig, anders nicht als Holz
bin ich verbrannt,
Und viele, die zu Asche und zu Zunder wurden, habe ich gekannt.
Ich spreche nicht davon, weil's jeder kennt.
Ich spreche von dem Trunk, den ich getan.

Ich weiß es, o ich weiß es, tief entzückt,
Doch was ich trank, was war es... wart, ich sag' es dir,
es war
Viel besser, reifer als reifster Wein, den deine Zunge spürt,
Besser als Wein, besser als alles — Wasser aus einem Quell,
Der aus der Felswand brach der ganzen Welt, so unerhört, so hell,
Eisig, Eis, das dich erzittern macht, wenn's dich berührt.

Ich hatte keinen Krug, die Flut zu fassen, hatte nur die Hand,
Ich beugte mich, mit Händen schöpfend diese Morgenflut,
Und trank und sah nicht auf und trank, atemlos hingestreckt,
wie tat das gut,
Als hätte ich das Trinken eines solchen Wassers lang nicht
mehr gekannt.
O tiefer Trunk, den ich getan...
Weißt du es nun? Du weißt doch, weißt es: dieser Tag,
Dein, mein und unser Tag, der Tag begann.

Ein alter Emigrant sagt:

**ICH LEBTE DORT, JETZT LEB ICH HIER,**
Dazwischen liegt das Meer – doch nur das Meer?
Ich leb in einem andern Land, einst lebt ich dort,
Vertauscht man, wenn man ging, nur Haus und Ort?

Mein altes Land, vertraut und lieb,
Es ist mir lieb, wie mir die Mutter war,
Ja, wenn ich sein gedenke, denk ich: Mutterland.
Als Vater hat es mich geschlagen und verbannt.

Als Mutter sagt' es: „Lieber Sohn."
Als Vater schrie es: „Beug dich, stummer Knecht,
Geh!" – und ich ging – „Stirb!" – und ich starb
mit tausenden im Grab.
Dem Vaterlande danke ich's, wenn ich den Vater
nicht mehr hab.

Das Mutterwort war Liebeswort,
Es hüllte mich in Wärme ein, so Tag wie Nacht,
Es schenkte mir die Erde, Licht und Fluß
und ersten Kuß
Und alles, was mir unvergeßlich bleiben muß.

Das Wort des Vaters fuhr mich an,
Das Vaterland nahm mir den Bruder und den Freund,
Es peitschte und verwarf mich, überflüssigen Sand,
Es prahlte, brannte, hängte – in der Geschichte
ist das Groß und Ruhm genannt.
Mein Mutterland wird nie in mir vergehen,
Jedoch mir bangt davor, das Vaterland zu sehen.

## Politischer Emigrant

Wer flieht, der nimmt sich selbst aus der Geschichte aus,
Indes er glaubt, er nähm' die Hoffnungen von vielen mit;
Er hört, wie gern, den Schritt von Tausenden im
Flüchtlingsschritt.
Hätt' er Geschichte gut gelesen, würd' er das nicht glauben.

Er geht, und die er führte, stehn im alten Haus
Und richten sich, wie es die Lage will, notdürftig
achselzuckend ein;
Wer lebt, will überleben, Sein kommt vor Bewußtsein.
O Täuschung, die er jeden Tag erfrischt, um noch zu leben,

Erwartungen, sorgsam gepflegt, um sich des Grunds nicht
zu berauben,
O Hoffnung auf – doch zahlt sie sich nicht aus,
Denn Hoffnung dieser Art schmeckt ihm zuletzt wie altes
Brot in fremdem Licht,
Und was er sagt, beklagt, beschwört, verstehn die andern
nicht.

Mitleid wird Höflichkeit, bald angestrengt, wird taubes Ohr,
Er spielt sich auf der leeren Szene selbst Befreiung vor,
Bald wird kein Hund ihm noch ein »Ich hör zu« für
seine Trauer geben.
Der Jemand war, wird Niemand, und er hält es nicht für wahr.

Und so im Warten auf was niemals kommt, ergraut sein Haar.
Auch kommen Jüngere: »Wer? Wann?« Und: »Hierorts
unbekannt.«
In seinem Paß wird nie gelöscht, woher er kam und:
Emigrant.
Geschichte lacht nicht und bedauert nicht: sie geht.
Mit dürr gewordener Saat der alte Sämann: wo? Verweht.

## DAS GROSSE GASTHAUS

Nun daß ich hier die längste Zeit gewesen bin,
Denke ich manchmal, wie es war, und mir kommt's in den Sinn,
Daß ich ein Gast hier war, nicht mehr, und für mein Hiersein hatte ich zu zahlen
Auf Heller und auf Pfennig, jeden Biß, den ich bekam,
Man schlug mich auf die Finger, wenn ich ohne Fragen etwas nahm,
Ich aß, trank, lebte, und ich schlief mit Freude oder Zorn, mit Trauer und zuweilen auch in Qualen.
Ich war in keinem Paradies,
Ich war in einem Gast- und Herbergshaus, das, schlicht, »Zur Erde« hieß.

Ich kann nicht sagen, daß mir's immer schmeckte,
Das Wasser, vor mich hingestellt, ich trank es, doch es war nicht immer frisch,
Auch saß ich niemals oben an dem großen Tisch,
Der Wirt schien sorgsam drauf zu sehen, daß ich dort nicht saß
Und daß ich meines Standes oder des, was ich vorstellte, nicht vergaß;
Auch nachts im Schlaf geschah es, daß ich mich nach meiner Decke streckte.
Ich war in keinem Paradies,
Ich war in einem Gast- und Herbergshaus, das, schlicht, »Zur Erde« hieß.

Am Tisch gab's Oben, Mitte (viele saßen in der Mitte) weniger und dann ganz Unten,
Das Oben war begrenzt und abgeschirmt, doch drängte sich die Menge sehr zur Mitte,
Weil's schon nach oben roch, und besser, glaubten sie, sei dort die Sitte;
Doch hab ich da die guten Tischgesellen nicht gefunden,
Wer in der Mitte sitzt, muß stets nach oben und nach unten schielen
Und kann niemals mit ehrlich-offenen Karten (taten es sehr viele) spielen;
Ich war in keinem Paradies.
Ich war in einem Gast- und Herbergshaus, das, schlicht, »Zur Erde« hieß.

Von denen, die mit mir da saßen, aßen, tranken, fluchten, sangen
Oder auch schwiegen still, weil sie die Sitten in dem Hause besser kannten
Als ich, sind viele schon zur Tür, manche mit einem Handaufheben, andere ganz stumm, hinausgegangen,
Während mir noch vor Hunger Speisen scharf den Mund verbrannten;
Ins Haar der Frauen, die ich liebte, hat sich Grau und Weiß geschlichen,

Als brächte das ein Schneewind, der ganz unerwartet kühl durchs Haus
gestrichen.
So war das hier: in keinem Paradies;
So war's in diesem Gast- und Herbergshaus, das, schlicht, »Zur Erde« hieß.

Das Haus war groß mit vielen Treppen, und es hatte viele Zimmer,
Je nach dem Geld, das man bezahlen konnte, war's erlaubt, zu wählen;
Durch hohe Fenster brach das volle Licht, in kleinere kam nur ein Schimmer,
Und aus den Kellern hob sich manchesmal Geschrei, es klang nach Quälen,
Als ob man jene, die hier nicht erwünscht, mit Keulen würd' erschlagen;
Man sagte mir, als ich nachsehen wollte, es sei besser, nicht zu fragen.
Man war hier keineswegs in einem Paradies;
Man war in einem Gast- und Herbergshaus, das, schlicht, «Zur Erde« hieß.

Ich dachte manchmal, glaubt es mir, daß es genug und an der Zeit sei,
Ich stand schon auf und wollte ungesehen das Haus verlassen,
Weil nichts mehr schmeckte (und zuviele hatten kaum gegessen) – auch kannte
ich das Einerlei,
Ich war es müde, anzusehn das Oben, graue Mitte und das dunkle Unten:
Da fühlt' ich Hände, fremde Hände, zärtlich oder herbe nach mir fassen,
Da hab ich immer wieder Freunde für den Tag und für die Nacht gefunden,
Und plötzlich schien es mir wie Paradies,
Dies Gast- und Herbergshaus, das, schlicht, »Zur Erde« hieß.

Nun daß ich hier die längste Zeit gewesen bin,
Denke ich manchmal, wie es war, und mir kommt's in den Sinn,
Daß ich trotz allem gern noch eine Weile möchte bleiben.
Doch da man dieses Hauses Wirt nicht kennt, hat's keinen Sinn, ihm meinen
Wunsch, ich möcht noch stehn, zu schreiben;
Ich kam, ohne gefragt zu sein, so will ich nach dem Bleiben auch nicht fragen,
Mein Platz wird eines Tages frei sein, und man wird mich aus dem Hause
tragen,
Aus diesem Ort, der sich erwies
Einfach als Gast- und Herbergshaus, das, schlicht, »Zur Erde« hieß.

# WILHELM BAUER

Tiere sind unterwegs
Schwarzvogel schwillt
unterm Schatten.
Zeit einzusteigen, das Gesicht
verhüllt sich
ohne Abschied.
Aber im Wald ist es kühl.
Blaubeerensucher tappen
von einem Licht
ins andre,
ihre ganz schwarzen Bärte
wippen haltlos
über der Stille.

Dieses Blei
diese strotzende Zunge
in Geknatter verbissene Stirn
dies Hügelland.
Tote Stunde schiebt sich
in toter Stunde Schatten.
Starr in die Hand, geöffnet
umschließt sie den Blitz.
Dieses Blei
diese strotzende Zunge.

## Lohnabhängig

Blutig schlug mich
der Morgen
mit seiner doppelzüngigen
Freude.
Angstüberströmt
in dem Griff des Tags
schrie ich mir Fröhlichkeit
in die Brust.
Der Chef verlangt von mir
daß alles klappt.
Tote waren abends
nicht zu beklagen.

## Nationale Revolutionen

Die Lust am
Totschlag als
moralisches Empfinden
wächst und
pflegt ihren
leuchtenden Blick.
Morgenröte
faßt Blut nach
zum Vergolden
des Horizonts.
Ein neues
Zeitalter
nimmt das alte
auf die Hörner
und schmettert es
zu Fanfarenstoß.
Fromm
wässert es den
Begeisterten
das Aug
zu Erblinden.

## HENRY BEISSEL

### ZWISCHEN RISSIGEN WÄNDEN

(für Peter Huchel)

1. Besuch in Wilhelmshorst

Der Weg verläuft
am Bahndamm entlang
im Sande.
Es rinnt der Mittag
gleissend
durchs Stundenglas der Freiheit.
Im Drahtverhau
hoch oben am Himmelsrand
hängt mit zerfetzten Schwingen
der Adler.

Katzen buckeln
verschlagen
ums Haus.
Zwischen rissigen Wänden
der Zeit
gehen wir im Gedicht
hin und her
bis die Nacht kommt.

Sterngartenzauber.
Die Kiefern tragen Totenmasken
und stehn gedrängt
am Dornenzaun:
sie schaun
ins eigene Grab.
Ins schwarze Gras
wirft sein Silber der Mond.

Nur das Leben
nicht der Tod
hat Stachel.
Und der den kecken Geist will beugen
ihn trifft am Morgen
der Pfeil aus dem Köcher der Nacht.
Im Garten
o bitteres Goldvogellied
über Jahrhunderte hin.

## 2. Prager Frühling

Um drei Uhr früh
zerbrach das letzte Eis
des Terrors
am gotischen Pfeiler.

Ruhelos
wälzt sich der Fluss
in seinem Bett.
Er atmet
durch den offenen Mund
der Karlsbrücke.

In den Kneipen seiner Träume
gröhlt und hurt
Wenzeslaus
und durch die Gassen zieht
Brandgeruch.
Es riecht nach Menschenfleisch:
die Freiheit
steht in Flammen.
Am Rathaus zählen zwölf Apostel
die Scheiterhaufen
der alten und der neuen Welt.
Aus allen Fenstern stürzen
schwarze Engel.

Ein Hahn kräht.
Auf den gespreizten Flügeln
des Schlosses
kommt die Dämmerung,
gleitet
über rote Giebeldächer
hinab ins Herz der Stadt.
Der Frühling leuchtet auf.
Behutsam
auf weissen Händen
hält der Holunder
das kristallene Licht.
Es birst im Park
in lauter Apfelblüten.
Auf den Strassen
knospen Gesichter.
Das Mühlrad liegt still.
Ballen hinterm Berg
sich die Wetter?

### 3. Stürmischer Sommerabend bei Cambridge

Wolkengekläff.
Der Wind springt heulend
ums Haus.
Unterm Strohdach
zittern die Jahrhunderte.
Das Haupt des Stuartkönigs
geht um
und im Gebälk knistert
kalt
die Stimme Cromwells.

Ein Schwarm Krähen schwirrt
wie Schmeissfliegen
ums Aas
der Geschichte.
"Niemand kommt weiter
als der, der nicht weiss
wohin und woher."
Die Lerche jubelt noch
im Sturz.
Es wirbeln die Gewittertrommeln
der Freiheit
zum feurigen Tanz.

Schwarz bellen im Kamin
die Himmelhunde.
Ein Düsenjäger
schiesst gellend in die Meute.
Die Erde duckt sich rasch ins Dunkel.
Ein Lichtstrahl huscht,
fühlt unterm Pelz der Gerstenfelder
ihre nackte Brust.
Hasen hüpfen wie Läuse.
Die Abendsonne schliesst
den eisernen Regenvorhang.

Auf dem Schafott
der Nacht
blitzt das Beil.

MARIO VON BRENTANI

# Akeley

Hinter meinem Hause
steht die Akeley
in dem kleinen Garten
wo die Blumen warten
eine lange Weile,
bis ich bei ihr sei.

Rechts blühn Rittersporne
lichtblau wie ein Schwert,
das in meinen Garten
wo die Blumen warten
Sonne hingeworfen,
hell und unversehrt.

Links drei Sonnenblumen
lächeln ferne hin
aus dem kleinen Garten
wo die Blumen warten
unter Schmetterlingen,
die im Reigen ziehn.

Rückwärts eine Föhre,
die aus alter Zeit
von dem kleinen Garten
wo die Blumen warten
heimlich Märchen flüstert,
die der Spatz verschreit.

Mitten drinnen aber
halt ich, endlich frei,
in dem kleinen Garten
wo die Blumen warten
Feierabend zärtlich
mit der Akeley.

## An die Mutter

Alle Blumen blühen Dir,
Alle Stunden singen,
die Dich einst umfingen.

Alle Tränen weinen
sich zu Edelsteinen,
die Du einst vergossen.

Alle Herzen schlagen
Dir zu allen Tagen,
o Du süss erfülltes Leben,
nimm, was wir Dir alle geben.

Du geheimnisvolle Rose,
Gnadenvolle, Makellose,
Alle Blumen blühen Dir.

# GEORG IRWIN VON CARDINAL

Alexander Solschenizyn gewidmet

Ihr lichten Bilder dieser dunklen Zeit.
Wir litten Leid. Euch zwang man in die Hölle.
Wer kann verstehn den Mut, der weltenweit
Bewegung regt, wie Wind die Wasserwelle?

Ihr kämpftet für die Freiheit um das Wort
auf Eurer Erde und in Eurer Sprache.
Nun klingt das Wort in allen Sprachen fort,
denn was Ihr leidet, ist auch unsre Sache.

Ich hörte wohl, die Ihr Verbannte seid,
schaut jetzt enttäuscht auf uns als Mammonsknechte,
zu jedem schandbaren Vergleich bereit
und feil zu halten selbst die Menschenrechte.

Und doch mein Trost: Auch hier manch Stiller strebt,
den Geist zu finden, aus dem Freiheit lebt.

Den Atlas, den er aufschlug, schlag ich zu.
Ach armer Jung! Ich sollte Deutschland sehn.
Die Ostsee blau! Ein alter Mann braucht Ruh.
Weshalb er weint, kann Jugend nicht verstehn.

Du alter Narr, der wie die blinde Kuh
schlaflos zur Nacht tappt, um zurückzugehn
durch Raum und Zeit. Vergebens suchtest du
nach Namen, die nicht mehr im Atlas stehn.

Ja Preussen selbst steht hier nicht mehr im Buch,
nicht Stadt, nicht Dorf, kein blauer See trägt Namen,
die einst vertraut uns wie das Fahnentuch,
das wir verbrannt, als wir aus Preussen kamen.

Oh Enkel, was könnt meine Rede lenken,
dir Altes neu in neuem Wort zu schenken.

Könnt ich Gedichte aus dem Hute ziehn
wie Zauberer Kaninchen aus Zylinderhüten,
wenn bunt wie Blumen Träume mich umblühn,
ich wollt sie Dir in Vers und Reim behüten.

Du würdest staunen über mein Bemühn,
den Schmetterling zu fangen auf den Blüten.
Doch ach, wie Feuerzauber sie versprühn,
die Geister, die beschworen, mich verrieten.

Um´s Wort geht´s, um den Spruch der mächtig ist,
das 'Sesam öffne dich', das Wunderbare.
Doch ich bin nicht der Prinz, der sein Dornröschen küsst,
ich greif den Kahlkopf statt der Lockenhaare.

Seh ich beim Angeln sich die Rute biegen,
narrt mich der Fisch zu meinem Missvergnügen.

Ich bin bereit, in dem durchsonnten Raum
das Schreiberhandwerk wieder auszuüben.
Dem Augenblick zu leben und mich kaum
mit Sorgen um das Kommende zu trüben.

Ich weiß, ich gehe schon auf schmalem Saum,
viel Zeit zum Atmen ist mir nicht geblieben.
Was war verging, als wär es nur ein Traum,
ruhloses Hoffen, unerfülltes Lieben.

Was bleibt der Feder in der Gegenwart,
als Zeitliches dem Höchsten zu verbinden,
in meinen Zeichen und auf meine Art
jetzt Ewiges im Augenblick zu finden.

So wie hier Sonnenlicht dies Blatt berührt
mein stilles Sinnen auch das Ew´ge spürt.

# HEDWIG DYCK

### Zeitenwanderung

In allen Zeiten möcht ich einmal wandern,
Möcht fliegen, wie ein zeitenloser Geist,
Der einsam ist, und unbemerkt von andern
Das Band, das alle Jahre hält, zerreißt.

Die langversteinten Jahre sollen fallen,
Der Erde Kalk, der Sandstein, soll vergehn.
Und in der Kohle unterird'schen Hallen
Soll mir der schwarze Urzeitwald entstehn.

Als Seele schweben in dem ew'gen Rauschen
Der stimmenleeren Wälder, moosbedeckt,
Dem Stöhnen einer Tanne möcht ich lauschen,
Die wie ein Geist sich in den Himmel streckt.

Ich möchte sehn die schaffende Koralle
Bevor erstand er erste Blütenduft,
Möcht gehen durch die neuerbaute Halle,
Möcht einmal atmen kohlensaure Luft.

Den Saurier riesenhaft, fantastisch, zu betasten,
Den Riesenleib der Flugeidechse schaun,
Mal bei den üpp'gen Weiden auszurasten
Die ganze Nacht bis an das Morgengraun.

O Tertiär! Die glütige Gewalt
Der innern Erde möchte ich erleben,
Möcht sehn den glühend - flüssigen Basalt
Dröhnend, qualmend, tötend sich erheben.

O Gletscher, gleitet einmal noch vom Norden,
Verstümmelt und begrabet noch einmal
Das Mastadon, die Riesenmamutshorden,
Die Pflanzenwelt vernichtet überall!

Erstehe dann vom neuen, heut'ge Erde
Mit warmer Luft, mit weitem grünen Land,
Und wirk, daß dann der erste Mensch mir werde,
Ich möcht' ihm reichen meine rechte Hand.

# J. WILLIAM DYCK

## DER WANDERER

Ich wandre müde durch die Nacht
Kein Licht in dunkler Ferne
Die Sonne hat sich totgelacht
und über mir die Sterne

Weiß jeder doch, was er nicht soll
Nicht stehlen, lieben, töten
Davon sind alle Bücher voll
Und selbst Musik und Noten

Wie göttlich auch ein rein Gefühl
Es muß zum Richterstuhle
Komm´Richter, richte
Schwing´das Beil
Mach´mit dem Sünder Schule

Denn rein von Sünden ist nur er
Der nach den zehn Geboten
Läßt sein und andre Herzen leer
Spielt lustig s e i n e Noten

Ich wandre müde durch die Nacht
Und über mir die Sterne
Die Sonne hat sich totgelacht
Kein Licht in dunkler Ferne.

## MEIN GEISTIG BROT

Mein geistig´Brot
So manche Nacht
Hab´ich durchwacht
Hab´Dich gedacht
   Bist mir
   Gedanke
   Festung
   Wenn ich wanke
   und Zuflucht
   in der Not
mein geistig´Brot.

In Schweigen möcht´ich mich hüllen
Mögen die Götter dann brüllen
Hat das Leben wirklichen Sinn
Wenn ich nicht sein darf, wie ich bin?

# ABRAM J. FRIESEN

## Des Deutschen Weihnacht

Es liegt ein Fluch auf uns. Jahrhundertlang
schon tragen wir daran und fassen´s nicht.
Wann tönt auch uns der Friedensstimme Klang,
wann strahlt auch uns das sanfte Weihnachtslicht?
Komm, heilger Christ, sei wieder Mensch auf Erden
und hilf auch uns, uns allen, Mensch zu werden!

Wir waren groß, wir haben stolzen Ruhm
erworben, und verscherzt, wir wurden schwach
und wir verloren unser Menschentum
und wir erlitten allertiefste Schmach.
Komm, heilger Christ, sei wieder Mensch auf Erden
und hilf auch uns, uns allen, Mensch zu werden!

Das Wahre, Gute haben wir verkannt,
wir irren satt und träge blind umher,
Volk ohne Ruh und ohne Vaterland,
und unser Herz ist kalt und liebeleer.
Komm heilger Christ, sei wieder Mensch auf Erden
und hilf auch uns, uns allen, Mensch zu werden.

## Dank

Hier spricht kein Auserwählter,
der aus dem Brunnen der Erkenntnis schöpfend
ewige Erquickung
dem lechzenden Menschengeschlecht
im Traume reicht.

Es ist eine Stimme eines Irrenden
in der Wüste,
der in Liebe und Leid
den Glauben an den einen Weg
verloren hat
und nun im stillen hofft,
dass alle Wege,
auch die Irrwege,
endlich aus der Wüste führen.

Und wenn nicht —
und eh die Stimme versagt
und die Sinne schwinden:
Dank dem Schicksal, Dank
für das Lieben und Leiden und Irren
in der Wüste.

Wir haben aufgehört
zu schreien
und zu bekennen,
wir haben
die Suche nach dem Neuen Menschen
aufgegeben.

Wir stehn betäubt
inmitten von Zerfall und Anarchie,
und um uns zuckeln
entzückt
entmannte Kreaturen
und fisteln ihre kranken Lieder.

Und eine Lüge ohnegleichen
verübt
im Namen von Demokratie
und Christentum
und Kommunismus
dieselben ungeheuerlichen Verbrechen.

Wir sind zu schwach, uns
aus unserer Umnachtung
zu retten.
Denn wir haben den Glauben an uns selbst
und die Hoffnung auf den Erlöser in uns
und die Liebe zueinander
verloren und kennen keine Botschaft mehr.

# ISAAC P. FRIESEN

*Lake Louise*

*„Lake Louise," bergumschlungen*
*Und von Felsen eingekreist;*
*Wie den Höhen abgerungen,*
*Und vom Gletschereis gespeist.*
*Hoch erhaben liegst du da,*
*Märchenhaft in grün und blau.*

*Deine Felsenufer ragen*
*Hoch bis zu den Wolken hin,*
*Deine Schneelawinen jagen,*
*Donnernd sie zur Tiefe ziehn,*
*Deine Fluten, hell und rein,*
*Schimmern wie ein Edelstein.*

*Wer hat dir dein Bett gegraben,*
*Wunderbarer Märchensee,*
*Hob die Felsen hoch erhaben*
*An den Ufern in die Höh'?*
*Wer hat dich so schön gemacht,*
*Und dies Wunderwerk vollbracht?*

*Und mir ist's, als ob's in Lüften*
*Hundertfältig widerhallt,*
*Als ob's aus den tiefsten Klüften*
*Lauter, immer lauter schallt;*
*Niemand sonst als Gott, der Herr,*
*Schuf die Wunder um dich her.*

*Und mein Herze liegt im Staube,*
*In der tiefsten Ehrfurcht hin,*
*Und durch Christum sieht der Glaube,*
*Dass ich Kind des Schöpfers bin,*
*Dass mein Vater diese Pracht*
*Durch sein Wort hervorgebracht.*

# ANTON FRISCH

Ich möchte gerne wie die andern sein:
Froh, unbeschwert, und sicher in Gebeten;
Doch ihre Welten wurden mir zu klein
Und etwas muß in mir gestorben sein
(Vielleicht hat es die Zeit zertreten),
Vielleicht war es zu viel Alleineseins,
Vielleicht ein Rufen der Propheten.
Denn etwas in mir wurde alt wie Stein
Und läßt mich nicht mehr wie die andern sein.

o

Ein anderer Tag verrann im Weltgeschehen.
Zwölf Glockenschläge trug der Nachtwind her.
Am Weg im Garten hörst du Schritte gehen.
Die Nacht schwieg lange. Es war irgendwer.

Nur in den Adern schlägt das Blut den Takt.
Die Zeit entweicht im Rauch der Zigarette.
Was ist das: Welt? Sie zeigt sich dir, als hätte
Sie nichts und wäre namenlos und nackt.

o

Deutsche Lieder klangen durch die kalten
Winterabende am Sternensee.
Nordlichtbrände brannten und die alten
Worte schallten überm Schnee.

Hier im Norden, freilich, klingen Lieder,
Deutsche Lieder, seltsam fremd und weh.
Auch der Wald erkennt kaum wieder
Halbverwischte Spuren um Schnee.

o

Gletscher ließen diese Steine
Vor langen Jahren hier zurück.
Und von dieser Zeit sind meine
Lieder nur ein kleines Stück.

Jeder Sturm wirft viele, viele
Stämme über manche Art.
Meine Lieder sind die Spiele
Einer solchen Gegenwart.

o

Ich lese anderer Werke, diskutiere
Gern und allein mit letzten, dunkeln Dingen,
Und will die Welt in Zeilen zwingen.
Doch meine Worte sagen mir, daß ich verliere.

Kunst ist Verlust, wie einem Geber seine
Gaben,
Nur was uns bleibt, vergrellt in Nacht.
Und Kunst ist unkeusch, denn wir haben
Ein eigenes Bildnis öffentlich gemacht.

Wie Knospen, die den Ästen jedes Jahr
Entquellen, wachsen uns Worte, die schon
waren.
Mir scheint, als ob nach vierundzwanzig
Jahren,
Was werden kann, bereits gewesen war.

Denn Jugend ist wie Frage: Offen.
Das Alter schließt, sinnlos, das Argument.
Ich kam wie einer, der nur Richtung kennt,
Und ging, und bin am Ende angetroffen.

Zwei Dinge kennen wir: Tod und Ekstasen.
Wann sie das Leben uns entgegenhielt?
Ob wir sie schrieben oder lasen?
Wo wir auch schauen, es ist dasselbe Bild.

o

CHRISTEL FRÖHLICH

# Prolog...

**. . . zu einer Serie von Märchenspielen für Schulbühnen, die leider überall abgelehnt werden, weil Märchen in heutiger Zeit unmodern geworden sind.**

Die Tradition, Ihr Herren und Ihr Damen,
so sang auch Tevye in dem „Fiddler On The Roof",
die Tradition ist es, was uns auf dieser Welt
in Einigkeit zusammenhält,
g'rad wie der Sack das Korn vom Bauern Bolte.

Wer glaubt, dass er so anders fühlt und denkt,
als seine Ahnen es vor Jahren taten,
der, fürchte ich, ist leicht beschränkt.

Schrieb nicht schon Sophokles von Unzucht und Gewalt
der Jugend, — vor zwanzighundert Jahren und mehr?
Und glaubt Ihr wirklich, dass die Eltern jener Zeit
die Angst und Sorge nicht so arg empfanden, als Ihr?

„Geh' aus mein Herz und suche Freud",
kann das für uns denn heute anders gelten,
als es Paul Gerhardt sechzehnhundertvierzig sang?
Und ist die Freundschaft anders zu bewerten,
als sie der Dionys in Schillers „Bürgschaft" fand?

Zwar glaubte Goethe noch, das Fliegen sei nur Utopie,
doch mit der Luftfahrt sind die Seelen nicht entflogen.
Ich denke, Kinder ohne Traum und Phantasie,
sind um den schönsten Teil der Kinderzeit betrogen.

Das Märchen, liebe Freunde, lächelt nur,
gehört zu uns, wie Sage und Geschichte,
gehört zu uns wie's Volkslied, wie Gedichte,
wie Burgen, Kirchen, Wald und Flur.

Es ist für alt und jung erfunden,
und als Erzählung zu bewerten.
Den Kindern zeigt es in den Mussestunden,
die Dinge, die zum Tageslauf gehörten.

Nicht immer gab es Autostrassen,
und reich war nur der Herrscher von dem Land.
Es gab mal Wälder worin Wölfe sassen,
als Hexen wurden Menschen einst verbrannt.

Und Fäden musste man sich selber drehen,
erst dann verweben und zuletzt kam's Nähen.
Das Wandern war nicht nur spazieren laufen,
und „selber machen" hiess es, statt: „geh' kaufen."

Ein Märchendichter wollte immer lehren,
doch später wurde oft das Bild verzerrt,
das Beispiel, welches sollte einst erklären,
was alles uns den Weg zum Glück versperrt.

Auf gradem Wege gehen, sollen wir auf Erden,
wer seinem Nächsten schadet, wird verflucht;
doch wer mit Liebe seine Brüder sucht,
erreicht, dass Raben wieder Menschen werden.

Nicht immer ist es eig'ne Schuld,
wenn man zur Gans wird oder Eule;
doch immer braucht man viel Geduld,
bis jemand hört sein Wehgeheule.

Das alte Märchen, nur mit einem neuen Kleid,
passt sicher auch in uns're Zeit.

## JAKOB WARKENTIN GOERZEN

### Die Westkueste

DIE Hauptstadt hab' ich verlassen,
Es wogen die Wogen am Bai,
Wo der Mond herabschaut mit blassen
Verlorenen Strahlen am Kai.

Es glitzern da tausende Funken
Auf der herbstlichen, funkelnden Stadt:
Das Gestade ist lichtertrunken
Fern und weit und matt.

Der Bug zerklafft die Wellen,
Die werden Sprühgischt und Schaum,
Wie Wogen, die am Strande zerschellen,
Wie Fluten an Wehr und Baum.

Ich steh' in Gedanken versunken
An der Reling ganz allein:
Da sprühen mir tausende Funken
Von ferne im Mondenschein.

### Meeressehnsucht

ICH möchte noch einmal am Wolme stehn,
Wo ich so oft gestanden;
Ich wollte noch einmal ins Lager gehn,
Wenn die Wellen wogen und branden:
Am Kiele des Schiffes, wenn in der Nacht
Die klaffenden Wellen ziehen
Die Wolken des Rauches fliehen:
Und in dem Zwielicht sanft und sacht
Wenn jene grosse, funkelnde Stadt*
Am Festland leuchtet und funkelt,
Und wenn im Westen blass und matt
Die Insel* schwindet und dunkelt!

*Vancouver und Vancouver Insel.

Ein Fünkchen Glückes
Dem Nächsten getan,
Facht bei dir selbst
Die Flamme an.

## Morgengebet 1

LIEBENDER Vater,
Wie hast Du so schön
Die Blumen des Moores erschaffen!
Golden und gelblich
Im Windhauche wehn
Die Blüten im jungen Grunde.
Hast das Gehege
Im Morgenlicht
Mit fröhlichen Vögeln bestreut
Und im Haine
Im Frühlingslicht
Alles verklärt und erneut.

## Morgengebet 2

O SEI gepriesen,
All-liebender Vater!
Gütige Gaben umgeben uns täglich
In Deiner reichlichen Spendung:
Sonne und Freude
Im Licht des erwachenden Lenzes,
Gnade und Liebe
Im Erfreun alles Schönen:
Liebliche Blüten im Haine
Und Vögel in grünender Waldung.
Lass uns recht fromm
Dir zu Ehren die flüchtigen Tage verleben,
Und nimm uns hinüber
Zu äonis-chen Freuden dort oben!

# KUONRAT HADERLEIN

die sandsteinfarbene treppe

der träumer geht den traum hinauf
schwimmt im herbstroten raum aufwärts
wie in einer mondnacht will er
schatten fangen

eine spiegelwelt aus eis leertrinken will er
und nichts als roquairol gewesen sein
in einer mondnacht ohne fieber
ohne blut

von ackerblumen sing ich nun ich singe
von einer nymphe die findet mich
im see aus roggenblüten und mohn
kornblumenblaue unterwelt

ein lied sind wir
glitzernde fische sinken wir wie räume
dunkel heim

wie in einer mondnacht ging ich da den traum hinauf
schwamm ich aufwärts im herbstroten raum
meinen kalten schatten fing ich im gebüsch und
ja in einer mondnacht trank ich
einen weiher leer

das schale wasser spie ich weit ins land
und grub im schlamm nach dir du fisch
du nymphe

morgen kommt der weihnachtsmann

Es ist nun schon jahre und war
zu einer zeit als mich sein lied
von den drosseln die nicht aussterben
so rührte da sang ich

solange blumen da sind schreibe ich
von blumen politik
das ist für mich immer so ein gefühl
wie weihnachten

viel wasser fließt irgendwelche mittelgroßen
flüsse hinunter
und in den binsen liegen die alten weisheiten
und räkeln sich wohlig im schlamm

ostern kam und ging
nun ist es aber pfingsten geworden in saskatchewan
der heilige geist marxens schmeißt
mit roten feuerzungen um sich

da wacht man auf
da schreibt man wieder deutsch
meine poetischen blumen
sind politische blumen geworden in saskatchewan

man fürchtet wieder die freiheit
die wie das männlein im walde auf einem bein
im purpurroten mäntelein
herumhupft

ein fliegenpilz mit weißen unschuldsflecken
kümmerliches adjektiv vor der nominalen demokratie
rumpelstilzchen auf krücken
hammer und sichel hinter dem rücken

was können eichen tun

in einem schal aus rost
in einem nebelmonat so wie der jetzt
eichenvoll

braquegelb wachsen wir nackt leben wir
in einem weiß das morgenlang
alle himmel vergittert

und von all dem silber das die nacht
aus ihrem wunschtuch schüttelt
bleibt uns der abend nur

der abend unser herbst denn abends
nähren wir mit unserm feuer eine sonne
die des sommers müde wird

nähren wir mit unserer roten kraft
die bleiche sonne frankens
die sterbende sonne düsseldorfs

HANS HARDER

# Gedichte

**Sommeridyll**

Die Aehren wispern, stoßen sich und schaukeln.
Heiß gähnt ein müder Wind.
Die Grille zirpt. Die Schmetterlinge gaukeln.
Fern singt ein müdes Kind.

Die Mühle stöhnt auf einem flachen Hügel
und starrt ins bleiche Licht,
vor Trägheit dreht sie kaum die Flügel:
r-r-rum-komm-ich nicht . . .

Ein Greis muß schwankend in die Krücken krallen,
er sinnt und stockt und geht.
Er wartet: daß die reifen Körner fallen,
die Mühle stille steht.

**Tulpen**

Gleich reinen zarten Frauenhänden
tasten die Blüten in das Licht,
sich in der Sehnsucht zu vollenden,
an deren Ende der Verzicht.

Euch fehlt der Duft, ihr könnt nicht prangen,
ihr kennt die lauten Farben nicht,
ihr: formgewordenes Verlangen. —
Die Königin ist stolz und schlicht.

**Maiglöckchen**

Ein Meer von kleinen weißen Glocken
rauscht leise durch die laue Luft;
in hellen Klängen singt ein Locken,
in Wellen treibt ein zarter Duft.

Es tragen Blütenmelodien
die Sehnsucht über Raum und Zeit:
ich seh den Wald der Heimat blühen —
wie bin ich alt! — wie ist das weit!

WOLFGANG HEYDE

Kunst sei Wort und Kunst sei Ton,
Kunst sei farbenprächtig,
wer die Gnade trug davon,
ist zutiefst andächtig.

Kunst vereint Wort, Bild und Ton,
Seele und Gedanken,
wer die Gnade trug davon,
hält' sich auch in Schranken.

Wer im Schöpfungsrausch erlitt
einsamste Entrückung,
fühlt – wie er der Welt entglitt –
schmerzliche Beglückung.

Wen die Muse einst geküßt
mitten in das Herze,
lebenslang verpflichtet ist
freuderfülltem Schmerze.

Kunst erblüht aus Glück und Schmerz
still zu eignem Leben
und will schwerbeladnem Herz
helfend Antwort geben.

Kunst ist mehr als Wort und Ton,
Bilden und Gestalten,
sie klingt auf wie Religion,
und will Gott entfalten.

Phantasie.

Soll ich in Schönheit sterben,
um etwas Schönes zu tun?
Soll ich in Worten schwelgen,
um dann verzückt zu vergehen?
Soll mir die Kunst und die Sprache
nacktes Geschwebe nur sein?
in den Äther gehaucht,
um ihrer selber willen?
Nein, Geliebte! Und nein!

Ich will dich, Kunst, nicht besitzen
aus Freude am reinen Besitz.
Von Herzen helfen will ich
und schöpfen aus ewigem Born
von Menschheit und Volk und Seele,
Natur und Leben und Sein. –
Hilf du mir vollbringen das Werk.

Nicht Zweck soll es sein,
doch ich möchte,
daß das Geschaffene
aus sich heraus Zwecke erfüllt:
Es soll zum Dasein erwecken,
was uns in Tiefen liegt
und damit von Herzen helfen.
Ich wollte dich nicht, edle Kunst,
wenn ohne dich wir auch lebten.
Doch leben wir nicht ohne Seele.
Daß wir aber leben, will Gott.
Drum will ich auch dich, meine Kunst,
und liebe dich für mein Leben.

Mit dem Guten
gab uns Gott das Böse.
Uns durchfluten
beide stets im Streit.
Stark sich feie
in dem Kampfgetöse
alles Freie
zur Gesetzlichkeit.

Alles Böse
zeugt zur Abwehr Gutes.
Hehre Größe
wächst an dem Dämon.
Dunkle Geister
sind nicht unsres Blutes,
Gott als Meister
schaun wir ewig schon.

Dunkle Geister
wecken unsern Willen,
ihre Meister
sind für sie das Licht.
Wer den Teufel
jemals hörte brüllen,
hat nie Zweifel,
daß Gott leise spricht.

Nie wird Böses
aus der Welt sich scheiden,
nie wird Gutes
ständig Sieger sein.
Gott gab Leben
sichtbar allen beiden,
uns das Streben,
einmal Herr zu sein.

# JAKOB H. JANZEN

## Ankunft.

Die Bremsen kreischen, und der Zug hält an;
zum Rand der Prärie neigt sich schon die Sonne.
„Aussteigen!" — Bald ist es getan.
Am Ziel . . . Was wird den Wandrern wohl zum Lohne?

Weit hinter ihnen liegt der Heimat Lust,
und Berg und Tal, und Feld und Wald und Meere;
und enge wird es ihnen in der Brust.
Sie stehn und starren in die grüne Leere.

Ein räderloser Eisenbahnwaggon,
ein armer Schuppen, tiefe Büffelstege,
so sehn sie Rosthern. Weit davon
eilt schon der Zug auf seinem Schienenwege.

Niemand ist da mit freundlichem „Willkommen!"
Als Unbekannte in dem fremden Land
stehn sie allein. Doch hat sich ihrer angenommen
der, dem Not Verlassner wohlbekannt.

Genächtigt in des Kaufmanns kleinen Hütte;
dann mit der Morgensonne früh hinaus!
„Der Herr mit uns! Er ist in unsrer Mitte
und baut auch hier uns bald ein warmes Haus."

## PETER J. KLASSEN

# John Maynard

(Nach einem englischen Lesestück aus Reader book 5.)

Vor siebenzig Jahren war's, oder so ....
Auf dem Erie ein Schiff fuhr nach Buffalo.
John Maynard, des Schiffes Steuermann,
Unsterblichen Ruhm auf der Fahrt sich gewann.
Und oft noch wird heute sein Ruhm gesungen;
Klingt heut noch so gut, wie er damals geklungen.

Wohl einhundert Menschen, vielleicht auch mehr,
Auf dem Schiff sich befanden als Passagier'.
Der Tag war sonnig und ruhig die See....
Nichts ahnte John Maynard von baldigem Weh....
Vom Decke scholl Spiel und fröhliches Singen,
Als plötzlich man Rauch durch die Lucken sah dringen.

„Hinunter mal, Simpson, und nachgeseh'n!"
Rief befehlend dem Schiffsmat der Kapitän.
„Der Rauch riecht verdächtig und sieht so schwarz —,
Untersuche die Ladung: den Teer, das Harz!
— Allmächt'ger! — Wenn unsere Ladung sollt' brennen....
Mit Feuer und Tod heißt's um's Leben dann rennen!"

„Das Schiff steht in Feu'r, es brennt das Harz!"
Meldet Simpson, das Gesicht vom Rauch ganz schwarz.
„Wir löschen die Flammen, das Feu'r nicht mehr,
Denn Feuer gefangen hat auch schon der Teer!"
— „Nach vorne die Menschen!" Befehle jetzt kamen,
„Da sind sie geschützt vor Rauch und Flammen!"

— „Wie weit haben wir noch bis Buffalo?"
— „Sechs Meilen!" — Die Antwort macht keinen froh.
„Kapitän, wie lang noch, bis wir sind dort?"
— „Drei Viertel Stunden bei guter Fahrt!"
„John Maynard?" — Den Ruf wohl alle vernahmen —.
— „Yes, Sir!" kam die Antwort durch Rauch und Flammen.

„Stehst du noch am Steuer und hältst aufs Ziel?"
— „Yes, Sir! Südost bei Ost, vom Kurs ich nicht fiel!"
„Halt Ost ihn, und wo du siehest Land,
Da renne das Schiff direkt auf den Strand!"
Und näher und näher dem Ufer sie kamen....
John Maynard am Steuer trotz Rauch und Flammen.

„John Maynard, stehst du noch feste am Steu'r?"
— „Yes, Sir!" — kaum hörbar durch Rauch und Feu'r.
„Noch fünf Minuten, mein alter John?"
— „Mit Gottes Hilf', ich schaff' es schon!"
Bei lebendigem Leibe läßt er sich braten,
Und schon umfangen ihn Todesschatten....

Geschwärzt das Gesicht, das Haar verbrannt,
Verkohlt und verkrüppelt die linke Hand,
Hält er mit der rechten umklammert das Rad
Und steuert das Schiff den rechten Pfad,
Und betet: „Allmächt'ger! Für jener Leben
Will ich ja gern das meine Dir geben.

Nur eine Minute noch gib mir Kraft....!"
.... Ein Krachen und Splittern....! „Ich hab es geschafft!"
Gerettet, landet das Schiff am Strand,
John Maynards Seele — im Vaterland!

John Maynards Tat wird noch heute besungen,
Klingt heut noch so gut, wie sie damals geklungen!

## Dürre in der Prärie

Die Sonne geht auf wie in Schmelztiegelglut...
Und der Himmel ist rot wie von Menschenblut...!
Nie läßt am Himmel ein Wölkchen sich blicken,
Kein Tau will die welkende Saat erquicken;
Der Himmel verschlossen — der Regen bleibt aus...!
Den Farmer packt Schrecken, packt Angst und Graus.
Und die Erde ist trocken; was lebet, ist matt;
Verdürstend vergilbt des Landmannes Saat;
Und Menschen und Tiere und Bäume und Gras
Lechzen verschmachtend nach himmlischem Naß...
Doch Sandtromben tanzen wie geisternde Schemen
Vom Sturmwind getrieben durchs sterbende Feld
Vernichtend, zerstörend, das letzte zu nehmen...
Vergebens der Notschrei zum Himmel ergellt!

## Nordlicht

Flimmernd und zitternd im Strahlenglanz,
Weltüberbrückend im Sphärentanz,
Lichtmelodien geisternder Chor
Plötzlich am Himmel flammet empor.

Über der Arktis endlose Nacht
Hat ein Werde das Licht gebracht.
Aus Licht und Schein eine Brücke gebaut. —
Anbetend der Mensch das Wunder schaut.

Es wölbt sich der Bogen aus Licht und Schein
Von West nach Ost in den Himmel hinein . . . .
Das Lichtgebilde zittert und bebt,
Als würd' noch vom Meister daran gewebt.

Strahlbündel und gleissende Glut
Züngeln wie Flammen und wellen wie Flut . . . .
Lichtmelodien aus himmlischen Höhn
Strömen hernieder in Farbengetön.

Bannen den Menschen mit ihrem Lied,
Wenn vom Meister gespielt er es sieht,
Ziehn von der Erde zum Himmel ihn fort,
— Die Lichtmelodien, das Lied ohne Wort. —

# HELGA KLEER

## An einen Freund

"Der Prophet gilt nichts in seinem Vaterland."
Die alte Weisheit gilt noch heute.
Doch alle Freunde, ungenannt,
sie wurden nicht des Zeitgeists Beute!

Die Treue ist kein Handelsgut.
Man hat sie - oder hat sie nicht.
Auch fordert sie oft hohen Mut,
der - ach - so Manchem heut´ gebricht.

Das wollt´ich dir zum Trost nur sagen
in dieser aufgewuehlten Zeit;
die Wuermer nur am Besten nagen,
und Gift und Galle spuckt der Neid.

Lass dich nicht stoer´n durch Eintagsfliegen,
die heute rot und morgen tot.
Am End´wird doch das Gute siegen
und aufgeh´n wie ein Morgenrot. -

## Sommer-Mittag

Mittag ist´s;
die Sonne bruetet
flimmernd auf Stein und Strom.
Still steht im Wasser die Forelle,
schillernd darueber fliegt die Libelle -
umstanden vom daemmernden gruenen Dom. -

## Odysseus

Wohin ich auch immer gehe,
wo ich auch immer stehe,
ruehrt die Heimat leise mich an.

Wie schoen sich die Fremde auch zeiget,
mein Herz sich zur Heimat neiget;
so bleib ich ein Wandersmann

zwischen Heimat und Fremde und Zeiten.
Ich spuere in allen Weiten
den Atem des grossen Pan.

## Dolce far´niente

Suesses "dolce far´niente",
all-versunken in das Sein.
Einziger Laut nur Wasserrauschen
und sonst nichts. O selig Lauschen,
Ur-Laut eines Seiner Elemente.

Stille rieselt lautlos nieder,
und das Wasser huellt sie ein
schweigend wie am Schoepfungstage.
Geheimnisvoll und ohne Klage
rauscht es seine steten Lieder.

Still steht Zeit und still das Leben.
Wunschlos faellt von mir das Ich.
Ohne Schwere sind die Glieder,
Ahnung faellt auf mich hernieder
vom unsichtbar goettlich Weben.

# RÜDIGER KRAUSE

## neues reiselied

I der himmel ist eingestürzt
nicht laut

wie schnee
sacht und leicht
wer hat das schon bemerkt?
mit dem fuss
schiebe ich mir
vorsichtig den weg

alles horizont
und darüber hinaus
sieht keiner mehr

II der schrei der ameise
bleibt jetzt auch ungehört

es hat sich kein ohr geneigt

es ist gut dass man
den eigenen schritt
knirschen hört

III es gab etwas
was in mir die kälte
zum klingen bracht

jetzt ist ruh´

nur ab und zu
schnarrt die saite

IV und so kann man getrost gehen

man ist immer schon angelangt
das eigene gehen ist begleiter

darüber hinaus gibt es dies:

dass wege sich kreuzen
spuren miteinander zieh´n

an -

du hast mir bunte saiten
auf die gitarre gespannt
und mir das regenbogenlied
ins ohr gesummt

meine steifen finger
versuchen sich am leeren holz

an -

zwischen eisblumen -
ich bin verirrt
im eisgarten deines fensters

kristallkelche -
ich wage nichts zu zerklirren

wo hauchst du warm?
wann befreit mich dein mund?

du bist da -
ein klingen in den blüten
die sich wiegen

# STEFAN KROEG

## Allerseelen. (1960)

Weit über dem Meer
in fernem Lande verlassen
liegen dornüberwuchert
die Gräber unserer Lieben.
Kein Kreuz, keine Blumen schmücken
ihre entweihten Gräber,
nur der Regen tropft von den Dornen
wie Tränen, die der Himmel weint
in sternlosen Nächten
über den Verlassenen,
und heute ist Allerseelen.

Die um sie trauern sind verjagt,
zerstreut in der fremden Welt,
darum brennen keine geweihten Kerzen
auf den Gräbern zu ihrem Gedächtnis.
Die Wolken jagen wie Leichentücher
vom Winde gebläht über die kahle,
entweihte Erde,
und der Herbststurm weint
klagend durchs Dorngestrüpp,
als lebten in ihm die Stimmen
suchender Geister.
Und heute ist Allerseelen.

# ERNST LOEB

## WEIHNACHTSGRUSS 1972

*Soll man sich bei Beginn des neuen*
*— Sei's Tages oder Jahres — freuen?*
*Ist, frag' ich in derselben Richtung,*
*Dies gar ein Anlass zur Bedichtung?*

*Es fragen die bewussten Mühlen*
*Uns nicht nach Lust — und Leidgefühlen.*
*Ob Sonne, Regen, trübe, heiter:*
*Sie mahlen unbekümmert weiter*

*Und sachte, eh' man sich's versieht,*
*Fühlt man, wie's schon am Hemde zieht,*
*Bis man, vom Räderwerk ergriffen,*
*Sein letztes Liedlein ausgepfiffen.*

*Drum preist man die Vergänglichkeit*
*Nicht ohne Grund mit Bänglichkeit:*
*Es ist, als ob man steht und geigt,*
*Dieweil ringsum das Wasser steigt.*

*Noch sind wir hier. Und dass das so ist,*
*Genügt dem Weisen, dass er froh ist*
*Und sich den Tag nicht trüben lässt —*
*Und auch nicht dieses Weihnachtsfest:*

*Nicht von der Mitwelt böser Artung,*
*Nicht von zukünft'ger Glückserwartung,*
*Nicht vom Vergangnen, dessen Schatten*
*Ihm oft den Weg verdüstert hatten.*

*Wer als Geschenk den Lichtstrahl nimmt,*
*Der kommt und glüht und dann verglimmt,*
*Empfindet, und das wünscht man herzlich,*
*Auch das, was kommt, nicht ganz so schwärzlich.*

## MEINE SPRACHE

*So warst du mein:*
*In deines Frühlichts vergoldendem Strahl*
*Lag erster Wachheit Wonne und Qual, —*
*So perlenrein.*

*Du warst das All:*
*Warst Form, in die sich das Herz ergiesst,*
*Die Perle, die Gottes Welt umschliesst,—*
*Noch vor dem Fall.*

*So kam die Nacht,*
*Die dich, von heiliger Flamme durchglüht,*
*Hinab in den Dunstkreis der Lüge zieht, —*
*Zur Dirne macht.*

*Wie weh' das tut:*
*Denn dich, die mir mitten im Herzen stand,*
*Dich sah ich in grober, schuldiger Hand, —*
*Getaucht in Blut.*

*Wie nagt die Pein,*
*Dass Niedrigkeit dich in Klauen hält,*
*Der Schmutz ihrer Seele dein Licht verstellt, —*
*Und bist doch mein!*

*Denn das weiss ich:*
*Aus tiefen sich sehnend, höhenwärts,*
*Das wunde, wartende, jubelnde Herz*
*Spricht nur durch dich . . .*

## GERHARD LOEWEN

### Gebet

Du guter Gott, ich bete nicht um Reichtum, Gold:
Nur um die Kraft, des Lebens Aufgab zu erfüllen;
Ob mir das Schicksal lacht, ob mir die Sterne hold,
Ob alle Sterne sich in schwere Schatten hüllen:
Laß nie das inn're Licht aus meiner Seele schwinden,
Das Du mir gabst, es auch in andern zu entzünden.

In jedem kleinsten Blümchen, das im Frühling blüht,
Wenn sich die ganze Welt nach Winters Frost erneute,
In jedem Eiskristallchen, das im Winter glüht,
Im bunten Blatte, das der Helbst zur Erde streute:
Ist Schönheit, ist ein Strahl des Lichtes eingeschlossen,
Das aus dem ew gen Licht von oben sich ergossen.

Die Bilder, die der Maler auf die Leinwand wirft,
Die Seel' der Dinge unserm innern Aug' erschließend,
Der Muse Gaben, die entzückt die Seele schlürft,
Der Wohlklang aus des Komponisten Seele fließend:
Sie alle sind des ew'gen Himmelslichtes Gaben,
Von Gott gegeben uns, die Seele dran zu laben.

Doch nur, wem dieses Licht die eigne Seel' verklärt,
Wer es von oben in sein eigen Herz läßt fließen,
Wem nicht der Sorge Wolken dieses Licht verzehrt:
Ist fähig, es in Außendingen zu genießen;
Ein sonnenhaftes Aug' nur kann die Sonn' erblicken,
Und nur den Schönheitssinn konnt' Schönheit je entzücken.

Drum, guter Gott, erhalt' mir dieses Himmelslicht,
Und gib mir Kraft, in and'rer Herzen es zu gießen!
Laß geistige, laß körperliche Schönheit nicht
An sorggeblend'tem Auge mir vorüberfließen;
Nein, Schönheit sei mir Trost und Mut und Kraft im Leben,
Bis einst im Meer der Schönheit meine Seel' wird schweben.

# ALMUTH LUETKENHAUS

Im Brand der Apfelblüte
zerreiß dein Kleid,
streue
die Asche des Gewesenen
ins Haar
und leg dein Gesicht
in die keimende Saat.

Nie mehr
wird dich dürsten.

Zur Zeit der Gnade
im Spiegelregen
aus Lerchensilber
überwältigen dich
die Garben.

Noch hat der Herbst seinen herben Geruch.
Jede Nacht hüllen die Mütter
lächelnde Schläfer ins Sternentuch.
Jeden Tag tunkt sich der Himmel
in das Antlitz der Seen.
Noch
ist nichts geschehn.

Noch
hängen über der Glashaut die schwanken
tropfenden Blätterapplikationen,
kreiseln des Wassers Spiegelgedanken,
rollen fort in verschnörkelten Hölzern, Ikonen,
Negergesängen, Kristallen und Flammen.
Noch
hält die Welt zusammen.

Warum
preisen wir nicht
die schönheit des Windes?
Schüttle die Furcht
von den Ärmeln!

Blick auf
in die rote Mandorla
aus Schweigen.
Immer noch
blühen Kronen im Wind.

Preise
die Schönheit des Sturms!

In das Dunkel
unseres Ursprungs
wollen wir uns schmiegen,
uns auftun dem Geläut
der Stille.

Gott lächelt in den Farben,
der Bogen seines Mundes wölbt sich kaum,
bald stumpf, bald funkelnd fällt sein Glanz in Garben
verästelt in den Raum.

Atem und Schoß der Gambe:
ein samtener Gesang in Blau und Rot,
von Ton und Duft und lichter Dithyrambe
durchtränkt sind Wein und Brot.

Lampion

des Abschieds.

Heimwehampel

in deinen Augen.

Ein wenig Ruß

auf den Lippen,

zärtlichen Rauch

im Haar,

vollziehen wir

unsere Zeremonie

vor der Fassade

des Abends.

Gebetsmühle

des Abschieds.

Ich esse

den Wind

deiner Worte,

trinke dein Schattenbild.

Aber schon

wirbeln Schneeblätter

auf unsere Schwermut

vor der Fassade

des Abends.

JOSEF G. MOHL

## Die Sage Von Qu'Appelle

Ich bin es, der sie wie sein Leben liebte,
Der ihre Schönheit in der Knospe sah,
Der sie zur Braut gewann und gläubig wähnte,
Die Welt sei gut und schön, weil sie es war.
Ich bin es, dem die Geisterstimme galt,
Von der das Bleichgesicht am Lagerfeuer
Noch immer spricht. Ich hört' das Echo, das
Dem Tal den welschen Namen gab "Qu'Appelle."

Den Voyageurs den Wasserweg zu weisen,
Stand ich bereit. Nokomis kam zum Strand:
"Kehrst du mir wieder, wenn der sonnige Herbst
Mit sanfter Lippe lächelt, ich als erste
Hör' deines Ruderschlags willkommene
Musik von ferne schon. Du kommst, du kommst!
Ich lisple leise in dein lauschend Ohr:
Wohin du gehst, Nokomis geht mit dir."

Manch Missgeschick begleitete die Fahrt.
Schon blich der Frost der Wälder schimmernd Gold,
Die Wildgans schaarte sich zum Flug gen Süden,
Als ich die Reisenden ans Ziel gebracht
Und meiner Führerpflicht erledigt war.
Nicht Sehnsucht nur, auch Sorge trieb mich an,
Ob Tag, ob Nacht. Ich schlief, wenn mir der Arm
Erschlaffte, ass und trank, wenn Wind und Woge
Ans Land mich warf. Und flog auch mein Canoe
Der Möwe um die Wette, schneller flog
Mein Wunsch, und schneller als mein Ruder schlug
Mein Herz in banger Sorge und Erwartung.

Die langen Tage schlichen langsam hin,
Oft schien es mir, dass zwischen heut und morgen
Mein halbes Leben hing. Doch endlich lag
Der heimatliche See vor meinem Blick.
Nur Stunden trennten mich vom Ziel, von ihr.
Ich gönnte mir zu ruh'n. Die Dämmerung sank.
Und Wind und Welle schwiegen. Kaum ein Rauschen
Im Rohr, ein heimlich Flüstern brach die Stille.
Von langer Fahrt ermüdet, halb im Traume
Trank ich die Stille ein und vorgenoss,
Was, heiss ersehnt, mir nun so nahe war.

Ich rüttelte mich wach, griff nach dem Ruder-
Da- aus des Ufers Schatten kam---mein Name.
Erstaunt, erschreckt, fuhr ich empor. Wer konnt'
Mich rufen, hier, in dieser Einsamkeit?
Ein Jäger wohl, zu später Stund' im Busch
Verirrt.-Doch nein-so ruft kein Mann in Not.
Ich zögerte, eh' ich dagegen frug:
Wer ruft? Wer ruft?" Doch keine Antwort kam.
Schon sagt' ich mir, du has geträumt, da wieder
Die selbe Stimme und das selbe Wort.
Ein einzig Wort-mein Name- doch in ihm
Lag alles Leid der Welt. Erschüttert rief ich
Wer ruft, und, in der welschen Zung', Qu'appelle?
Qu'appelle? Und wieder Schweigen war die Antwort.
Noch stiller war die Nacht, als von den Hügeln
Das Echo kam, qu'appelle, und fernerher
Und schwächer noch--qu'appelle.-Und weiter nichts.
Mich schauderte, ich rief und rief, als um
Mich her das Dunkel wuchs und, bleich wie ein
Gespenst, der Mond den Hügelrand erstieg.
Und wie sein kaltes Licht auf Wald und Welle,
Fiel Unheilsahnung eisig mir aufs Herz.

Ich säumt' nicht langer. Zwischen Furcht und Hoffnung
Durcheilt' ich meiner Heimkehr letzte Meilen.
Ich sah die Feuer, hört' die Klagelieder
Von fern. Wem galten sie? Nicht ihr! Nicht ihr!

Auch diese Nacht ging hin im Strom der Zeit,
Gleichgültig gegen Freud' und Leid der Menschen.
Im Schein der Totenfeuer schien ein Lächeln
Um ihren Mund zu spielen. Friede lag
Auf ihrem Antlitz, Friede einer Welt,
Die keinen Kummer, keine Sorge kennt.
Er liess kein Hadern mit dem Schicksal zu,
Er floss besänftigend von ihr zu mir.
So kniet' ich lange, stumme Zwiesprach' haltend,
Als eine warme Hand mich sanft erweckte:
"Sie grämte sich um dich, gab dich verloren.
Wie eine Blume welkte sie dahin.
Sie rief dich, zweimal rief sie dich, eh' sich
Ihr Auge schloss." "Wann? Wann?" Obschon ich's wusste.
"Der Mond ging eben auf, als sie von hinnen ging".

Nicht mehr wie einst lieb' ich das Seegestade,
Denn seine Schönheit schwand mit ihr dahin.
Der Voyageur schlägt gern sein Zelt hier auf,
Er sagt, er lieb' das Tal und seine Einsamkeit,
Kein schön'rer Ort sei weit und breit zu finden.
Manch Sommer kam und ging seit jener Nacht,
Ich zähl' sie langst nicht mehr, doch immer noch
Erzählt das Bleichgesicht am Lagerfeuer,
Wie, wenn der Mond den Hügelkamm erklimmt,
Unird'sche Stimmen durch die Stille raunen.
"Die Sage von Qu'Appelle", so nennen sie,
Was mir Erlebniss war. Sie lauschen wohl
Auch in die Nacht. Manch einer sagt, er habe
Den Ruf, das Echo selbst gehört. Mag sein.
Doch mir hüllt sich die Vollmondnacht in Schweigen.
Das innere Ohr nur hört die Geisterstimme,
Das innere Ohr den Widerhall Qu'appelle.

## AN JEHOVA

Allmächtiger Vater,
Schöpfer Himmels und der Erden!
Allwissender,
Allgütiger,
Vollkommener,
Dich soll ich lieben, verehren?
Von hohem Wolkenthrone schleuderst du
Grell-leuchtende Blitze
Auf die bebende Erde,
Auf die zitternden Menschen.
Lachst du, wenn du die ragende Eiche
Im Sturm zersplitterst,
Die Blume, die unschuldige,
Mit prasselndem Hagel zerschmetterst?
Grinsest du schadenfroh
Ob all des Leidens und Sterbens?
Ewig Zürnender, ewig Strafender,
Ewig Verdammender,
Wie könnt´ich dich lieben?
Dich ehren?
Dich lobpreisen?
Ich, der ich besser bin als du?

Oder ist die leidende Welt
Nicht das Werk deiner Allmacht?
Ist sie du selbst,
Du selbst ein Leidender wie ich?
Weinst du mit der Blume,
Mit der Eiche,
Die du nicht retten kannst?
Krümmst dich in dem zertretenen Wurm,
Schmachtest mit dem Gefangenen,
Stirbst am Kreuze
Mit jedem armen Sünder?

Wärst Du ein Unvollkommener wie ich,
Ein Kämpfender, Strebender,
Ein Werdender,
Ja, so könnt´ich dich lieben!

# PETRA VON MORSTEIN

## DERARTIGE BEZIEHUNGEN

Die Not
nach
nicht gemeinter Bedeutung
zu suchen
wenn
ich jemandes Sprache
verstehe.

Es geht mir nun
um die Bedeutung
meiner
ausbleibenden
Antworten

## BERUFSETHOS

Begriffe
machen mich stutzig. Vor allem
der Begriff des Begriffes
und natürlich andere,
wie ich immer wieder andeute
in meinen Reden, die jedoch
begreiflich sind.

## LYRIK DER JAHRHUNDERTMITTE

Keine Gedichte
nach Auschwitz:
Wenn jemand
einen Korb über
Zebrastreifen
trägt
wenn ich
mein Haar kämme an
einem gewöhnlichen Morgen,
kannst du denn darüber
alles
sagen ?

## COMMERCIAL

sind
Deutschlands meistgebrauchte Schmerztabletten.
Warum ? Alle Schmerzen
LiebesTodesWeltschmerz
intensiv und nachhaltig
bekämpft, auch der Schmerz
im harmlosen Lächeln
nach
erfolglos beendetem
Protest.

# GERT NEUENDORFF

## DAEMMERSTUNDE

Einsam sitz ich Stimmen lauschend,
während Dämmrung mich umhüllt,
und des Wassers tiefes Rauschen,
mir die Brust mit Schmerz erfüllt.

Warum kann zu dieser Stunde,
da die Nebel Kampf verhüllen,
auch in meines Herzens Grunde,
sich der Friede nicht erfüllen?

Lange sass ich, während ferne
auch der letzte Tag versank,
und der Glanz unzählger Sterne,
aus dem Meeresspiegel trank.

Gerne hätt' ich auch getrunken,
von des Wassers kaltem Nass.
Wär am liebsten drin versunken,
in dem Spiegel tief und blass.

Doch da hört' ich Stimmen sprechen,
weise warnend, weh und warm:
„Wagst du Friede hier zu brechen,
bleibst du Tor für ewig arm.

Kannst du keinen Frieden finden,
lass die Andern darin ruhn,
denn die Stricke die dich binden,
sind dein eigen Werk und Tun.

Du nur kannst die Knoten lösen,
die verfänglich du gesponnen.
Wer nicht kämpft die Macht des Bösen,
ist noch niemals ihr entronnen."

Da erfasst es mich begreifend
Kräfte fühlte ich verborgen,
und die Stricke von mir streifend,
schritt ich vorwärtz in den Morgen.

GERTRUDE NUSENOW

# Durch die nordische Nacht

Entronnen dem Lichte des Tages
sitze ich einsam im raunenden Dunkel,
ferne den flüchtigen Gefährten der Reise,
und nahe den Freunden meines Herzens,
nahe mir selbst,
und jeglichem Willen
zu Güte, Schönheit und menschlicher Würde.

Irgend woher noch von der nahen, lampion-
erhellten Terrasse,
kichert die geile Dummheit einer gemalten
Puppe,
die wirbelnde Melodie der Jazzkapelle
flirrt wie ein fremder, exotischer Vogel
durch die nordische Nacht,
die mich erlösend umfängt.

Tausilberner Schimmer feuchtet mir Haar und
Hände mit mildestem Segen,
keusch und kühl rauschen die Bäume
nächtliche Lieder,
herbste Jungfräulichkeit atmet die
schlummernde Wiese,
im Traume noch unschuldig spielend,
plätschert das Bächlein zu Tal.

Über dem allen aber am schweigenden Himmel,
letzter und lindester Trost,
verströmt die Wega,
Schwester des schlafenden Waldes,
Schwester der schlummernden Wiese,
Schwester auch meiner ringenden Seele,
die Krone der Blaunacht
erhaben und einsam,
ihre silberne Schönheit
in das Meer der Unendlichkeit.

## In Herz und Händen

Früher schrieb ich Liebesbriefe an ein liebendes
Herz gerichtet,
von Sonne belichtet,
nicht an einen So-Geliebten, den ich erfunden
habe in einsamen Stunden,
und die zuweilen "Adressat unbekannt"
verloren gingen in fremdem Land.

Früher schrieb ich, um mich mitzuteilen,
an Einen, zu dem meine Worte eilen
und fliegen konnten und ihn erreichten,
sein liebendes Herz erweichten
und tönen machten in Resonanz
und Widerglanz.

Heute, um mich mitzuteilen,
mache ich Gedichte,
und ich muß die Worte feilen,
weil ich sie an fremde Herzen richte,
damit sie gütig empfangen und nachempfunden
werden, auf daß sie den So-Geliebten, den ich
erfunden
habe, ersetzen. Liebesbrief und Reim sind
unmodern,
Schwestern oder Brüder auf einem fremden Stern
habe ich anzurufen, daß sie in Herz und Händen
bewahren und behalten,
was ich zu gestalten
habe und zu übersenden.

# Ostergedanken einer alten Frau

Die Jahre steigen auf
zu Hauf
aus meinem Innern
im Erinnern.

Die Jahre der Kindheit und Unschuld
voll Ungeduld
durcheilt im Spiele
zum nahen Ziele
der eng begrenzten Welt,
von Wärme erhellt
und schützendem Licht,
das niemals erlosch — auch heute noch nicht
im Erinnern.
Gewesenes.

Die Jahre der Jugend, die gärenden,
in denen die sich bewährenden
Kräfte der Seele ihre Flügel spannten
zu immer höherem Fluge,
nach Traum-Idealen entbrannten,
und die bürgerliche, kluge
Gelassenheit des Alltäglichen verpönten,
alles Weite, alles Neue schwärmerisch
verschönten.
Verglühtes.

Die Jahre der Liebe — erreichter Zenit,
in denen man beisammen, nur mit
dem Einen, Einzigen zu leben wähnte.
Faustschlag des Krieges, Ergebung in Ohnmacht.
Einsamkeit des Frau-Seins. Alleinsein, das sich
sehnte
durch Nacht und Tag und Tag und Nacht.
Verlorenes.

Jahre der Einkehr, Jahre der Reife,
nach deren goldenen Früchten

ich noch jetzt im lichten
Traume manchmal greife,
Jahre im Recht,
ob gut oder schlecht,
seßhafte Jahre im Bestehenden,
Kommenden oder Gehenden.
Versunkenes.

Jahre des Wanderns, in denen ich verlernte,
in die Welt, die gewesen,
die sternweit entfernte,
zurückzufinden in meinen Gedanken,
gottlose Jahre, in denen ich haßte anstatt zu
lieben oder zu lesen
und in ewigem Schwanken
zwischen einst und jetzt,
tödlich verletzt
keinen Boden mehr fand für meine heimatlosen
Füße.
Verschollenes.

Jahre des Unterliegens,
in denen ich büße
für Jahrtausend alte Sünden.
Und endlich die Jahre des Siegens
und an ein neues Ufer finden.
Verwandeltes.

Jahre des Alters,
gegenwärtig seiende,
gotterfüllte Jahre, verzeihende,
Jahre eines treuen Sachverwalters,
Jahre, in denen die Ruhe im eigenen Blute
alles Böse und Gute
abwägt, wiegt und beiseite schiebt,
Jahre, in denen man sehend das Leben liebt
in seinem unmeßbaren, einmaligen Werte.
Geliebtes Leben auf geliebter Erde!
Unvergängliches.

# AENNE VON OESEN

## Im deutschen Wald

Welch tiefes Geheimnis umlauert
mich hier in den schattigen Gruenden,
dass seltsam die Seele erschauert,
als ob mich nur Geister umstuenden?

Aus Tannen und Buchen und Laerchen
verstohlenem Fluestern erwachen
der Kinderzeit selige Maerchen
von Zwergen und Prinzen und Drachen.

Dem Daemmer des Dickichts entsteigen
auf unheimlich spukhafte Weise
die Elfen, die tanzend sich neigen
und drehen sich um mich im Kreise.

Ein samtrotes Kaeppchen dort schimmert
verlockend zum Wolf hin, dem boesen.
Die Hexe im Bratofen wimmert,
muss Gretel doch Haensel erloesen.

Versteckt unter knorrigen Wurzeln
bemueht sich ein Voelklein von Zwergen
in rastlosem Springen und Purzeln
die Schaetze der Erde zu bergen.

Und staunend vor glaeserner Bahre
ein Prinz steht, Schneewittchen zu wecken.
Vorbei ist das Hundert der Jahre
Dornroeschen verschlief hinter Hecken.

Es seufzt aus verwunschenen Schloessern,
es knuspert und brutzelt im Winde,
entfuehrt sind auf feurigen Roessern
die Maiden dem Hexengesinde.

Doch mir wird so seltsam zumute,
als ob ich in Nebel zerginge,
beruehrt von des Zauberers Rute,
der Wald mich als Geist nun verschlinge.

Und schon bin ich selber das Rauschen,
Geheimnis, ins Dunkel versponnen,
erzaehle, was ich darf erlauschen
von Sternen und Monden und Sonnen.

Und muesste ich je wieder werden
zu dem, was die Welt mich geboren,
ich irrte umher dann auf Erden,
als haett ich die Heimat verloren.

## SPAETSOMMER

Auf Zehenspitzen schleicht der Herbst sich ein,
obwohl dem Sommer noch gehoert die Pracht.
Kaum ist erwacht
der Astern ungezaehmte Flammenpracht,
noch glueht der Apfel nicht, noch reift der Wein.

Schwer aber wiegt das Sonnengold im Korn,
der Rose wird die helle Lust zur Qual
und braeunlich-fahl
erlischt schon hier und dort das Gruen im Tal,
fliesst unermuedlich auch der Wiesenborn.

Mich froestelt, Melodie in Moll durchrauscht,
als Summe allen Abschiedwehs, das All.
Im Widerhall
steht still mein Herz, das zwischen Schall und Schall
im weiten Raum den eignen Schlag erlauscht.

## BALLETT

Es gleiten und schweben
die Leiber wie Leben
gewordenes Spiel
von Wolke und Wind.
Sie kennen kein Ziel
und huschen geschwind
aus biegsamer Haltung
zu neuer Gestaltung.

Und hat doch kein Sehnen
wie das, was in jenen
auf Toenen sich wiegt
ein Herz mehr bedrueckt:
Das Glueck, das entfliegt,
Gestalt, die entzueckt,
der Zeit auszuspannen
und ewig zu bannen!

# FEKKO VON OMPTEDA

*Zum Abend*

Komm zu dir selbst;
leis' zieht der Abend ein.
Vergiß den Tag:
nun darfst du stille sein.
Es will die Einsamkeit sich niedersenken,
die tiefer ist als alles Menschendenken.

Was tatest du?
Was bleibt von deinem Tun?
Vollbring das Werk,
bevor die Hände ruhn,
bis Abendnebel einst sich niedersenken,
nutz' alle Tage, die sich dir noch schenken!

Die Nacht beginnt.
Mein Herz, was hast du Angst?
Die Furcht zerrinnt,
in der du dämmernd bangst.
Auch dir wird Gott den Abendfrieden schenken,
der höher ist — als alles Menschendenken.

## EISBERGE SCHMELZEN

in nordischen Breiten;
uralter Rhythmus
regiert die Gezeiten.

Wenn sie zerbersten,
ist Starkes im Werden,
zeugt sich der Welt-Geist
den Frühling auf Erden.

Hören wir Menschen,
die herrischen, stolzen,
noch diese Botschaft,
das göttliche Walten?

Sind uns're Herzen
in raffendem Wahne
Eisbergen ähnlich,
die ständig erkalten?

Lasst sie euch öffnen,
eh Jahre vergehen.
Eisberge schmolzen - -
doch wir sind geschaffen:
um uns zu verstehen.

# Besinnung

Gehe in Dich, lass Dich nicht hasten,
finde Ruhe, tu es jetzt.

Weihnacht heisst: Vom Alltag rasten,
friedvoll, Du warst gehetzt.

Sternenzelt strahlt himmelsweit:
Werde still zum Beten.

Diese Nacht ist Ewigkeit,
und auch in Deine Eigenwelt
liebeschenkend eingetreten.

## ERWIN POTITT

Oft wenn du denkst dass er dich sieht
der grosse Schatten an der Mauer
misch ruhig weiter deine Karten
denn er sieht dich nicht
der Schatten an der Mauer

Auch denke nicht er greift nach dir
der nackte Ast am toten Baum
misch ruhig weiter deine Karten
denn er ruehrt sich nicht
der Ast am toten Baum

Hebe die Hand und schwoere nicht
dass er dich ruft im spaeten Wind
misch ruhig weiter deine Karten
denn er ruft dich nicht

er geht vorbei

Und was du hoerst ist nicht der Wind.

Du bist anders
du traegst Peruecken
du spielst mit

Du baust ein Haus
auf leichten Fuessen
und du sprichst wie Wind

Auch traeumst du nicht

Du nimmst die Wuerfel
und gewinnst
du breitest deine Arme aus
und lockst mich bruederlich

Ich aber komme nicht

Einer redet im Zeichen der Umkehr wahr
zwischen Dunkel und Hell redet er wahr
er huetet den Stern ueber dem Himmel
aus Stein

Er redet wahr

Bei den Urnen sitzt er sich selber zu Gast

Wo faellt die Traene hin
blaeht sich trunken das Segel
wo wird die Fracht geloescht

Sechs Erdteile spaeter
gehen wir an Land
und wer die Perle fischt
wird weinen

Komm
wir raffen ein Segel aus Moewen
wir werfen den Wind in die Reusen

Komm
wir gehen in der Muschel ans Land

Ueber dem Schemel Gottes weht der Wind
der Meister ging fort
auf der Schwelle der Unrast
hockt die Taube vor leerem Napf

# ANTON POHLKAMP

## BRITISH COLUMBIA.

British Columbia
Im Perlenkranz von Canada,
Voll Schoenheit, Vielgestalt,
Der Schoepfungswunder Allgewalt.

Dir weih ich meiner Seele Lieder,
Dir gilt mein Denken, Fuehlen, Sein,
Und Wunder schauend immer wieder,
Moecht ich in deinen Grenzen sein.

Vor deinem Zauber muss sich beugen
Wem noch ein Fuenkchen Leben glueht,
Um machtergriffen zu bezeugen,
Dass hier der Schoenheit Flamme sprueht.

Vom Meer bis hin zur Felsenkette,
Vom Norden bis zum Grenzenband,
Vom Urwald bis zu Flusses Bette,
Ein einzig strahlend Wunderland..........

Wie sich der Fluesse Wellen baeumen
Und waelzen sich in wilden Reih´n,
Wie sie sich kraeuseln, spritzen, schaeumen,
Und jaeh zerschellen am Gestein,

Und dann sich formen immer wieder
Hingleitend zu dem nahen Meer,
Im Rhythmus alter Schoepfungslieder:
Erstehung, Leben, Totbegehr..........

In wipfelsteilen Urwaldbaeumen
Spielt tagesmueder Sonnenschein.
Der Daemmerschleier lockt zum Traeumen
Im laermbefreiten, heil´gen Hain.

## Es spielen die Wellen.

Es spielen die Wellen,
Es glänzet das Meer,
Am Strande zerschellen
Sie, trotz aller Wehr.

Die himmlische Bläue
Verleiht ihnen Glanz,
Sie halten sich Treue
In Trauer und Tanz.

Sie kommen und gehen
Im ewigen Lauf
Und setzen im Wehen
Sich Schaumkronen auf.

Gekrönte im Meere,
Entkrönte am Strand,
Ergabt auch der Schwere,
Verrinnet im Sand.

So kriecht ihr zurücke
Geduldig zum Meer,
Daß neu uns entzücke
Das Spiel in der Wehr.

Seid ihr auch entronnen
Dem allgroßen Meer,
Was ihr auch begonnen,
Vereinzelnd, nie mehr

Erlebt ihr aufs neue
Der Sicherheit Glück.
Es treibt euch die Reue
zum Allmeer zurück.

Als Glied zu der Kette,
Die Welten umspannt,
Süß träumend im Bette
Der Urfernzeit Sand.

Seid groß nur in Bindung,
Zielgrader Verwindung,
Als haltendes Band
Der führenden Hand.

# WALTER ROOME

## NERVEN

Woher nehmen die Wütenden
ihre Wut?
Woher nehmen die Empörten
ihre Empörung?
Woher die Zornigen
ihren Zorn?
Sie müssen Stahltrossen
von Nerven haben.
Ich kann es mir nicht leisten,
mich bis zur Weißglut zu erregen.
Ich kann es mir nicht leisten,
in schreienden Feldwebelton zu verfallen.
Ich kann es mir nicht leisten,
mich in Schimpfen, Fluchen und Toben
hineinzusteigern.
Meine Nerven
sind zu zart und zu schwach,
sie erlauben es mir nicht,
daß ich mich ereifre.
Meine Nerven
dulden Spannung und Erzittern
nur aus Begeisterung,
aus Anbetung und Verehrung,
aus Genuß und Liebe.

## AN EINE ZIERPUPPE

Dein Lächeln à la Mona Lisa
ist schiefer als der Turm von Pisa.
Aus völlig unbekannten Gründen
willst du so gerne Eindruck schinden
und gibst dir Mühe recht und schlecht.
Gib's auf! Man merkt, du bist nicht echt!

## VERLASSEN

Allein in einem Raume
ein winzig Wesen saß,
dem offenbar der Kummer
das kleine Herz zerfraß.

„Was sitzt du so alleine?"
frag ich voll Mitgefühl.
Drauf antwortet die Kleine:
„Man spielt mir böses Spiel.

Ich saß in lust'gem Kreise,
doch mich hat man gequält:
man hat nach alter Weise
sich Witz auf Witz erzählt,

und unter neuen Witzen
ging eben jeder fort
— und ich bin die Pointe,
und ich kam nicht zu Wort."

## GROSSE KINDER

Als kleine Kinder spielten wir Krieg,
ein einzelner oft gegen viele,
und in der großen Politik,
da spielt man die gleichen Spiele.

Wir sind, hat uns Kindern dann was nicht
behagt,
zum großen Bruder gegangen
und haben — wie Staatsmänner! — uns beklagt:
„Der andre hat angefangen!"

# HARTWIG ROOSCH

die laenge der strasse beweist nichts.
festgefuegte steine, bindemittel,
nichts enthaelt wahrheit. die haeuser
links und rechts beherbergen nichts.
die stadt erstickt in ihren luegen,
die wenigen menschen zwischen ihnen
sind leicht zu uebersehen.

ein truemmerfeld der zukunft,
darin verschlungen gedanken und leiber.
tanzsaele und kirchen sind die
dunkelsten orte der stadt.

viele sind jung, und um sie der glaube,
ein gutes schicksal habe sich
mit ihrer ankunft erfuellt.

andere sind unversehens alt hervorgegangen
aus dem belagerungszustand
mit dem unaussprechlichen.

dieser lange weg hat nichts bewiesen.
die dinge sind unerklaert,
die truemmer von gestern noch nicht fort.
die tage sind endlose daemmerung.
die dunkelheit der nacht verbirgt nichts,
beschuetzt nichts.

in diese stadt winden sich eisenspuren,
aus ihr bricht das gewirr der regenalleen.
die staendige bewegung, unsere rechtfertigung,
ist nicht aufzuhalten. bei jedem wetter
kann heute dieser ort angeflogen werden.
die verbindungen ueber das unbeschreibliche
sind zuverlässig.

Es laesst sich nichts dazuerfinden,
gnadenlos werden die alten
rollen bezogen.

austauschbar
seien sie
so heisst es heute
hilfloser als je.

nun gut.
doch interessiert es mich
wer mich auf der einen,
wer auf der anderen
seite mich glaubt.

damit auch ich
das sehen kann
wo dieser und der
sich befinden

nicht auszudenken nach all dem
wenn wahrheiten immer
so unbeachtet zwischen uns
liegen blieben.

wenn sie austauschbar waeren.

## NACH DEM ENTSCHLUSS

wie leicht geht die hand
durch das gestein
pflanzt dort
bewaessert dort
zermahlt die steine
zu erde

wir muessen lernen
vom fleisch
der blumen und haende

verhoehnt
von der macht der felsen
kommt der entschluss
dem tod zuvor

## GEGENZUG

im gegenzug
beklage nichts mehr

sammle aus der weite
hier und da etwas auf
was beschreibbar ist

beschreibe
was denkbar ist
fühlbar

trenne nichts von dir

reihe alle irrtuemer
gelassen ein
in den gegenzug

# BEN SAUDER

## Der Nachbar an de Schtroas

Ich bin ya valeicht an arma Schreiwa,
    Doch muss ich imma ebbes dreiwa.
Mei Kinna gleicha mich als retza,
    Sie saachen ich duh gans zu viel schwetza.
Ich selwa weess gawisslich bessa,
    Mei Maul waar net yuscht g'macht fa essa.
Awer schwetza kann ich net beim schaffa,
    Drum duh ich als so Schtories macha.
Deel Leit denka ich duh viel schtudiera,
    Un valeicht gans schrecklich Schlaaf valiera.
Des iss gawisslich gaar net so,
    Sonscht glaub ich waerr ich nimmi do.
Im Daag, muss ich gadichdich schaffa,
    Fa yuscht an gleena Daag-Lohn macha.
Das waar net imma mei Erfahrung,
    Mich zu erhalta in Deck un Nahrung.
In die Nacht will ich schlaafa unni Soryen,
    Vun Abend frie bis zu dem Moryen.
Ich hab aa net viel 'Education',
    Des braucht valeicht aa noch 'Explanation'.
Es kennt mich allaweil, als noch vazaerna,
    Weil ich als zu boshaaftich waar fa laerna.
A bissel English hab ich grickt in die Schuul,
    Awer daheem waar Deitsch die 'Golden Rule'.
Mei Vodda saagt als es iss doch bessa,
    Fa die Mudda Schprooch far net vagessa,
Yetzt kenna dir sehna was iss bassiert,
    Ich hab des English, un Deitsch, yuscht zomma gariert.
Un so Dummkepp gebt's noch meh,
    Was kenna mei Schreiwes gans guut vaschteh.

## Der Automobile

Es waar schun in neinzeh hunnert un siwwe,
Doch iss es mir im Kopp g'bliwwa.
Es waar net weit vun Heidelbarg,
Do kommt a Ding so zimmlich schtark.
Mir Buwa sin baarfiessich g'schbrunga,
Fa dem Ding aus 'm Weg zu komma.
Die Geil die hen die Schtreng abgarissa,
Un die Buggies in der Graawa gaschmissa.
Des iss nu schun achtunvaerzich Yaahr,
Doch iss es mir noch zimmlich glaar,
Wu ich der aerscht Automobile hab g'sehna;
Yetzt sin schun zehn Million mehna.
Es scheint mir sin yetzt in a annere Welt,
All ass man brauch iss a haufa Gelt.
Aerscht mit die Cars sin mir im Summa g'faahra,
Noch a bissel hen mir g'glaubt ans Schpaahra,
Awer yetzt geht da Car, Summa un Winder,
Was kenna mir exschpeckta vun unsere Kinder.
Wonn die als noch schlimma faahra,
Dann glaub ich, maag mon nimmi haahra,
Was nu alles bassiert,
Wie en manscher auch grabiert.
Es het galaert sei in die Schuul,
Des Hauptgasetz vun die 'golden rule';
Dass es doch gaar nichs bessa macht,
So schtark zu faahra bis alles gracht.
Wonn die Kinner Verschtand laerna kennta,
Un wonn sie alle Schtroas sementa,
Glaub ich, kennt noch komma die Zeit,
Dass yeder Mensch sich schrecklich freit,
Weil mon widder uf die Schtroas kenn gehn,
Un brauch nicht so en Unzucht sehn.
Die 'results' kann mon net g'schwind erwaarten,
Bis sin noch viel Leit abgestorben.
Yetzt langsam faahra hot niemand Zeit,
Doch, schaffa yuscht baut die Helft vun die Leit.
Die 'unemployed' setta ebbes inventa,
Dass die Schaafleit net schtark faahra kennta.
Wonn sie yuscht Schpied hetta, wie mei Bill un Bob,
Dann het yeder mon glei 'n Dschob.
V'leicht iss des Gas aa ball vabloasa,
Nu bleiwa mir gans vun die Schtroasa.
Dann din mir uns in der Schaada setza,
Un vun dem dumma Automobile schwetza.

# VALENTIN SAWATZKY

## Zum Gruß

Hörst du die Nachtigall der Sommernacht?
Sie singt das Lied, das ihr der Lenz erdacht.

Im Garten eifert noch der Schönheit Glanz,
Die Falter wiegen auf dem Blütenkranz.

Die Lilien heben sich zum Licht empor,
Und Nelken lächeln aus dem Blumenchor.

Die Rosen glühen jugendlich und schön —
Bald wird der Herbst die Farbenpracht verwehn.

Bald ist verhallt des letzten Vogels Lied,
Bald deckt der Frost, was heute herrlich blüht. —

Pflanz dir die Blumen in das Herz hinein,
Sie wollen dort dein Frühlingsgarten sein.

Denn werden Wald und Fluren leer und stumm,
Dann grünt und blüht dein innres Heiligtum .

## Dynamik

Alle Welt ist in Bewegung,
Wind und Meer stehn niemals still,
Selbst der Mensch bedarf der Regung,
Wenn er nicht verkümmern will.

Deshalb folget dem Willkommen
Unbeirrt das Abschiedwort;
Was wir haben — wird genommen:
Wir sind Gast an jedem Ort.

## Instinkt

Es lebt ein Trieb geheimnisvoll-erhaben,
Des Menschen Zunge nennet ihn — Instinkt,
Der mit den wunderbaren Gottesgaben
Als Himmelsbotschaft zum Geschöpfe dringt.

Die Schwalbe baut das Nest, wie ihre Ahnen,
Wenn auch ihr Auge nie die Kunst gesehn;
Die Spinne kann die feinsten Netze spannen
Und braucht dazu in keine Lehre gehn.

Die Wandervögel wissen ihre Bahnen,
Eh sich der Zug zum fernen Süd bewegt;
Das Eichhorn kann den kalten Winter ahnen,
Damit es Vorrat in die Kammern trägt.

Die Blumen wandeln ihre Pracht zu Samen;
Die Raupe webt sich selbst ihr Totenkleid,
Soll doch daraus das neue Leben stammen,
Sobald der Frühling alle Welt erneut.

Es ist das Wesen des Instinkts verschleiert
Dem Forschergeist, wo seine Welt verhallt;
So wird dadurch das Göttliche gefeiert,
Das aus geheimnisvollem Urquell strahlt. —

Und instinktiv ergreift den Geist die Ahnung
Vom großen Schöpfer über aller Welt,
Der in der Herrlichkeit der Allumspannung
Auch unser Leben durch die Zeit erhält.

## Glied der Kette

Als Glied der Kette lebt der Sohn der Erden,
Das gilt für Leben, Glauben und Kultur,
Denn niemand kann aus sich zum Menschen werden,
Er ward geschaffen folgend der Natur.

Das Blut der Väter trägt ihn durch das Leben,
Der Mutter Pflege ward auch ihm zum Heil;
Die Umwelt hat ihm die Kultur gegeben,
Und Gottes Segen ward dem Fleiß zuteil.

Des Schicksals Wurzeln liegen tief verwoben
In der Geschichte wechselvollem Grund,
Erst wenn der Schleier von der Zeit gehoben,
Wird uns die Antwort alter Rätsel kund.

Und doch ist jeder Einzelne verschieden,
Ob auch als Teil von einem Riesenbau,
Entweder wirkt er Lebensglück und Frieden,
Oder er bringt der Zwietracht Frucht zur Schau.

So sei der Teil von einem bessern Leben,
Ein Abglanz der verklärten Ewigkeit,
So wird der Meister dich als Baustein heben
Und baut dich ein in Seine Herrlichkeit.

## Gebot des Glaubens

Versuch die Zweifel nicht durch Macht zu lösen,
Die dir das Leben in die Wege stellt,
Denn unbezwinglich ist des Himmels Wesen;
Tu etwas Gutes — und der Zweifel fällt.

Nur aus der edlen Tat kann sich entfalten
Die Harmonie, durch die dich Gott erhöht,
Denn unbefriedigt bleibt des Menschen Walten,
So nicht die Tat vollendet das Gebet.

# EWALD SCHAEFER

## BOTSCHAFTEN

Dir ausgesetzt,
wehrlos.

Trotz des Regens gestern
flacher das Flussbett,
wo der Fischreiher
silbern steht.

Du- dort in der City
hoch ueber dem unendlichen Verkehr.

Im Mitsommerdunst glatt
der See, ohne Truebung;
nur mein Ruderblatt
zeichnet vergaengliche Muster ein.

Du tauschst Blicke
in den blanken Nachmittag aus Julisonne.

Wie die Rauchschwalbe
ihr pfeilschnelles Fangspiel
unter dem Bleigrau
eines schon tieferen Himmels erprobt.

Du- dort im verspruehenden
Rot der Geranien.

Ich aber spuere mein Herz
ganz innen,
wehrlos.

Dann wieder Regen,
ploetzlich.

## LANDSCHAFT

Hin zu den Boegen der Bruecken
Den schattenden Boegen der Bruecken
Schlepp die Stirn ich
In Bedraengnis und Qual.

Sicheln der Monde:
Zerstueckt die bleifarbenen Himmel.
Irgendein Traum mag enden
In erprobter Verzueckung.

An vielen Tagen

Es ist nicht so
Dass er es brauchte
Wie man einen Mantel
Braucht im Winter
Oder den Schluck Quellwasser
Dann in den Hundstagen
Des August.
So ist es nicht.

Aber an langen und vielen Tagen
Die erstarren
Im Eis seines Schweigens
Will er mehr als den Mantel
Mehr als den Trank klaren Wassers -
Das Wort

## Propheten

Die Propheten von Paris,
damals, die Conciergerie: -
"Das Nichts ist der zu gebaerende Weltgott",
lange vor der Roete
eines Sonnenaufgangs
ueber den Steilwaenden des Engadin.

Heute, nichts zu gebaeren,
nur Taeuscher und Trueger
und ein Buch
der Demaskierung.

## Am Untersee

Du reichst so weit zurueck.
Da gab es manche falsche Gluecke
doch auch wahre: Sieh den Schnitt
in die Rinde des Baums, dort wo
der Rhein im schilfumwogten See
schon vaeterliche Bilder traeumt.
Sand sank warm durch die Hand
am Ufer der Hegener Bucht.
Die Kreuzzuege der Wasserspinnen,
aelter noch als jener klare Moench
im harten Julilicht.
Ueber Vellumboegen bezeugte er
des Klosters Stiftung.

Abt Strabo, in jenes Sonnenlicht gebeugt,
das Reichenau die Fruechte gibt,
sprach gut von seiner Kunst,
die maehlich wuchs.

Ich fuehle,
wie der Stein in meiner Hand
sein Schweigen waegt;
ich sehe,
wie er durch sanftes Wasser bricht,
bis langsam dann im See
sein Schweigen waechst.

## Taglied

Morgens:

Der toenende Vogelflug hart durch das Fruehlicht.
Die Waschung des Todes
Aus dem Gesicht.

Mittags:

Die Freude des Essers.
Ueberhaupt: er freut sich mehr
Als der andere an diesem Beweis.

Abends dann:

Der Zerfall der Fragmente
Unter der muehsam ordnenden Hand.

Gewaltig aber im Zoegern des Zwielichts
Der ploetzliche Andrang
Von so grossen glaenzenden Himmeln
Gegen die Stirn.

Sieh: des sommers unerloeste glut
stieg ins geaest des baums.
Musik des raums
im mittag ruht.

Darunter trieb dein laecheln ungenau
und ungenau der rauch des tags.
In deinen haenden lag´s:
das leise blau.

Still ging der park im purpurabend fort.
Ins spaete bluehen des gesichts
hob nackt der tod des lichts
den dolch zum mord.

## ULRICH SCHAFFER

**allein mit dir**

ich habe manchmal angst
vor dem alleinsein mit dir
weil ich denke
daß du etwas an mir merken könntest
oder daß du fragen stellen könntest
denen ich nicht gewachsen bin
und sich so das wunderbare unserer freundschaft auf-
[lösen könnte

denn wenn wir allein sind
kann ich dir nichts mehr vormachen
dann fällt alles ablenkende ab
dann stehe ich vor dir
und du stehst vor mir
und ich habe manchmal angst
daß ich in dir etwas sehen könnte
was mir nicht gefällt
etwas was ich nicht wahrhaben will
weil es meine illusion zerstört

und gerade weil ich diese angst habe
will ich mit dir allein sein
will mich meiner angst aussetzen
will dich sehen wie du bist
will mich dir zeigen wie ich bin
will unsere freundschaft all den fragen aussetzen
die uns trennen könnten
und will sehen was passiert

komm zu mir
wir wollen die liebe lernen
die liebe die angst kennt
aber entschlossen ist
sie täglich zu überwinden
komm zu mir

## umkehrungen

herr ich liebe dich
weil du so anders bist
weil du so tief bist
daß ich dich nie ganz verstehe
und darum mein leben in dir
so spannend ist

vor mir tut sich eine neue welt auf
deine welt
die gleiche wie früher
nur von deiner sicht aus gesehen
in der die ersten zu den letzten werden
in der das verachtete
das auserwählte wird
eine welt in der die armen
über einen unendlichen reichtum verfügen
und die weisheit
an der nähe zu dir gemessen wird
welt voller veränderungen
leben voller umkehrungen
und neuer sichten

an deiner seite herr
möchte ich diese welt
um mich und in mir
entdecken und erobern
mit dir von überraschung zu überraschung gehen
und reich werden
in einer so anderen welt

**großstadt**
**park**

**du begegnest den leuten**
**im park**
**und fragst sie**
**und sie sagen:**
**nein nein nein**
**wir gehen nur**
**nein**
**gehen nur**
**nur so**

**der vogel im gras**
**pickt nach dem wurm**

**die rohrdommel neigt den teich**
**zur kippe**
**schräg**
**läuft der see ganz leer**
**ins lied der dommel**

**das schilf wirft friedlich speere**
**auf das grab**
**und ruht im leisen rascheln**

**wo sind die sterne von der fläche hin?**
**im lied im lied**

**nach der predigt**

mit der predigt konnte ich gar nichts anfangen
du hast es gesehen herr jesus
auch die neben mir wußten nicht
wie sie das gesagte auf ihr leben beziehen sollten
wie sie morgen davon leben sollten
morgen: das heißt
wenn alles anders ist
wenn die rechnung nicht so glatt aufgeht

ich sitze hier ratlos
denn ich weiß nichts anzufangen
mit den gehörten worten
sie sind großgeld und ich muß sie wechseln
sonst kann ich sie nicht ausgeben

ich habe immer nur gefragt: aber wie?
aber wie? womit?
warum so?
ich war offen zu lernen
aber das was nach den patentlösungen kommen sollte
kam nicht

jetzt komme ich zu dir
um von dir brauchbare anweisungen zu erhalten

# ELSE SEEL

## In Memoriam

Du warst mein Mann.
Fuer zweiundzwanzig Jahre
teilte ich mein Leben
im Norden Kanada's mit Dir.

Am Urwaldrande bautest Du
unser kleines Haus aus Staemmen.
Kein Weg, kein Steg,
im Boot nur zu erreichen.

Eichhoernchen hoerten
meine deutschen Lieder.

Und immer warst Du fort.
Und immer sah ich ueberm See,
das kleine Boot zu spaehn,
oder im langen, kalten Winter
uebers Eis Dich kommen.

Und aus dem Packboard
breitest Du die Felle,
glaenzend und dunkel:
Mink, Marder, Hermelin,
ein Silberfuchs, ein Lynx,
Otter und Biber.

Zweimal bracht ich
ein Kind nach Haus
und legte es in Deine Arme.
Fremd schien es Dir,
unglaeubig nahmst Du
diese kleine Hand
und zaehltest die fuenf Finger.

So vergingen viele Jahre.
Unmenschlich schien das Muehen
um ein Stueckchen Brot,
das Land zu roden
und die erste Furche ziehn,
die Saat zu saeen
und die Frucht zu ernten.

Die Kinder halfen schnell
das Noetige zu tun,
die Tiere futtern,
Holz und Wasser holen,
die wilden Beeren pfluecken
und die Fische fangen.
Alles auf unserem Tische
kam von unserer Arbeit,
unserer Hand.

Und immer lauschte ich.
Das Surren des Motors,
da hielt das kleine Boot
vom langen Trip.

Und aus dem Packboard
kamen Bergkristalle,
die Erze blitzten im Gestein:
Kupfer, Silber, Gold.

Am Abend folgten die Geschichten
vom Lagerfeuer, von wilden
und verwegenen Gestalten,
von Indianern, Jaegern,
Elch-und Baerenjagden.

Die Wellen schlagen schnell
bis vor die Tuere;
die Sterne und das Nordlicht
leuchten ueberm Haupt;
die wilden Gaense ziehn
und kuenden wiederum
der Jahreszeiten ewgen Wechsel.

So kamest Du zurueck
zu letztenmal.
Nichts hatte Zeit
Dir fortgenommen,
nichts Dir von Deiner Kraft geraubt.

Mit einem Laecheln legtest
Du Dich wie zum Schlafen.
Ich hielt Dich noch im Arm,
da spuerte ich den Tod,
den Abschluss aller Dinge,
und hatte das Verlangen mitzugehn.
Wahrlich, es war genug getan.

## Siedlerfrau

Pioniere zogen mit Packpferden von Bella Coola,
trieben Kuhherden an Flussufern entlang
ueber Pfade, die Moose und Caribou brachen;
Post kam mit Hundeschlitten auf dem maechtigen Skeena.

Armselige Farmen entstanden.
Weizen und Gerste, Kartoffeln
auf kaum gekratztem Gletschergestein;
doch Grass in den Creeks war hoch und gut.

Immer stand da der Urwald,
dunkel und drohend, mit starken Zweigen
wie Arme gestreckt, ein gebieterisch "Halt."

Langsam frassen Axt und Saege
ein Stueckchen Boden heraus,
ein Stueckchen Brot fuer die Nahrung.
Kuehe und Kalb, ein Paar Pferde,
Arbeit und Muehe, Muehe und Brot.

Manchmal ertoente ein Lied
noch vom alten Land,
doch hier war das Neue.

Indianer zogen zum Fischfang,
zum Jagen und Trappen,
lebten in Kitwanga, Stellako, Babine.
Squaws fertigen Moccasins,
gerbten Lederjacken,
flochten Koerbe, raeucherten Fische
ueber schwelenden Feuern.

Die weisse Siedlerfrau saete,
pflanzte den Garten,
sammelte Beeren und kochte sie ein;
sie backte das Brot, futterte Tiere,
betreute die Kinder, den Mann.
Acht Monate Winter,
acht Monate Schnee.
wie ein steter Tropfen
hoehlten die Tage den Stein.

Unendlich Geduld im Ertragen,
ewig taegliches Tun.
Warm war der Kuhleib
fruehmorgens beim Melken.
Treu stand das Pferd
mit Zaumzeug und Zuegel.

Siedlerfrau,
immer warst Du Mittelpunkt,
immer warst Du Ruhe und Rat;
alle Faeden reichten zu Dir
in des Hauses Waerme
am dampfenden Herd.
Laecheln und Freude,
Traenen und Schmerz,
in Dir lebten seit Urbeginn:
die Kraft, das Geschlecht und die Sitte.

Siedlerfrau auf der Erde,
wo ruhst Du nun aus?
Du bist die Mutter der Jetzigen,
die auf glatten Strassen rollen,
die gehetzt Licht, Musik
und plappernde Bilder andrehen.
Du liegst in namenlosen Graebern,
der Mann oder der Sohn
zimmerten Deinen Sarg.
Die schmaechtige Blume vom Fensterbrett,
die Du gepflanzt, war oft Deine einzige Zier.

Ich will Dich preisen,
da kein andrer es tut.
Troubadoure huldigten Ritterfrauen,
kein Dichter huldigt Dir.
Verehrungswuerdig ist Dein gebeugter Ruecken,
Deine schwielige Hand und Deine Runzeln
sind mir geweiht .

Ich kenne Dich, Siedlerfrau,
sass mit Dir am Tisch,
hoerte Dich lachen,
hoerte Dich klagen,
hoerte die troestenden Worte.
Du warst der ewige Quell
auf einsamen Farmen.

Klein ist die Welt
und Werte verschwinden;
ein Wert bleibt immer bestehen:
Das menschliche Herz.

## Der kleine Knabe

Das ist der kleine Knabe,
den ich ins Herz geschlossen habe.
Er humpelt stets allein
auf seinem steifen Bein,
und still sieht er die vielen
Kinder in den Strassen spielen.
Dann zeigt sich das Verlangen
wie eine Flamme auf den Wangen;
traurig sich das Gesichtchen neigt,
er humpelt abseits und er schweigt.

Doch nachts, da kommt zu ihm die Fee
und schenkt ihm flinke Beine wie dem Reh,
er springt aus Bett und Stub behende
und rennt voll Seligkeit ohn Ende.

Und auf der Strasse sehen ihn die Kinder;
er laeuft und laeuft nur noch geschwinder,
da rufen jubelnd sie ihm zu:
"Der schnellste Junge, das bist Du!"
Und stolz und froh im wilden Lauf
springt er dahin - und wacht im Bette auf.

Und humpelt weiter so allein
auf seinem steifen Bein.

FRITZ SENN

## Hinterm Pflug / Stimmungen

Es liegt ein Dorf im Abendgrauen
Mit Fenstern voller Lampenlicht,
Wir wandern ohne aufzuschauen
Und immer doch das Dorf in Sicht.
Siehst du den Pflüger heimwärts kommen?
Schwerfällig wackelt das Gefährt,
Blausilbern kommt der Mond geschwommen,
Der lautlos mit dem Dorf verkehrt.
Sieh, wie durchs rauschende Geblätter
Das milde Mondlicht Silber spinnt!
Derweilen über Saat und Wetter
Vor jeder Tür ein Bauer sinnt.
Hörst du die traurigen Gesänge
Verliebter Russen durch die Nacht?
Romantik ist es — überschwänge
Sind weit und breit im Land erwacht.

## Herbst

Das ist unser herbstlicher Abendgang:
Die Pflüger ziehen dorfentlang
Zu ihren Höfen voll mildem Lampenschein,
Wie Könige in ihre Burgen ein.

Das Dorf wird still. Die Türen fallen zu,
Die Unrast ist wie aus der Welt geschieden.
Je rastloser dein Herz, je mehr empfindest du
Durch Fenster strömen heilgen Bauernfrieden.

# Dostojewsky

Auf einer Pritsche, ganz verlumpt, verlaust,
Liegt das Genie und fröstelt. Dunkle Nacht.
Den Dichter stieß des Schicksals grobe Faust
In ein Inferno, wo das Laster lacht
Und Ketten klirren, wo Verzweiflung haust
Und Ekel — alles Leidensfracht —
Befördert hier und angehäuft aus einem tiefen Schacht. —
Der Dichter wacht und fiebert. Dicht zu seiner Rechten
Kniet der Soßima, kauernd im Gebet:
„Du Wind, du Sturm in dunklen Nächten,
Der uns wie Sand zusammen weht ....
Laß uns verderben. Häufe alle Laster,
Diebstahl und Mord und Hurerei
An diesen Ort, du strenger Wundentaster,
Doch mache Rußland von dem Aussatz frei ....."
Der Dichter lauscht. Noch magrer, leichenblasser,
Wie ein Erlöser sitzt der Genius
Auf seiner Pritsche aufgerichtet.
Inmitten dieser Henker und der Hasser,
Und von sich weisend Fieber und Verdruß
Und was die Seele einengt und verpflichtet,
Ergrübelt er, was dieser Alte litt ....
Der Dichter lauscht und betet mit ....

Zu seiner Linken liegt ein zarter Knabe,
Wie eine Taube liegt im Sperbernest,
Aljoscha — der als Kind am Bettelstabe
Nur Armut sah, nur Elend und Gebrest,
Der einen Blinden führte und als der gestorben,
Pfadlos verirrt und auf der Wanderschaft verdorben.
In stillen Nächten packt ein Heimwehbrennen
Das junge Herz, das noch nicht ganz versteint,
Vom einz'gen Freunde mußte es sich trennen
Das junge Herz — es schluchzt und weint:
„Du sahst Bahnen, die wir nimmer sehen,
Fühltest Wonnen, die uns ferne sind,
Wußtest Sprüche, die wir nicht verstehn,
Du warst sehend, Alter, wir sind blind ....."
Da greift der Dichter nach der Hand des Knaben
Und schluchzt wie dieser um den alten Mann,
Will beider Leid, will beider Seelen haben,
Des Toten und des Jonathan,
Will alles wissen .... trösten, fragen ....
Und eine Pritsche ächzt: drauf wälzt sich schlaflos der Iwan,
Der seinen Bruder totgeschlagen. —

## Heimkehr

Ist dieses Dorf mein Jugendort?
Draus mich vertrieben Mord und Raub —
Das Unkraut wuchert, die Bäume fort,
Wo sind blos die Bäume geblieben,
Die mich in Traum gerauscht mit ihrem Laub?
Man hat hier böses Spiel getrieben.

Ist das die Heimat noch der alten Zeit?
Ein jeder Hof zeigt Trümmer und Verfall.
Wo einst in wundersüsser Heimlichkeit
In Blütenhecken tausend Vögel sangen,
Blondköpfe klein und ohne Zahl
Im Sonnenschein durch alle Höfe sprangen.

Aus weiter, weiter Fremde komm ich her,
Verstaubt, zerrissen ist mein alt Gewand,
Und wehe Sehnsucht macht das Herz mir schwer:
Wo Kreuz an Kreuz gericht't, abseits der Gärten,
Liegt meiner Sehnsucht Ziel, mein Jugendland
Und grüsst im Abendschein mich Heimgekehrten.

---

Die Hügel der Väter sinken ein,
Verwachsen und ungepflegt;
Bald wird kein einziges Grab mehr sein,
Das noch eine Inschrift trägt.

Heimat und Herberg, die uns versagt,
Ward den Alten am Ende gewährt,
Sie wurden damals noch nicht verjagt
Vom Heimathof und Herd.

Sie waren schönheitstrunkene,
Wir sind in Sinnen versunkene
Boten des Pflügers voll Kraft und Gnaden,
Pilger, mit schwerem Schicksal beladen. —

# RAIMUND STIEGER

## Aufs Glück kommt es an

Ich, der Raimund Stieger,
Sing gern die deutschen Lieder.
Bleib´ nicht so gern allein zu Haus
Und geh viel lieber fleissig aus.

Oh blieb ich doch mal öfters daheim,
Könnt´ich ein reicherer Stieger sein.

Ich, der Raimund Stieger,
Das Wasser ist mir zuwider:
Der Wein ist meiner Zunge hold -
Das Traubenblut in reinem Gold!

Ach tränk´ich halt nur Wasser statt Wein,
Könnt ich ein gescheiterer Stieger sein.

Ich, der Raimund Stieger,
Mein Herz schlägt hoch und nieder,
Das Leben lang, durch Freud und Leid
In grossem Schmerz und Heiterkeit.

Doch hätt´ich weder Lieder noch Wein,
Würd´ich im Leben nie glücklich sein.

# NIKOLAUS UNRUH

## HEIMAT

In stiller Einsamkeit, im Laerm der Welt,
Wo ich auch bin,
Geschaeftig oder muessig unter Menscnen
Kommst du mir in den Sinn.

Wie fernes Ahnen, ein Geist der Abenddaemmerung,
Ich weiss nicht wie,
Doch du belebst und schlaegst die Saiten sanft
Zu meiner Phantasie.

Ein stilles Dorf, ein Garten, Jugendglueck und Lust,
Ist alles hin;
Nur ein Erinnern, Deingedenken bleibt mir doch
In meinem Sinn.

Doch tief in meines Herzens schoenster Kammer
Wirst bleiben du
Ein helles Licht, vergangner Tage Glueck
Wohl immerzu.

## ABSCHIED VON DER SCHOLLE

Lebt wohl nun meine Aecker,
Lebt wohl nun Hof und Haus,
Ich muss euch ja nun lassen
Geh in die Welt hinaus.

Gott segne jeden Acker,
Er segne Land und Leut,
Kann nicht den Pflug mehr fuehren
Da ist mein schweres Leid.

Ich zog wohl manche Furche
Getreulich auf und ab,
Und der den Plug gefuehret
Greift jetzt zum Wanderstab.

Doch Heimat bleibt mir Heimat,
Vergessen kann ich nicht
Der Scholle Kraft und Freude
Bis mir das Herze bricht.

## GEBET

Herr bleib bei mir, der Tag hat sich geneigt,
Die Schatten werden laenger und das Licht entweicht;
Im Westen glueht der Abendroete Pracht,
Im Osten kommt die Ruhe dieser Nacht.

Voll Sorg und Muehen waren meines Tages Lasten
Und suess ist jetzt des Feierabends Rasten
Der Sterne stilles Leuchten, der Friede und die Ruh
Sie decken alles still mit Wohlgefallen zu.

Ich aber schaue auf zu dir, mein Gott und mein Berater,
In Schmerz und Freuden stets mein lieber Vater;
Mein Herz schlaegt dir mit Freud und Dank entgegen
Fuer alle Liebe und des Tages reichen Segen.

Herr bleibe nun bei mir, der Tag hat sich geneigt
Die Schatten werden laenger und das Licht entweicht;
Gib mir die Ruhe und den Frieden dieser Nacht,
Dir sei fuer alles Dank und Lob gebracht.

Wenn die Grillen singen
In der Sommernacht,
Alte Weisen klingen
Neu belebt, erwacht.

Kann es dir nicht sagen
Wie's um's Herze mir,
Wenn im Sinnen, Fragen
Traeumend mich verlier.

Ach die Nacht so linde
Und der Sang so traut,
Dass ich heim mich finde
Was die Sehnsucht schaut.

Singt nur eure Lieder
Mir in's Herz hinein,
Dass ich sinnend wieder
Schau die Heimat mein.

# MARIE WEISS

## *DAS WORT*

Was gibt das Wort? Beiläufigkeit und Schwanken
Vor einem Ziele, dem wir kaum uns nähern –
Denn unser Fühlen, unsere Gedanken,
Sie bleiben unberührt von jenen Spähern,

Die wir vergeblich ihnen nachgesendet ...
Zuweilen glauben wir an ein Gelingen –
Dann seh'n wir Tiefstes von uns abgewendet
Und wissen, daß wir niemals es bezwingen ...

## *AN DEN TOD*

Verhülle es gelinde,
Wenn mir Dein Nahen winkt –
Leg' mir ums Aug' die Binde,
Bevor das Licht versinkt –

Doch glaube mich nicht feige,
Wenn mich das Leben flieht –
Ins Klingen Deiner Geige
Hauch' ich mein letztes Lied . . .

## *DER NACHKLANG*

Nicht der laute helle Glockenschall
Ist es, der mich sonderbar bewegt,
Nein, sein Nachklang ist es, jener Hall
Der sich lang noch in den Lüften regt,

Weich sich wiegend bis er still erstirbt.
Dieser Hall ist zart und unbestimmt
Wie ein Ruf, der bittend um mich wirbt,
Eine Hand, die scheu die meine nimmt

Und sie langsam, ungern nur entläßt . .
Was am Rand der Wirklichkeit geschieht
Klammert sich an meinem Herzen fest
Und das Leiseste darin wird Lied . .

## *VERKLÄRUNG*

Sie gehen – einer nach dem andern –
Und treten von der Bühne ab –
Ich sehe sie vorüberwandern
Und blicke auf ihr Grab hinab . . .

Lockt es denn nicht, dem langen Zuge
Sich so wie diese einzureih'n?
Sie gingen alle aus dem Truge
In eine große Wahrheit ein . . .

# JOSEPH WERNETH

## ENDSTATION?

**Als wir einst vom St. Lorenz aus
begrüssten dieses Land
war jeder Baum und jedes Haus,
uns neu und unbekannt.**

**Gedanken, Pläne, Schatten, Licht,
Bedenken jeder Art,
sie wechselten und wichen nicht,
den ganzen Rest der Fahrt.**

**Ist dieses Land die Endstation,
für Heimatlose nun?
Erreichten wir es wirklich schon,
uns endlich auszuruh'n?**

**Das Wandern liegt uns allen nicht.
Drum sehnen wir uns sehr,
nach etwas das uns Ruh' verspricht,
nach Heimat immer mehr.**

## VOLK IN NOT

**Wir kamen vor zweihundert Jahren
als Deutsche ins Ungarenland.
Wir lebten in Not und Gefahren
und war'n mit dem Tode verwandt.**

**Es wurde nach vielen Jahrzehnten
uns Heimat für Jung und für Alt.
Was unsere Ahnen ersehnten,
erblühte in voller Gestalt.**

**Nun wandern und fahren wir wieder,
wie jene vor zweihundert Jahr'n.
Wir haben nicht Freuden noch Lieder,
wir leben in Not und Gefahr'n.**

**Vertrieben, verschmäht und vergessen,
so schlagen wir heute ein Zelt,
an Stellen, die klein oft bemessen,
auf dieser geräumigen Welt.**

# ROLF E. WINDHORST

Canada,
Gerodeter Wildnis
Bändigung,
Maßloser Weiten
Entspult noch
Kommendes Meistern
Wegwärts
Gestemmten Beginns,

Canada,
Freiheitsverschworen
Auf Stirnen geprägt
Granitenes Wort,
Willig
Von Fäusten
Ins Schweigen
Brodelnder Tiefe gebohrt,

Canada,
Pürsch-schweigsamer Raum!
Königen fremd,
Wedelnden Litzen kein Halt -
Sie hielten nicht Stich!
Phrasen,
Ärgere Triebe
Verdorren im Weizen,

Canada,
Nichts dir vererbt als
Wolkenentballt
Was Menschen durchformt -
Weht Nordlichter her,
Heimwehtrunkene Schreie
Algonkins!
Himmelverwölbt,

Canada,
Anmaßenden leer du,
Elendem Hilfe und Hand,
Wie Not uns ja alle
Dir einmal zuschoß
Hat getrieben!
Quer durchs Herz dir
Nur Eines -

Canadier,
Bezeugend im Wort,
Mister, Monsieur,
Herr, Bonde und Pan:
Wir Alle
Verschwiegen getreu
Deiner Fülle;
Ersegnet uns,

Canada,
Frühster Dämonen
Beschwörung,
Dämmernde Wälder,
Entschleustes Verfluten
Hart ausgekanteter Weite -
Gewährt in dir, Canada,
Freistatt der Freien!

Zuabend

Mein Kapital,
Soziales Gewissen?
Woraus ich wirke,
Mich hingebe -

Mein Leben
Paßt hinein,
Gibt gar heraus,
Ununterbrechbar

Im mir
Bebend zu Eigenen,
Luftlichtdaheim.
Nie jedoch

Bin ich mir selber
Genüge,
Anspruchgenug,
Protopope der Welt.

Noch jetzt aber
Gehe ich
Am selben Stecken -
Feindweg

Mein Begleiter,
Anno 44,
Ohne jede Waffe
Rausgeschafft.

Kurz vorm Russen
Als ja genesen
Wiedermal ausgeladen;
Mir hat niemand

Erst zu weisen
Wohin ich solle -
Immer nachhaus
Entgegnete ich

Auf solche Fragen -
Komm nur mit!
Nicht viel
benötigt man

Atomzeitjetzt,
Grübelgewisses
Hält allemal stand,
Woher du auch stammst.

O du Ungenügen
Im Dankverflehen,
O du stillendes Maß
Im Widerborstfall

Eigenheitssinn!
Kapital?
In meinem Gewissen
Ein Lot,

Zutraun,
Gewähren, Belassen -
Woraus wirkt
daß ich liebe ?

## CONFESSIO

Für Zenta Maurina

Nicht Tod, sondern Leben
- In Christi Namen,
Amen.

Mein Farbminimum,
der erste rote Buchstabe,
Schmuckbeginn
Verhaltener Lebensstruktur,
Meine Initiale
Auf Bekennpergament
Lautet immer dasselbe,
Was auch folge -
Buchstabe C.

Credo -
Ich glaube,
Mitten sturmflackerhinaus,
Zielflugs hinan:
In Beben, Versagen,
Beständig - zuzeiten
In Tränen, in Freuden
- Im Bejahen beheimatet-

Colo -
Ich pflege,
Unter uns allen
Erstarkende Zuversicht,
Dämmer Trotzüberwinden,
Das Durchtränkende, arm;
Daheim scheuberedt
Liebe.

Claro -
Ich erhelle,
Erkläre auch, behütend,
Zagmutentbürdet,
In Anschau zu belichten,
Wem Verherrlichung
Ansteht,
In Demut gilt.

Cano -
Ich besinge,
Schmerz,
Freude, unerspart Mühen,
Was spontan beschert,
Langsam Frieden ersegnet -
Unter uns,
Mitnander verbunden.

Dieser Grundlage
Gehöre ich unverbruchs an;
Nicht erst
seit ich einmal anfing
mit dem Buchstaben C,
Im Krieg vorm Feind,
Unserem Bruder,
Mich hinzuzeichnen
Begonnen habe.

Nicht Tod, sondern Leben
- In Christi Namen,
Amen.

ILSE WOLFL

## Vorfruehling

Der strenge Winter ist vergangen,
Es zeigt sich schon das erste Grün. —
Und nun muss nicht mehr voll Verlangen
Mein fröstelnd Herz gen Süden ziehn.

Bald werden zarte Blumen spriessen,
Und ein berauschend süsser Duft
Von Flieder und von grünen Wiesen
Wird bald durchdringen unsre Luft.

Die Herzen werden weiter werden —
Ein neuer Mut kehrt in uns ein,
Denn bald wird wieder hier auf Erden
Bezaubernd schöner Frühling sein.

## Wiegenlied

Alle Sternlein dort am Himmel
Alle wachen sie für Dich.
Doch hier, in unsrer Welt Getümmel
Wache immer wieder ich.

Ferne möcht' ich von Dir halten
Jede Sorge, jedes Leid.
Dir Dein Leben froh gestalten
Glücklich seh'n Dich allezeit.

Durch Dein kleines Kinderlachen
Bringst Du Freude mir und Glück.
Immer will ich für Dich wachen,
Wachen für Dein Lebensglück.

# *PROSA*

# WALTER BAUER

Zwölf Jahre in Kanada. Noch einmal zwölf? Besser? Ertragreicher? Ich frage mich, was ich bei diesen Worten meine.
An keinem Orte habe ich solange gelebt wie in Toronto, ausgenommen Merseburg, die Stadt meiner Kindheit und Jugend. Von keinem habe ich mich so wenig fortbewegt. Vielleicht ist es deshalb umsomehr meine Heimatstadt geworden. Ich erinnere mich an den heißen Septembermorgen, an dem ich vor der Union Station stand. Jeder Schritt ein Schritt in Unbekanntes. Jede Bewegung durch Hilflosigkeit verlangsamt. Alle Entfernungen unendlich; und doch erreichte man schließlich sein Ziel, schweißbedeckt. Die ersten Freundlichkeiten, die erste Hilfe, alles bedeutend, alles völlig von der Literatur getrennt. Alles auf ein einziges Ziel gerichtet: ein Stückchen Grund für meine beiden Füße zu finden. Alles unter diesem riesigen Himmel ohne Geschichte; ein Sandkorn an der Küste eines unübersehbaren Kontinents. Das erdrückende Bewußtsein, nicht hier geboren zu sein, ein Fremder zu sein, plötzlich durchflammt von einer Ahnung endloser Freiheit, alles durchdringender Frische; Freiheit nämlich, zu gehen, wohin man will, ungefragt, unbewacht. Anzufangen. Doch wie? Womit? Mit den Händen. Eine Art Adamsgefühl.
Das Überwältigtsein von einem Gesicht, dem man folgt. Es entschwindet.
Bestimmte Entfernungen, täglich zurückgelegt, werden

zu dünnen, festen Linien, erkennbar nur für mich. Ein Weg ist sicher und vorgeschrieben: morgens zur Fabrik, abends zurück. Langsam andere Wege, andere Lebenslinien. Man erfährt und bildet seine persönliche Topographie. Wege brechen ab und werden durch andere ersetzt.
Gesichter: fast nur Fremde wie ich, immigrants. Manchmal das Gefühl, Teil einer riesigen Völkerwanderung zu sein, ein Blatt, unbemerkt, dahinwehend. Manchmal der Gedanke, daß ich für das alles ja gar nicht gemacht bin. Aber dann: wer ist für etwas Bestimmtes gemacht?
Schritt um Schritt: der Arbeiter, der Packer, der Tellerwäscher, die Zwischenräume punktiert durch diese Frage und diese Antwort: Wie alt sind Sie? – Fünfzig. – Tut uns leid, dann sind Sie zu alt. Es ist eine Frage der Pension. Der junge Kontinent, der ja gar nicht jung ist – er ist nur unlived-in, ungelebt. Das »jung« in dem Begriff bezieht sich nur auf junge und jüngere Menschen. Alte Leute sind Ausschuß. Altersrente, Krankenversicherung, medicare: verbunden mit panischem Schrecken vor allem, was Sozialismus heißt oder Planung. Free Enterprise – bei dem einer bezahlt. Die Zeitung abends: Bericht über das tägliche Leben des Kontinents. Suche nach Nachrichten über Deutschland: kaum etwas. Man ist fern.
Das Wörterbuch abends eine Bibel. Sie öffnet die Tür zur Erde, nicht zum Himmel.
Jede neue Arbeitsstelle ein neuer Ort, ein neuer geometrischer Punkt, zu dem neue Wege führen. Dann die Universität; und wieder neue Wege. Ein Netz wird gewoben. So wird die Stadt bekannt. So wird es *mein* Toronto. Restaurants, in denen man ißt, Varsity, Honey Dew, Up-Town, Fifth Avenue, Rapid Grill, Park Plaza. Die Kinos. Die Zimmer, in denen man lebt, die man verläßt. Alles Orte, von denen Linien gezogen werden zu anderen. Gesichter, Stimmen, hunderte, auftauchend, verschwindend, aus allen Schichten. Der Fremde wird in

Wohnungen und Häusern aufgenommen. Das Stammeln wird zum Sprechen. Und bei alledem senken sich die Wurzeln ein, die Stadt wird zu meiner Stadt: man kann Auskunft geben – einem Fremden; dem Fremden, der man selber war. Man wird in die Veränderungen einbezogen. Man fährt in Straßenbahnen und Bussen und dann in der Untergrundbahn. Hello – und man antwortet oder sagt es, und der andere ist kein Fremder, sondern ein Bekannter. Man findet seinen Namen im Telephon-Verzeichnis. Man teilt seine Nummer mit. Man telephoniert, man antwortet. So entsteht Toronto für mich. So von diesem Mittelpunkt aus, nun vertraut, nun belebt, sieht man das Land.

Und noch einmal heute nacht den Flug zurück: zum Pferdestall meines Vaters. Fast jeden Tag trug ich das Mittagessen zu meinem Vater, im Henkeltopf die Suppe, im Korb das in Zeitungspapier eingewickelte Vesperbrot und die blaue Emailleflasche mit Kaffee (wir brannten die Gerste selber, und ich las sie auf den abgeernteten Feldern). Der Eßlöffel, wie ein Zeichen meines Auftrags, steckte im Knopfloch meiner Jacke. Dann saß mein Vater auf einer alten Kiste, und ich hockte vor ihm, barfuß bis in den Herbst, und beobachtete ihn. Und jeden Mittag erschien ein blitzendes Tröpfchen an seiner Nasenspitze und blieb dort hängen, als sei es aus einem besonderen Stoff gemacht; es blitzte, aber es fiel nicht. Und jeden Mittag füllte mein Vater den Löffel und strich ihn am Rande des Topfes ab, und wenn meine Mutter etwas Rindfleisch hineingeschnitten hatte, war ich sicher, daß er nach einem Brocken suchen würde; und er streckte mir den Löffel entgegen, und wie ein Hündchen schnappte ich danach und zog ihn langsam durch meine Zähne. Stille des Mittags. Das Schnauben und Wühlen und Kauen der Pferde im Hafer und Häcksel. Ruhepause im Arbeitstag. Dann lehnte mein Vater sich zurück und schloß die Augen. Zeit für mich, zu gehen. Ich leckte den Löffel ab und steckte ihn wieder ins Knopfloch.

Blick durch das Fenster meines Zimmers im College. Während ich zwischen zwei Stunden das Brot esse, das ich von zu Hause mitgenommen habe, sehe ich die italienischen Arbeiter unter einem Baum sitzen. Einer beißt in eine große, feuerrote Tomate. Pomodoro; Goldapfel. Ein anderer trinkt in langen Zügen aus einer Flasche. Dann wischt er mit der Hand über den Mund. Ich sehe, wie er aufstößt. Ich beneide sie. Im Freien und nach der Arbeit schmeckt alles anders, es wird vom Himmel und von der Luft durchtränkt. Mein Brot kommt mir blaß vor.
Essen und Trinken. Der Ostergang durch die Felder zum Dorfe meines Onkels, das heißt der Gang zu einem unglaublich beladenen Tisch, den wir leerten. Später im Jahr das Erntedankfest. Wir kehrten zum Lande zurück mit schlaffem Magen, und wohlgefüllt verließen wir es. Weihnachten und die Gans. Eines Tages will ich wieder durch die Hallen und Räume der Zeit wandern, dorthin, wo diese Tage liegen, unberührt von allem, was ich erfuhr, unversehrbar. Ich will sie zurückbringen, sie auf meinem Tisch ausbreiten in all ihrem Glanz. Wie reich meine Kindheit gewesen ist. Ich hatte eine glückliche Kindheit. Klingt das nicht frivol – heutzutage? Die Schatten waren da, ich erinnere mich ihrer durchaus. Doch ich gedenke des Lichtes. Wer das Licht verloren hat, sieht auch nicht mehr die Dinge, die im Licht liegen, von ihm gemacht wurden: das Brot, die Tomate, die Zwiebel, die Kartoffel.
Noch eine Bemerkung: Veränderungen auch hier, Veränderungen, die langsam in das kanadische Leben eindringen, und Veränderungen durch die Einwanderer, vor allem durch Italiener. Für sie bei Loblaw's und in den supermarkets das Pane Bianco in grün-weiß-rotem Papier, für sie auf den Regalen Minestrone. Eines Tages kaufte ich eine Büchse. Sie war minderwertig. Vielleicht waren alle Zutaten darin. Aber der Himmel fehlte. Die Hand fehlte, die geriebenen Käse dick auf die Suppe streute. Die Sprache fehlte. Und einmal kaufte ich im Liquor-Store eine Flasche Valpolicella und bei Loblaw's italie-

nischen Käse und italienisches Weißbrot, und ich lud jemanden ein. – Schmeckt es nicht herrlich? sagte ich. – Ja, sagte sie auf englisch, aber was ist daran so besonders? – Ich wußte es. Ich aß und trank mit Brot, Käse, Wein den Himmel: il cielo; die Erde: la terra; die Sprache: la lingua. Ich aß und trank all die Tage und Nächte meiner Wanderungen, den Hauch vom Mittelmeer und das Leuchten der Säulen von Pästum; alles, unaussprechlich. – Doch man trinkt hier jetzt mehr Wein, italienischen, französischen, sogar kanadischen.

Wie ich aufsehe, erblicke ich ein kleines Photo auf meinem Tisch. Es zeigt den Blick auf den mit Bäumen bestandenen Hang hinter dem Bauernhofe meines Freundes, des Malers W. B. in Kärnten. Unter einem dieser alten Bäume steht ein einfacher Tisch, an dem sie oft vom Frühling bis zum Herbst im Freien essen. Die Gruppe muß vom Mahl aufgestanden sein. Dort aßen wir hausgebackenes Brot. Dort aßen wir Fleisch vom Schwein, das der Hausherr selber geschlachtet hatte. Dort tranken wir selbstgebrannten Slibowitz und Most. Die Luft von den Karawanken mischte sich mit jedem Biß und Schluck. Und alles das drang in seine Bilder ein. Es sind elementare Oden. Alles in ihnen steht für die Fülle der Welt. Es gibt sie noch.

# Ein Ort wie „Rapid Grill"

Seit ich in Toronto bin, bin ich öfters umgezogen, die Umstände brachten es mit sich. Jedesmal änderte sich das Stadtviertel. Nach ein paar Tagen kannte man sich aus, man fand den Laden, in dem man Brot und Büchsen kauft, eine Wäscherei, den drugstore für Zigaretten, Zahnpaste, Rasierklingen, den lunch room oder ein Restaurant, in dem man ab und an aß oder abends etwas trank. Bis auf die Besitzer gleichen sich alle Läden in allen Stadtteilen, in allen Städten auf dem ganzen Kontinent.
An diesen Sommerabenden, wenn die Hitze sich etwas verloren und der Himmel die Farbe von makellosem Türkis angenommen hat, habe ich es gern, zu dem kleinen Restaurant an der Ecke meiner Straße und der langen Yonge Street zu gehen. „Rapid Grill" ist ein einfacher Name, der Inhaber hat sich nicht lange den Kopf darüber zerbrochen. Man weiß, woran man ist, wie man es hier immer weiß. Er will keine Stimmung geben – haben Sie je gehört, daß man in einem Restaurant Stimmung erwartet? –, er weist auf nichts hin, weder mit einem Schild noch mit einem Namen. „Rapid Grill", das sagte einfach, daß man hier schnell etwas essen und zu trinken bekommen kann – keinen Whisky, kein Bier selbstverständlich, nur „soft drinks", Coca-Cola, Limonade –, und man kann es auch bestellen und mitnehmen. Es ist ein lunch room wie unzählige andere von Toronto bis Montreal und Vancouver, bis Detroit und zu den kleinsten Orten in Arizona oder werweißwo, mit dem gleichen langen Tisch, dem counter, den gleichen Hockern, den Spiegeln an den Wänden, die den Raum größer machen, ein paar grauen Tischen mit Nickelbeschlägen für den, der nicht am counter sitzen will, mit einer Uhr, einem summenden Ventilator, ein paar Plakaten, dem Musikautomaten, und hinter dem counter, wo der Koch arbeitet und der Inhaber kassiert – sagen Sie nicht Herr Wirt, sagen Sie nicht Padrone, sagen Sie am besten gar nichts, denn Sie kennen seinen Namen nicht, und er weiß Ihren Namen nicht – sind die elektrischen Platten, die gläsernen Behälter mit dem immer kochenden Wasser und dem Kaffee, der Schrank mit Kuchen und Gebäck – dieselbe apple pie von Regina bis Buffalo. Auf den Tischen stehen Salzfaß, eine Flasche Tomatensaft, die Zuckerbüchse – Sie können sich Ihren Kaffee versüßen, wie immer

Sie wollen –, ein Behälter mit Servietten, und „Rapid Grill" hat als Ergänzung über den Tischen einen kleinen Kasten hängen, aus dem Sie für einen Cent einen Zettel ziehen können, der Ihre Zukunft enthält; es war immer billig, in die Zukunft zu sehen, aber die Gegenwart, morgen – was kostet das? Auf den Tischen stehen keine Blumen, nein „Rapid Grill" hat keine Blumen. In manchen Restaurants stehen Blumen auf den Tischen; sie sind aus Papier. Ich ziehe „Rapid Grill" vor; wozu ein solches papierenes Aufsehen? Die Speisekarte auf dem Tisch enthält das gleiche von Vancouver bis Pittsburgh.
Ich könnte ein Jahr lang hierher kommen, nichts würde sich ändern. Wenn ich es nicht will, keiner würde mehr sagen als: „Hallo, how are you to-day?" und Sie sagen: „Thank you, fine." Sie sagen es, was immer auch in Ihnen vorgeht. Man plaudert nicht aus. Wie es mir geht? Thank you, fine.
Ich habe an vielen Tischen gesessen, in italienischen Trattorien, in schwäbischen Weinstuben, in den Räumen alter österreichischer Gasthöfe, und draußen war die Stille der Berge, in französischen Restaurants. Ich erinnerte mich an Abende in Ascona und Ravello, und wir tranken Wein im zitternden Licht von Kerzen, und es war wunderbar, fröhlich zu sein und zu schweben, es war wunderbar, das sanfte Licht in anderen Augen zu sehen, und das Meer war so groß wie die Liebe ... und nun sitze ich an einem Tisch im „Rapid Grill" in Toronto und habe es gern.
Ein junger Mann ist hereingekommen und setzt sich, den Hut auf dem Kopf, an den counter. Ich habe das auch versucht, es ist mir nicht geglückt, ich fühlte mich unbehaglich, und schließlich war es mir, als ob mir jemand den Hut vom Kopf nahm und flüsterte: Benimm dich. – Ich selber war es.

Der junge Mann bestellt etwas, der Koch steht an seinem Herd, der Inhaber telefoniert, und jetzt höre ich, daß er ein Jugoslawe oder Pole sein muß, er spricht in einer slavischen Sprache. Der junge Mann steht auf und geht zum Musikautomaten, liest das Verzeichnis, steckt zehn Cent in den Schlitz, dann setzt er sich wieder auf seinen Hocker, und dann sprudelt Musik aus dem Automaten wie aus einem Quell. Wahrscheinlich hört niemand zu, vielleicht nicht einmal er. Was ist es? „Remember me" – Erinnere dich meiner? „I'follow you" – Ich will dir folgen? „The Lord is counting on you" – Gott zählt auf dich? Kaum; das kann es nicht sein. Und der Ventilator summt, die Stimme singt, auf der elektrischen Platte brutzelt etwas, draußen gleiten die Wagen vorbei, und der große kanadische Himmel ist dunkelgrün geworden. Ein paar junge Mädchen in langen, blauen Hosen

kommen herein, setzen sich und bestellen ice-cream, der junge Mann fängt an zu essen, und die Stimme singt „I don't want to be lonely." Wie recht der Sänger hat. Niemand will allein sein.
Sagte ich, daß „Rapid Grill" ein einsamer Ort ist? Er ist es. Es ist ein Ort zum Nachdenken, Sie brauchen nur in den Spiegel zu sehen, dann wissen Sie, was mit Ihnen los ist. Aber es ist kein Ort zum Träumen. In Ascona und Ravello konnte man träumen – hier nicht. Träume sind nichts, und gibt es hier jemanden, der Zeit hat – für nichts? Mister, denken Sie nicht an eine vage Zukunft, denken Sie just an morgen. Denken Sie nicht an Unsterblichkeit – wie lang ist sie? Fünfzig Jahre, wenn es hochkommt –, Sie sind, auch wenn Sie nächtelang schreiben, nicht mehr als John und Harry, wenn dieser junge Mann Harry heißen sollte.
Ich glaube, ich werde gehen. Die waitress hat mir die Rechnung hingelegt, und ich zahle an der Kasse. Wäre es Tag, würde der Inhaber sagen: A nice day, isn't? Aber es ist Nacht. Ich gehe hinaus. Der Himmel hat nun auch das Dunkelgrün verloren, und in der Schwärze sind die Sterne herausgekommen.

## Ein Zimmer

Das Haus war alt und dunkel. Es lag nicht weit vom Eingang zur Madison Avenue, dicht bei der Bloor Street, und Läden aller Art waren an der Ecke, mit allem, was man braucht, wenn man allein lebt. Ich sah das kleine Schild in einem Fenster, „furnished room" – möbliertes Zimmer – und klingelte. Eine alte, dicke Frau öffnete Sie sah auf den ersten Blick ärgerlich und fast böse aus; aber später war sie die freundliche Mrs. Lyon, die das Haus verwaltete. Ich fragte nach dem Zimmer. Wortlos ging sie mir voraus, die Treppe hinauf Radiomusik kam aus der Höhe, und zwei Mädchenstimmen sprachen laut englisch; ich hörte den Akzent. Sie waren Ausländer wie ich, newcomer. Mrs. Lyons öffnete eine Tür. Sie sagte

nichts. Ich fragte nach der wöchentlichen Miete. Neun Dollar. Ich sah eine schmale Couch, einen kleinen Tisch, eine Kommode mit Spiegel, eine Kochplatte. Ein Kamin füllte die eine Wand. Überall lag Staub. „A nice room, isn't?" sagte sie dann, und ich antwortete: „Very very nice and comfortable", aber ich wußte nicht recht, ob es so war. Auf den Tapeten ringsum an den Wänden blühten Hunderte von Rosen, aber ihr Frühling war lange vorbei. Ich trat an das Fenster und sah die Wand eines Hauses. Ich würde morgens zur Arbeit fahren und abends zurückkommen und nicht viel sehen. Außerdem war ich vom Fragen und Suchen nach einem Zimmer an diesem Tage müde. Hier konnte ich allein sein. Das Haus war ein rooming-house, in dem alle Zimmer vermietet waren. Ich nahm es und sagte, ich würde morgen einziehen. Viel Umzugsgut besaß ich nicht — meine Koffer.
Ich war froh, aus dem Zimmer, in dem ich wohnte, herauszukommen, ich hielt es darin nicht mehr aus. Wenn ich von der Arbeit kam, machte es mich wild. Am liebsten wäre ich wieder fortgegangen, aber ich war zu müde und fiel auf das Bett, starrte eine Weile auf die Dinge, die tot im Zimmer umherstanden, und schlief ein, um irgendwann wieder aufzuwachen und dann zu Bett zu gehen. Das ganze Haus schimmerte in lebloser Sauberkeit. Es war der Stolz der Besitzer, sie hatten es sich erarbeitet wie den Wagen, der vor der Tür stand, und wie alle Dinge; ihr Leben war hineingegangen. Den Mann sah ich nie; die Frau war Ungarin gewesen. Ich hatte das Zimmer in einer Art von Erschöpfung genommen, weil ich in Toronto fremd war, aber schon am ersten Abend starrten die Dinge mich feindselig an. Sie wollten mich nicht, sie beobachteten mich mißtrauisch, und das Zimmer machte meine Fremdheit grenzenlos. Manchmal, wenn ich auf dem Bett lag und mein Leben überdachte, hätte ich lachen können, weil ich in Toronto in einem Zimmer von überpreußischer oder ich weiß nicht welcher Sauberkeit wohnte.
In meinem Zimmer, 17 Madison Avenue, war ich allein. Ich konnte mit mir sprechen oder stumm sein, ich konnte ungeheuere Gedanken haben oder keine — niemanden interessierte es. Wahrscheinlich war kein Unterschied zwischen möblierten Zimmern in aller Welt. Die Dinge in ihnen, zu müde des fortgesezten Gebrauchs, sind gestorben, sie sind nichts mehr, sind einfach Tisch, Stuhl, Bett. Nach einem Mieter wird ein anderer kommen.
Das Haus in der Madison Avenue war voller Menschen, aber ich sah sie kaum. Ich ging morgens ziemlich früh fort, ich glaube, daß ich der erste war, der morgens wach wurde, und da ich oft elf Stunden in der Fabrik arbeitete, kam ich spät zurück. Ich warf den Overall beiseite, ging in das

Badezimmer und wurde mir selber wieder sichtbar. Ich aß und legte mich hin. Manchmal sah ich auf die große Karte von Kanada, die ich an die Wand mit den verwelkten Rosen geheftet hatte, und ich dachte, daß ich hier sei und daß das Land sehr groß war, zu groß für das Leben eines Menschen. Oder ich las etwas und kühlte meine Hände, die aufgesprungen und geschwollen waren. Ich hörte Stimmen aus den Zimmern, Radiomusik, das Klingeln des Telefons auf dem Gang vor meinem Zimmer. Jemand ging hin, und rief: Mrs. May oder Mister Grey oder irgendeinen anderen Namen, und dann hörte ich wieder Stimmen, kanadische Stimmen und andere, die englisch mit einem Akzent sprachen und sehr oft eine etwas schrille Mädchenstimme, die sehr schnell in einer slavischen Sprache redete. Manchmal, wenn das Telefon klingelte, dachte ich ohne jeden Grund: das ist für dich. Aber wer sollte mich hier anrufen? Manchmal überschwemmte mich die Radiomusik.Das war eine Zeitlang ein Lied mit der Zeile: I will keep my promise true – ich will mein Versprechen treulich halten. Was für ein Versprechen wollte die singende Stimme halten? Dann schlief ich ein.
Langsam lebte ich mich in mein Zimmer und in das Haus ein, und ich sah die Leute, die im Haus wohnten: ab und an Mrs. Lyons, der ich samstags neun Dollar gab und von der ich frische Bettwäsche bekam; eine sehr alte Frau mit einem feinen, tief verschatteten Gesicht, die, wenn wir uns auf dem Gang trafen, langsam How do you do? sagte. Sie erschien mir wie eine Erinnerung an die victorianische Zeit, vornehm, zurückhaltend. Da war ein älteres kanadisches Ehepaar. Die Frau hatte ein Hüftleiden und hinkte, aber sie waren glücklich zusammen, und ich sah, daß es möglich war, ein Leben lang zusammenzusein und an Wärme füreinander nichts zu verlieren. Manchmal sangen sie beide zur Radiomusik. Manchmal kam ihre Tochter mit ihrem Mann zu Besuch zu ihnen, dann sangen alle. Über mir wohnte ein junges Mädchen, die Lettin, die so oft telefonierte. Sie sprach etwas Deutsch, und ab und an redeten wir miteinander. Der große Strom der Völkerwanderung unserer Zeit hatte sie fortgeschwemmt, seit drei Jahren lebte sie hier und arbeitete in einer Parfümfabrik. Eine Bewegung ohne Ende ging über die Erde. Noch nie hatte es so viele Menschen gegeben, die ihre Wurzeln aus der alten Erde reißen mußten, und dieses Land nahm sie an. Auch zu ihr kamen oft Leute, dann hörte ich sie in ihrer Sprache sprechen, und auch sie sangen manchmal. Ich hörte zu, und es war mir, als sei ich weit im Osten, nicht in Kanada, aber ich war hier, und es gab in diesem Lande Dutzende von Nationalitäten. Einige Zeit wohnte in dem Zimmer neben mir ein Japaner. Ich sah ihn ein paarmal, wenn ich in das

Badezimmer ging. Schweigend entschwand er. Er war von Vancouver herübergekommen. Wohin war er gegangen? Das Leben hier war so, daß man kam und ging. Man hatte einen Job, gab ihn nach einiger Zeit auf, um einen besseren zu finden. Man hatte ein Zimmer, wohnte darin, gab es auf, fand ein anderes. Ich hatte oft das Empfinden, als ob über einer festen kanadischen Schicht die Einwanderer wie Tropfen einer Flut flossen. Langsam sickerten sie ein.
In dem Zimmer, in dem der Japaner gewohnt hatte, lebte dann eine Zeitlang ein junges Mädchen. Sie arbeitete als Waitress, als Kellnerin, in einem lunch-room. Sie war von Saint Johns in New Brunswick gekommen. Das war alles, was ich von ihr wußte. Manchmal wachte ich nachts auf, wenn sie nach Hause kam. Sie ging schlafen, mehr erfuhr ich nicht von ihrem Leben. Wir alle arbeiteten, um zu leben, und die in diesem Hause wohnten, waren Volk. Sie waren auch hier das Volk, aus dem die Einzelnen emporstiegen.
In einem Zimmer unten wohnte ein Student. Er war aus Quebec gekommen und hatte einen französischen Namen. Zuweilen, wenn ich aus einem Kino nach Hause kam, konnte ich ihn durch die Scheiben des Fensters sehen; er saß am Tisch und las oder schrieb.
Es war irgendein rooming-house in Toronto, in dem ich lebte, aber zugleich schien es mir ein Haus zu sein, das etwas ganz Bestimmtes enthielt: Kanada oder doch einen Teil davon. Manche Leute waren plötzlich nicht mehr da. Sie waren ausgezogen, um ein anderes Zimmer in einem anderen Stadtteil zu mieten, oder sie hatten die Stadt verlassen, um nach Westen oder irgendwohin zu gehen.
Eines Tages werde auch ich das Haus verlassen, und niemand mir nachsehen. Mrs. Lyons wird jemandem, der das Schild im Fenster sieht, das Zimmer zeigen und sagen: „A nice room, isn't" Es wird keine Erinnerungen an mich aufbewahren. Solche Zimmer bewahren keine Erinnerungen auf, sie sind Durchgangsstationen. Möglicherweise werden die Rosen auf den Tapeten etwas welker geworden sein. Vielleicht bin ich dann nach Westen oder Norden oder irgendwohin gegangen. Kanada ist ein großes Land von großer Geduld.

# HERMANN BOESCHENSTEIN

**Pessi und Opti Mismus** Als Portier des Hotels Glenshield in V... gehörte es zu meinen Pflichten, einmal alle Gäste mit einem freundlichen Worte zu begrüßen, sodann besonders Neueingewanderte, welche etwa bei uns abstiegen, willkommen zu heißen, womöglich in ihrer eigenen Sprache (was mir aber nur bei Deutschschweizern und Deutschen gelang), und ihren Lebensmut anzufachen; wie, das blieb meinem Ermessen überlassen.

Einmal erschien ein Herr, den ich als Bajuwaren an seinem grünen Hut mit Gamsbart erkannte. Bei seiner Ankunft verpaßte ich den gesprächlichen Anschluß, holte das aber sofort nach, als er nach einer Weile wieder herunter kam und sich stöhnend in einen Stuhl im Vestibül sinken ließ. Ich begann mein Sprüchlein damit, daß ich erwähnte, er könne froh sein, gerade hierher seine Auswandererschritte gelenkt zu haben, das Land sei groß und jung und halte jedem Tüchtigen eine weite Bahn offen.

Der Angeredete musterte meine Uniform mit einem Blick, als ob er sagen wollte, wie es denn komme, daß ich es auf der erwähnten Bahn nicht weiter gebracht habe. Den Kopf lange schüttelnd hob er an: «Nichts ist, schlechter als bei uns daheim ist es. Ich bedaure, daß ich hier bin. Unser Schiff hatte noch kaum angelegt, als sich eine Meute zerlumptes Volk auf uns stürzte, wollten Äpfel und Apfelsinen verkaufen, oder unser Gepäck tragen. Da wußte ich Bescheid. Ich würde mir nichts dabei gedacht haben, wenn es Buben gewesen wären, aber Männer und Frauen im besten Alter, wenn die sich wegen dem lumpigen Verdienst so herumstoßen, dann muß die freie Bahn des Tüchtigen hierzulande verdammt eng und steil sein.»

«Einzelne gibt es immer, die Pech haben», warf ich ein.

«Einzelne! Als ich am ersten Morgen durch die Straßen schlenderte, was sehe ich an allen Wolkenkratzern herumhängen? Wildheuer – ich wollte sagen, Fensterputzer. Und als ich am Abend durch die Stadt bummle, was entdecke ich? Daß sich hinter jedem zweiten Schaufenster ein armer Teufel von Schneider übers Bügelbrett krümmt.»

«Das mag im Osten so sein, aber nehmen Sie den Westen, unsere Stadt zum Beispiel...»

«Eine ganz verarmte Stadt», fuhr die sauer gewordene bayrische Gemütlichkeit dazwischen. «Ich habe noch nie soviele zerschlagene Straßenlampen gesehen, bei uns zu Hause wird solcher Sachschaden laufend ersetzt.»

«Wenn man von örtlichen Verhältnissen absieht», wandte ich ein und verließ mich auf die allmähliche Verfertigung der Gedanken beim Reden, «das Land als solches ist reich und blühend...»

«Die Zentralregierung oder was es hier nun gibt, hat erst recht kein Geld», versicherte mein Widersacher, «das habe ich sofort gemerkt an den schmutzigen, rasselnden Eisenbahnwagen, und an den Uniformen der Beamten. Bei uns zu Hause tragen sie solch abgewetzte Anzüge höchstens bei Berg- und Schmalspurbahnen. Danke, ich bin im Bilde und fahre heim, solange ich das Reisegeld noch habe.»

Ich wurde ans Pult gerufen und mußte einem vermißten Zimmerschlüssel nachjagen, und als ich wieder frei war, stand der Stuhl leer. Gedanken über den verdrossenen Reisenden machte ich mir keine, so elend wie er hatte ich mich in meinen ersten Tagen und Wochen auch oft gefühlt, das würde sich schon geben. Wenn die Schneider bis in alle Nacht arbeiten müssen, so heißt das doch auch, daß es eine Menge von Leuten gibt, die sich neue Anzüge leisten können..., das war die Antwort, die ich dem Hypochonder hätte geben sollen.

Nach ein paar Wochen erfuhr ich, daß der Bayer tatsächlich die Heimreise angetreten hatte, auf dem Schiff einer Lungenentzündung erlegen und in eine Zeltbahn eingenäht den grünen Wassern übergeben worden war.

Aber die unendliche Weisheit der Natur hatte schon für einen Ersatzmann gesorgt. Er saß im Vestibül, vielleicht im gleichen Stuhl, der seinen schwermütigen Landsmann getragen hatte. Ich drehte seine Visitenkarte zwischen den Fingern: Otto Schwitt, Baumeister, Berlin. Was konnte ich ihm über seine Zukunftsaussichten sagen? Aber Herr Schwitt überhob mich der Mühe langen Denkens, indem er unvermittelt anfing, das weite Tätigkeitsfeld zu schildern, das sich vor ihm als einem glänzenden Fachmann ausdehnte. «Hier ist ja gebaut worden, als ob die Leute von Senkblei und Wasserwaage noch nie gehört hätten. Sehen Sie beispielsweise mal diesen Türsturz», und er streckte die Hand gegen unser stattliches Hauptportal. Ich sah hin, andere Gäste, die herum standen, sahen auch hin. «Was sagen Sie dazu?», fragte Herr Schwitt und suchte mich zu einem verachtungsvollen Lachen zu verführen, «bei uns verwendet jeder Bauer mehr Sorgfalt und Kunst auf ein Scheunentor. Muß abgerissen werden, raus mit Schaden, und dann setzen wir mal ein Türchen hin, das sich gewaschen hat.»

Ich hatte diesen Abend Ausgang, und da ich als moralische Unterstützung von Herrn Schwitt nicht weiter vonnöten war, verabschiedete ich mich bei schicklicher Gelegenheit, ging auf mein Zimmer, machte mich fein und verließ das Hotel. Auf dem Bürgersteig faßte mich jemand am Arm. «Augenblick mal, mein Freundchen, ich will Ihnen was zeigen.» Es war Otto Schwitt, und er wartete nicht auf meine Antwort, sondern zog mich über die Straße, durch einen kleinen Park und auf die Treppe einer Kirche hinauf. «Ich werde in dieser Stadt ein vielbeschäftigter Mann sein», rief er, mit einem Unterton des Bedauerns über die Arbeit, die seiner, kaum angekommen, wartete. Er schwang die Arme gegen die umliegenden Häuser. «Haben Sie schon sowas gesehen? Die glauben wohl, Kamin ist Kamin, und man braucht bloß kusch! kusch! zu machen, und schon zieht der Rauch ab. So'n Skandal!» Die Spaziergänger standen still, um zu entdecken, wo ein Brand ausgebrochen sei oder was für ein lebendiges Wesen, Katze oder Kind, sich irgendwohin verstiegen habe. Aber Schwitt wollte nur auf die vorsintflutliche Form der hiesigen Kamine aufmerksam machen; er geriet in Eifer und versicherte, so habe man seit den siebziger Jahren in Berlin nirgends mehr gebaut. «Da gehört mein patentierter Kaminaufsatz rauf, und zwar, soweit ich von hier aus sehen kann, auf jedes einzelne Dach, aus solchen Nachttöpfchen zieht kein Rauch ab, und wenn sie mit dem Blasebalg nachhelfen würden.»

Um der Wichtigtuerei einen kleinen Dämpfer aufzusetzen – einen richtigen Keulenschlag durfte ich mir als Hotelportier nicht erlauben – bemerkte ich wie beiläufig, daß jedes Land seinen eigenen Baustil entwickle. Der große Baumeister würdigte meinen Einwurf keiner Beachtung; «in einem Jahr», versicherte er, «sitzt hier auf jedem Dach mein Kaminaufsatz, Marke Eisenschwittblech.»

Seither ist mehr als ein Jahr vergangen. Ich mache mir manchmal das Vergnügen, von meinem Zimmer über die Dächer zu schauen. Keine auffallende Veränderung zu sehen, die alten klobigen Kamine, keine Spur von einem Kaminaufsatz, obschon ich offen gestanden nicht recht weiß, wie so ein Ding aussehen müßte. Allgemein jedenfalls hat sich die Neuerung hier nicht durchgesetzt. Trotzdem ist ihr Erfinder Otto Schwitt in Kanada ein steinreicher Mann geworden, aber als Damenfrisör.

**Richmond** Auf dem Bahnhof der kleinen Stadt Richmond in Quebec sah ich einmal, was ich lange Zeit für eines der schönsten Bilder hielt, bis ein anderes, grauenhaftes an seine Stelle trat. Ich war, wie die meisten Reisenden, ausgestiegen, um mir für zehn Minuten die Füße zu vertreten. Vor mir verließ ein junger Offizier der Luftwaffe den Zug, stellte seinen Koffer auf den Bahnsteig und sah sich um. Aus einer seitwärts stehenden und von dem Spähenden nicht beachteten Gruppe flog ein Mädchen auf ihn zu. Ein zweistimmiger Freudenruf erscholl, der Kämpfer, die Brust mit Ordensbändern geschmückt, warf seine Arme um den schönen Leib und löste sie erst wieder, als das blühende Paar von einigen verschämt strahlenden älteren Leuten, von Eltern und Schwiegereltern, umringt war. Die schnellen Eindrücke schlossen sich zum Grundriß eines ewig verehrungswürdigen Lebenslaufes zusammen: der Mann, schon im Jugendalter erfüllter Pflicht bewußt und doch voll federnder Kraft zu neuer Leistung, findet das Mädchen, das er zu Anfang des Krieges verlassen hat, in ungeahnter Blüte sich an ihn schmiegend, um ihm den Schatz bewährter Treue und unerschöpflicher Liebe zu bringen. Man will nichts anderes denken, als daß die Kräfte auf beiden Seiten ausreichen, eine gute Ehe und ein langes, tüchtiges Leben zu nähren.

Als ich nach Monaten wieder durch Richmond kam, war bei der Einfahrt zu bemerken, daß Fest- oder doch Willkommluft durch das Städtchen wehte; die Häuser schwenkten grüßende Fahnen, Menschen eilten von den Stadthügeln herab und umringten den Bahnhof. Wurde ein Held, noch tapferer und schöner als damals, erwartet? Ich ging hinaus, und eine lähmende Neugier trieb mich, bei vollem Bewußtsein des kurzen Aufenthaltes, durch den Menschenring, der, wie ich vermutete, die Ursache der Fahnen und das Geheimnis der Versammelten in sich barg. Man hörte einen Redner, dessen kanadisch-französische Mundart ich aber nicht verstand, es wurde geklatscht und dann herrschte plötzlich Stille. Die Masse teilte sich oder wurde geteilt von einem langsam vorgeschobenen dreirädrigen Krankenwagen. Durch die sich bewegende Menge wurde ich in die Lichtung um den Redner gestoßen, und es war sein auf den Boden gehefteter Blick, der mich auf das Grauenhafte hinwies, auf eine Art Korb, in dem es sich regte, ein menschlicher Rumpf, der sich mit dem einzigen verbliebenen Gliede, einem Arm, hin und her wiegte. Ein Bahnbeamter, unser Konduktör, trat herzu, hob den Korb auf, sprach ein paar freundliche Worte zu dem Kopf und legte dann die Last in den fahrenden Stuhl, der von einer schwarzen Frauengestalt davongeschoben wurde.

Beim Wegfahren sah ich, daß auch das andere Ende der Stadt bekränzt und beflaggt war. Gruppen von Menschen standen herum, die nicht zum Bahnhof gegangen waren, sei es, weil sie soviel Elend nicht sehen wollten, sei es, weil der traurige Zug ohnehin bei ihnen vorbeikommen mußte.

Der erwähnte Konduktör gab uns, nicht ohne den Stolz dessen, der mitgewirkt hat, Auskunft; er war ein Schulfreund des armen Soldaten, vor wenigen Jahren hatten sie noch Fußball und Eishockey miteinander gespielt, wer hätte eine solche Verstümmelung erwartet, durch eine Granate am Strande von Dieppe verursacht.

Hoffentlich, dachte ich mir, hält die Stimmung des allgemeinen Mitgefühls, und der Verehrung und Dankbarkeit an, daß es dem Armen nie an Helfern fehle, den Verlust der Glieder und der Beweglichkeit ein wenig gut zu machen.

Ich bin noch einigemale über Richmond gefahren, dabei traf ich auch den Konduktör wieder, der mit dem Braven von Dieppe auf der Schulbank gesessen hat. Ich erkundigte mich nach seinem Freunde. Er wußte zuerst nicht, wer gemeint sei, und ich mußte eine genauere Beschreibung des Mannes geben, was ja bei so gräßlicher Verstümmelung nicht schwer war. Der Konduktör konnte nichts Genaueres berichten, der Mann lebe noch (leider, klang es unausgesprochen mit); er selbst wohne am andern Ende der Stadt und komme wenig herum, abends sei man zu müde, und am Sonntag, wenn er da zufällig frei sei, müsse er Frau und Kinder in seinem neuen Chevrolet ausführen.

# MARIO VON BRENTANI

## Gipserne Ostern

**Heute noch** Ostern 1974, erinnere ich mich an alle Einzelheiten. Es war im dritten Jahre des Ersten Weltkriegs Drüben in Deutschland, Ostern 1917:

Eier gab es auf Marken, und Marken waren selten. Ich zum Beispiel hatte meine eigenen Marken, aber niemals lange. Das Brot holte ich mir am Montag, ganz frisch mußte es sein, auf daß es recht lange währe, oder es mußte das dunkle Roggenbrot sein, das verging überhaupt nicht, so dachte ich. Die Marmelade aber erstand ich am Mittwoch; der Mittwoch war des Spezereihändlers süßer Tag, Rübenmus mit Zucker, Rübenmus mit Apfelsinenschalen, Rübenmus mit Pflaumen, oh! und mit dem Zeigefinger hineingelangt, rund herum in der Porzellanschüssel auf dem Heimweg, und mit klebrigen Händen die Haustür aufgemacht und zum Schränkchen geeilt und alles hungrig und ob des eroberten Besitzes selig verstaut, das waren Kriegskinderfreuden von neunzehnhundertundsiebzehn.

Ein jedes von uns Kindern in der Familie hatte seinen eigenen Kasten für die eiserne Wochenration; Mutter hatte wenig Gesundheit übrig in den schlimmen Tagen, sie mochte nicht mehr rechten, ob die größere Schwester anstatt zwei Margarinestullen mit Kräuterkäse deren drei gegessen hatte, ob der jüngere Bruder zwei Backpflaumen zu wenig oder ob ich vier gedörrte Kürbisscheiben zu viel zum Nachtisch genommen hatte; so gab sie jedem das seine und nahm sich selbst die dünnste Brotschnitte, die unansehnlichsten Dörrfrüchte, den kleinsten Kartoffelmehl-Pudding. Das erschien uns ganz in der Ordnung, wir glaubten es ihr ja, daß sie gerade nicht bei Appetit sei, oder daß man gut daran tue, recht schlank zu sein, dieweil man da viel leichter arbeiten könne, und was derlei rührende Ausreden mehr waren.

Als der böse Winter kam, den sie in der kleinen Stadt den Saurüben-Winter nannten, fiel oft Mutters ganze Wochenzehrung an uns. Mutter aß nurmehr Wassersuppen und trank Medizinen, von denen ihr oft noch übler wurde als von den Rüben. Wir dachten nur noch in den Begriffen, die auf den Speisekarten gedruckt standen, wir hatten wenig, was uns zu solch völliger Hoffnungslosigkeit und zu solch unfaßbarem Glücke wie sie hätte bringen mögen. Der Krieg freilich, der war noch viel gewaltiger, aber das war doch der gleichförmig polternde Geist in der Ferne, wenn man das Ohr an den Erdboden preßte, stand er nahe bei uns, der eiserne Riese, dessen Brüllen uns in vier Sommern und vier Wintern so selbstverständlich geworden war, wie der immerwährende Wogenschlag dem, der am Meere lebt.

Dann kamen statt weiterer Saurüben die verrotteten alten Kartoffeln auf dem Bahnhof an, in hoch angefüllten Eisenbahnwagen, Säcke und Karren luden sich, und Mutter stand auf schwachen Beinen am Herd und buk uns auf dem kleinen blechernenRost auf dem geschrieben stand "Brate ohne Fett", Kartoffelpuffer, oh, Kartoffelpuffer - - - Wir zählten die Bissen nicht mehr einander vom Munde ab, wir aßen soviel, bis wir mit schmerzenden Kinnbacken und todmüde umsanken, es hatte so viele Kartoffeln gegeben!

Die Schalen mahlten wir hernach zu Brei und zogen davon ein graufarbenes Kartoffelmehl ab, das lag auf großen Papierbögen zum Trocknen in der Sonne, in der ganz heimeligen Frühlingssonne, von der das Frösteln in den schlecht geheizten Stuben verging und das trübe Sinnen beim Anstehen vor den Läden und vor den strahlendenExtrablättern, die immerfort das Gleiche sagten: "Vormarsch, Gefangene, erbeutete Geschütze, abgeschossene Flieger, versenkte Schiffe; und doch war kein Ende abzusehen, und doch stand auf den Feldpostkarten der Brüder, sie blieben weiterhin in der flandrischen Erde vergraben - begraben, wie der Kaiser es gerade wünsche.

Und weil die Sonne so warm war und weil sie so wohlig durch die erkälteten Glieder rieselte, so griff ich mir den Dopsch und die Peitsche, band eine neue Schnur daran und lief auf die Straße. Ich ließ den Dopsch im Kreise wirbeln, jagte ihn weithin über das Pflaster und schlug dabei die Schnur vom Stocke, denn es war keine echte Schnur, es war nur ein Faden aus gedrehtem Papier. Da ließ ich den Dopsch liegen und warf den Stock hinzu. In drei Tagen war das Osterfest, ich wollte Eier einhandeln, so lief ich zu allen Krämern, die mir auf meinen zähen Streifzügen einmal dieses und einmal jenes abgegeben hatten, was nicht auf der Karte gedruckt stand, ich lief und lief und bettelte und hielt meine Groschen hin, aber ich lief vergebens.

Hernach kam mir der Gedanke, eine fromme Vortäuschung möge den Wunsch nach den bunten Eiern besänftigen, und da ich gut gipserne Soldaten zu gießen wußte, so besorgte ich mir eine große Tüte mit schneeweißem Marmorgips, oh, den gab es in Mengen, und er war kartenfrei und um einen Sechser feil!

Ich nahm nun heimlich das einzige Ei, das Mutter im Schrank verbarg, preßte es in eine Handvoll Gartenlehm, schnitt den Lehmbrocken sorgsam entzwei, löste gleich sorgsam das Ei heraus und goß die Form mit dem Gipsbrei aus, wieder und wieder, fünf Mal, bis ein Jeder in der Familie sein Osterei hatte. Dann schliff ich sie allesamt fein säuberlich mit Glaspapier ab, wichste sie mit einem Lappen blank, oh, sie waren fast noch schöner als echte Ostereier! So gab ich ihnen aus meinem Farbenkasten köstliche Gesichter mit langen Schnurrbärten, Soldatengesichter, und die Antlitze meiner Geschwister, ja, selbst Mutters liebes, grames Gesicht gelang zum Besten. Mutters echtes Ei freilich konnte ich nicht bemalen, das fiel mir zu Boden und zerbrach, als ich mein Handwerk rasch forträumen wollte.

Am Ostermorgen lag neben jeder Kaffeetasse ein wundersames Osterei. Und Mutter war sehr gerührt über meine vermeintliche geheime Hamsterei. Fünf Eier in diesen Zeiten! Und sie gestand, daß sie gleich mir bei den Krämern bittende Nachschau gehalten hatte, freilich vergebens. Wir setzten uns an den Tisch, wir schlürften jenes grausame Getränk, daß sich aufgedruckt "Morgentrank" nannte, und das von geheimnisvoller Herkunft war; die Augen sogen sich an den Eiern fest, die Zunge vergaß darüber den bösen Morgentrank, jetzt griffen sie im Kreise nach den Messern, die Eierkuppe abzuschlagen und jetzt hieben sie in den schnöden Gips.

Mutter erschrak über ihre Freude, die Geschwister aber schalten mich sogleich einen Nichtsnutz, denn sie glaubten, ich habe sie verspotten wollen. Nur Mutter begriff, obgleich die ungefügen Gesichter auf den Eiern wirklich Spottbildern glichen, daß ich hatte helfen wollen. Dann lächelte sie vielversprechend: "Ihr lieben Kinder!" rief sie leise, jetzt kommt gleich der richtige Osterhase!" Sie erhob sich und eilte in die Küche. Und kam gleich darauf bekümmert wieder; es war, als wollten mich die Wände erschlagen, an denen die golden eingerahmten alten Familienbilder und die rauhen grauen Kriegspappe-Rahmen mit den Fotos von den älteren Brüdern in den häßlichen dicken grauen Uniformen hingen, sie kamen ganz nahe auf mich zu und senkten sich herab . . . "Mein lieber, dummer Bub . . ." sagte Mutter, "nicht weinen, das eine Ei allein macht ja auch keine Ostern."

Dann setzte sie sich zu uns und erzählte uns irgend eine frisch erfundene Geschichte vom Märchenland ohne Krieg und ohne Kohlrüben, indes wir andächtig unsere Musstullen aßen und den Morgentrank zuende schlürften.

Das mußte ein schönes Land sein.

Wie dem Heinrich, dem Hans und dem Isaak, so erging es auch allen andern. Und nicht nur mit dem kleinen Volk in der Schule, auch mit dem ganzen Dorf ging eine Wandlung vor. Denn der neue deutsche Lehrer war einer aus der Schule des großen Schulmannes Neufeld, des Leiters der Chortitzer Zentralschule. Unter Neufeld wurde man Schullehrer nicht nur, weil man nicht Bauer oder Handwerker werden wollte oder konnte, sondern weil man lehren und erziehen wollte. Die Schulen gingen nun mächtig in die Höhe, und die Hochfelder Schule hatte vollen Anteil an dem Aufstieg, ja sie marschierte mit in den vordersten Reihen.

In Hans bleibt es nun nicht mehr lange leer, und die frühere Apathie ist bald überwunden. Er lernt, was da nur gelernt sein will. Allerdings, das Rechnen und die Grammatik kommen ihm reichlich trocken vor, aber das dürfen die Lehrer nicht merken. An allem andern aber hat er lauter Lust und Freude. Und die sind in ihm durch Lehrer Dyck wieder geweckt worden. Das kommt aber nicht allein aus des Lehrers pädagogischem Können, etwas anderes spricht da mit. Es ist da etwas in seinem deutschen Lehrer, das in Hans eine verwandte Saite anschlagen läßt, eine Saite, von deren Vorhandensein er kaum etwas geahnt. Lehrer Dyck ist eine Künstlernatur, und das drückt seinem ganzen Unterricht einen besonderen Stempel auf. Für Hans Töws wird das mit lebensbestimmend.

Diese verborgene Saite erklingt in Hans zum ersten Mal leise, als die erste deutsche Lesestunde kommt. Für die Lese- und Sprachübungen benutzt man den „Kinderfreund." Ein dickes Buch, das dickste von allen. Da ist alles bunt durcheinander: Gedichte, Märchen, Geschichten. Die Märchen kommen für Hans etwas spät. Die Gedichte — ja, die sind schön, wenn der Lehrer sie vorliest und man ihm dabei ins Gesicht sieht. Sie sind dann wie ein Lied. Aber sie sind eben wie ein Lied, bei dem der Inhalt hinter der Melodie zurückbleibt. Und für bloße Stimmungen ist Hans noch nicht ganz reif, Bilder aber mit Handlung vermitteln sie ihm nicht so klar, wie die Geschichten, die dort auch im Buch stehen. Ihm tun es die Geschichten an. Wenn der Lehrer sie so ausdrucksvoll vorliest und dann noch immer so schön ergänzt und dabei so glänzende Augen hat, dann ist Hans ganz Ohr, und seinen Blick läßt er nicht von den Lippen des Lehrers. So neu, so fremd und so fesselnd sind die Bilder, die sich da vor seinem geistigen Auge entfalten. Das lange Herumsprechen und Zerpflücken des Lesestückes scheint ihm jedoch sehr überflüssig. Ihn zieht's zur nächsten Geschichte, und es dauert ihm zu lange, bis man dahin kommt. Aber dann macht er eines Tages die größte Entdeckung seines kurzen Lebens: er kann die Geschichten auch allein lesen. Es finden sich da wohl immer wieder Wörter und Ausdrücke, die ihm fremd sind, aber hinter ihren Sinn kommt er doch sehr bald. Und nun liest er, und ist immer mit dem Lesen voraus, und bald mit dem ganzen Buch fertig, das doch für die ganze Oberklasse berechnet ist. Hans Töws hat lesen gelernt.

An der Schmalseite des Klassenzimmers, ganz in der Ecke, steht ein mittelgroßer graugestrichener Schrank. Er enthält die Schulbibliothek. Einige 200 Bände mögen es sein. An den Sonnabenden, nach Schulschluß, das ist also nach der dritten Unterrichtsstunde, öffnet der Lehrer den Schrank und gibt an leselustige Schüler Bücher heraus. Zwei Drittel der Bücher sind deutsche, ein

Drittel russische. Das russische Drittel sieht noch sehr neu aus. Unter den deutschen Büchern sind einige schon stark abgegriffen. Aber dem Alter der Bücher nach, müßten sie noch weit schlimmer aussehen. Es wurde jedoch bis heute wenig gelesen. Das ist, seit Lehrer Dyck mit den Kindern im „Kinderfreund" liest und dabei erzählt, mit einmal anders geworden. Und unter den vielen, die sich am Sonnabend „Geschichtenbücher" geben lassen, ist Hans Töws der jüngste und kleinste. Zuerst sieht Hans sich in einem neuen Buche lange die Bilder an, wenn es welche enthält, und dann liest er. Bei ganzen Seiten und oft auch Kapiteln geht er anfänglich noch leer aus, es geht ihm da vieles über sein Verstehen. Das entmutigt ihn aber nicht, er liest weiter.

In zwei Jahren war Hans dann mit der Bibliothek fertig. Sofort aber begann er wieder von vorne, und manch ein Buch hat er auch ein drittes Mal gelesen. Und mit den Büchern hat sich ihm eine neue Welt aufgetan. Daß diese Welt nur in seiner Vorstellung lebt, macht sie ihm keineswegs zu etwas Unwirklichem. Er sieht sie wie lebendig, die hohen Berge und die tiefen Täler, die dunkeln Wälder und die weiten Meere. Und auch die Menschen dort, sie leben: die Ritter und Räuber, die Prinzen und Hirtenjungen, die Königstöchter und Hexen. Nein, das ist keine Traumwelt nur, das ist lebendige Wirklichkeit, die ihm von Tag zu Tag näher rückt und ihn ganz gefangen nimmt. Und er glaubt es bald nicht mehr anders, als daß auch er dorthin, zu den andern Menschen jener Welt gehört, und daß nur irgendwelche Geringfügigkeit ihn daran hindert, dort zu sein. Es ist ihm, als ob er durch eine einfache Schüttelbewegung, wie man etwa im Schlaf einen bösen Traum abschüttelt und dann aufwacht, seine Versetzung in die andere Welt herbeiführen könne. Aber — macht er auch die Bewegung, er findet sich doch wieder in der Steppe, in Hochfeld, auf der Stalltürschwelle.

Und wie einmal schon, damals, als er Kronsweide erlebte, hadert Hans mit seinem Schicksal: Was ist schon Hochfeld, dieses nüchterne Dorf mit seinen geraden Linier und rechten Winkeln. Diese Bauernhöfe, alle nach demselben Plan angelegt. Diese Häuser, alle mit derselben Stubenanordnung und Einrichtung. Und die Ställe, die Scheunen, alle nach demselben Muster erbaut, die Vorgärten, die Hintergärten, überall dasselbe. An der Gartengrenze die Maulbeerhecke von einem Ende des Dorfes zum andern. Alles, alles dreißigfache Wiederholung derselben Schablone. Und tritt man durch die Hecke ins Freie, so liegen da endlos die Getreidefelder, alle gleich groß, alle mit derselben Getreideart, und hinter ihnen die Steppe, die Viehweide, noch viel eintöniger als alles andere. Die einzige Abwechselung in dieser großen Einöde sind die drei Teiche mit ihrem schmutzigen Wasser, die Viehtränken. Und auf der ganzen Grenzenlosigkeit kein einziger Baum. Nein doch, dort weit, in der Nähe der Achtrutschen stehen vereinsamt zwei wildwachsende verkrüppelte Kruschkenbäume. Lächerlich — zwei Bäume. Wie zum Hohn stehen sie da. Aber auch die werden von Jahr zu Jahr kleiner und geben heute kaum noch so viel Schatten, daß in kleiner Mann, wie er es ist, ist, sich darin ausstrecken kann. Wie arm, ach wie arm und verloren fühlt Hans sich in dieser Steppenwüste, und wie glücklich und reich erscheint ihm dagegen der ärmste Köhlerbub in jenen fernen Zauberwäldern, wo man auf Schritt und Tritt einer verwunschenen Prinzessin, einem stolzen Ritter oder einem verwegenen

Schnapphahn, wenn nicht gar einem feuerspeienden Drachen begegnet.

Aber Hans wandert dann doch immer wieder den weiten Weg hinaus zu den beiden Kruschkenbäumen und legt sich in ihren mageren Schatten. Und dann wartet er. Er schließt die Augen und wartet. Worauf er wartet, weiß er selber nicht. Und es geschieht auch nichts. Nichts stört die bleierne Stille der Steppe, und die paar Blätter der erstarrenden Bäume bringen nicht einmal die

Kraft für ein bescheidenes Rauschen zusammen. Er liegt dort aber, bis dann vielleicht eine rauhe Stimme höhnisch fragt: Na, was liegt dieser sich denn hier herum?— So dumm fragen verwunschene Prinzessinen nicht. — Und Hans schleicht dann still nach Hause und — greift doch wieder zu seinem Buch.

# ABRAM J. FRIESEN

## 3. Geld ist ein Segen

Wir hatten während der ganzen Mahlzeit kein Wort gewechselt. Onkel Theodor schaute die Zeit über verstimmt drein.

„Das war mal", sagte ich, „fast so interessant, wie wenn ich allein speise, nur doppelt so teuer."

„Nun rechnet der Mensch schon wieder an seinem verfluchten Mammon herum."

„Mein lieber Onkel Theodor, sei doch nicht so ungehalten. Geld ist ein Segen. Für Geld kann man sich sattessen, sich kleiden, sich ein Haus kaufen; Liebe, Achtung, Ehre kann man sich damit erwerben. Mit Geld kann man gute Werke tun. Man kann dafür Missionare nach Afrika entsenden, man kann dafür in unserer Stadt Straßenversammlungen abhalten und Evangelisation treiben und unter den armen verirrten Juden Traktate austeilen. Geld ist ein Segen."

„Junge", sagte Onkel Theodor, „am liebsten zöge ich dich jetzt übers Knie und verhaute dir den — na, was lachst du? Vor zwei Dutzend Jahren habe ich es mehr als einmal getan. Weißt du's schon nicht mehr?"

„Nein."

„Fast nicht zu glauben, daß du es schon vergessen haben könntest, so gründlich, wie ich's immer machte. Besonders das eine Mal werde ich nie vergessen. Es war noch in Rußland vor unserer Auswanderung nach Kanada. Du gingst noch nicht zur Schule. Da hattest du irgendwo eine Kopeke gefunden und wolltest sie nun mit den Fingern blank reiben. Dabei spartest du nicht mit Spucke. Es war ein ekliger Anblick. Ich wollte dir den Kuller abnehmen. Schnell drehtest du dich um und stecktest ihn in den Mund, wohl glaubend, daß ich ihn nun nicht finden würde."

„War die Kopeke, als ich sie in den Mund steckte, schon hübsch blank und rein?"

„I wo!" sagte Onkel Theodor. „Das ist mit dem Geld auf der ganzen Welt gleich: egal, wie sehr man daran herumscheuert, da bleibt immer doch noch etwas Dreck an kleben --- Dreck oder Blut."

„Das ist ja ein recht appetitlicher Nachtisch-Gedanke. — Fandest du die Kopeke?"

„Gar leicht. Du kriegtest sie nämlich gleich zu weit in den Rachen und hättest dich daran fast abgewürgt."

„Daraus könnte man eine Moral ziehen, nicht?" fragte ich belustigt.

„Ich packte dich an den Beinen und schüttelte dich kopfüber, bis dir die Kopeke aus dem Mund kollerte. Dann verhaute ich dich. Was du aber für Gewalt machtest! Mir gellt's noch in den Ohren, wenn ich daran denke."

„Du hättest dich schämen sollen, einen kleinen, wehrlosen Jungen so zu quälen. Weißt du, die moderne Kindererziehung sucht alles nur durch Liebe und Güte zu erreichen, ohne brutale Gewalt anzuwenden."

„Ja, und an den modern erzogenen Kindern sieht man dann auch, wieviel sie taugt", sagte Onkel Theodor. „Junge, aus dir hätte eigentlich ein tüchtiger Mensch werden müssen, soviel Haue wie du von mir bekommen hast. Wir wohnten damals noch alle so schön beisammen: deine Pflegeeltern, Onkel Franz und Tante Tin, was meine Schwester ist; und ich habe immer gerne meinen Teil zum Wohl der Allgemeinheit beigetragen. Doch diesmal schriest du so mordsmäßig, daß ich dich losließ, noch ehe ich müde war."

„Sonst nicht?"

Onkel Theodor schaute wehmütig auf seine rundliche Magengegend nieder. „Damals wurde ich nicht so schnell müde wie heute."

„Es ist ein Wunder", sagte ich, „daß ich nicht ein ganz verstockter, verdorbener Mensch geworden bin."

„An dir war schon damals nichts zu verderben", sagte Onkel Theodor überzeugt. „Da standst du nun, nachdem ich dich losließ, und heultest: mit der einen Faust wischtest du dir in den Augen herum, mit der andern scheuertest du dir den Hosenboden und brülltest: ‚Meine Kopeke! wo ist meine Kopeke!' Am liesten hätte ich gleich wieder losgeklopft."

„Aber —"

„Was hätte es geholfen?" fragte Onkel Theodor. „Ich versteh nur nicht, wie ein Kind guter, grundgescheiter Eltern so entarten kann, wie du. Und die andern Proletarier-Mennoniten? Was hälfe es, wenn man sie schüttelte, bis ihnen die verfluchten Dollars, daran sie fast ersticken, aus dem Mund kollerten? Sie wollen, sie können von ihrem Gelde nicht mehr lassen, lieber ersticken sie."

„Entschuldige, Onkel, ich muß jetzt gehen, meine Maschine wartet. Aber die Kopeke —, fand ich sie?"

„Nein. Ich hob sie von der Erde auf und schleuderte sie auf die Straße. Dort liegt sie wahrscheinlich noch immer. Geh, such sie dir. Dort, wo einst das Dorf N . . . lag, dort auf der kahlen Steppe, dort such."

„Keine Zeit", sagte ich. „Aber schade ist es um all das Geld und Gut, das wir in Rußland verloren, dort zurückgelassen haben."

„Hier in Amerika gewinnen wir's ja wieder zurück", antwortete Onkel Theodor. „Aber all das, was wir aus Rußland herübergerettet zu haben glaubten, verspielen wir dafür, alles: Charakter, Sprache, Religion — uns selber setzten wir aufs Spiel. Nun haben wir verloren."

„Du bist ein unverbesserlicher Schwarzseher", sagte ich und eilte, wieder an meine Arbeit zu kommen.

# JOHN GROSSMANN

*Das harte Leben in der Wildnis*

Mit dem Geld, das ich beim Straßenbau verdient hatte, konnte ich kaum die lebensnotwendigsten Dinge bezahlen. Gelegentlich besaß ich keinen Cent und nur spärliche Kleidung, manchmal hatte ich nicht mal einen Flecken, um meine Arbeitshose zu flicken. Dabei wären wollene Arbeitshosen sehr von Nutzen gewesen, denn wenn der Schnee schmilzt, bekommt man sonst nasse Beine.

In diesem Winter fiel das Thermometer auf 58 Grad unter Null. Ich bedeckte mich zwar im Bett mit einer zwölf Pfund schweren Decke, die viermal gefaltet war, aber dennoch bekam ich kalte Füße. Am Morgen war das Wasser im Teekessel und im Wassereimer gefroren. Ich hätte mein Brot mit der Axt abhauen sollen, anstatt die Schärfe eines guten Messers zu ruinieren. Bohnen sollten über Nacht Wasser ansaugen, am Morgen waren sie mit dem Wasser solide zusammengefroren. Ich warf ein Stück gefrorenes Schweinefleisch zu den Bohnen. Als ich ein bißchen Essig auf die Bohnen gießen wollte, da fand ich, daß auch der Essig gefroren war. Wie ich mich rasieren wollte, entdeckte ich, daß auch die Rasiercreme gefroren war. Meine Kommentare zu dieser Lage verschweige ich lieber.

Der Winter in der Wildnis gibt viele Nüsse zu knacken. Zum Beispiel die Wahl richtiger Schuhe. Wenn der Schnee trocken ist, kann man mit Moccasins gehen. Zwei Paar Moccasins und zwei Paar Socken halten die Füße im kältesten Wetter warm. Einmal hackten wir bei 30 Grad Kälte Buschwerk ab. Ich wußte, daß hinter dem Biberdamm auch Busch stand und zog meine Gummischuhe an. Pferde und Elentiere hatten Löcher in die weiche Erde getreten, welche sich mit Wasser gefüllt hatten. Die Löcher konnte man nicht sehen. Es konnte also nicht vermieden werden, daß jeder irgendwann in solch ein Loch trat und nasse Füße bekam. Da gibt es keine Ausrede: 'Ich hab nasse Füße, ich muß nach Hause gehen.' Als ich am Abend zuhause meine Schuhe ausziehen wollte, da konnte ich nur die Füße herausziehen, die Socken waren in die Gummischuhe gefroren. Gegen den Schnee trägt man am besten auch wollene Hosen.

Man nimmt sich gewöhnlich ein Butterbrot mit in den Busch. Am Anfang kochte ich mir Tee, das nahm aber zuviel Zeit weg, so daß ich dies aufgab. Nur einmal aß ich gefrorenes Butterbrot; nachher bekam ich Kopfweh. Dann lernte ich, eine heiße Flasche voll Kaffee zusammen mit dem Butterbrot in ein Handtuch zu wickeln; auf diese Weise blieb die

Nahrung lange genug warm, bis ich essen wollte. Ich entdeckte auch, daß das Feuer über Nacht nicht starb, wenn ich Tee gekocht hatte; offensichtlich konnte der Schnee das Feuer nicht zum Erlöschen bringen.

Schwierige Probleme geben dem Heimstätter die vom Schnee verwehten Straßen zu lösen. In den hungrigen dreißiger Jahren wurde kein Geld flüssig gemacht, um die Straße nach Fort St. John offen zu halten. Es war die einzige Straße, auf der Getreide, Vieh und Post transportiert werden konnte. Deshalb mußte Getreide und Vieh mit Pferden nach Dawson Creek gebracht werden. Es dauerte vier Tage, bis ein Mann mit einer Ladung von unserer Gegend nach Dawson Creek gelangte. Geld war allgemein knapp. Der Elevator [1] zahlte bloß 25 Cents für einen Buschel[2] Weizen, Besitzer von Lastkraftwagen verlangten andererseits 25 Cents für den Transport eines Buschels. Der Farmer hatte somit keine Wahl. Er baute sich einen Wagenkasten für 100 Buschel und brachte selbst sein Getreide mit vier Pferden nach Dawson Creek. Die Transportkosten für einen Buschel Weizen gingen später auf 17 Cents herunter.

Stürme trugen viel dazu bei, das Fahren im Winter schwierig zu machen. Ein Sturm blies immer entweder von Nordwesten oder von Südwesten. Die Straßen sind gerade gebaut und laufen parallel zu den Längen- und Breitengraden, aber die Stürme blasen eine diagonale Wehe über die Straße. Das erschwert das Fahren ungemein, denn der Wagenkasten verschiebt sich wegen der Widerstände. Eine neugebaute Straße rutschte sechs Fuß ab. Im Winter konnte nichts repariert werden, man konnte auch nicht drum herum fahren, die Pferde konnten die steilen Hänge nur erklimmen, wenn sie scharfe Stollen an den Hufeisen hatten.

Manche Fahrer zerschnitten den Stacheldraht der Farmer und fuhren auf offenem Feld. Manch einer gab auf, spannte aus, ließ den Schlitten im Graben stehen und ging mit den Pferden allein nach Haus.

Häufig las man in der Zeitung, daß Menschen erforen. Ein alter Mann brauchte Hilfe und wollte zum Nachbar gehen. Am nächsten Tag wurde er an Bert Wilsons Zaun erfroren gefunden. Zwei Kinder von Eldon Armstrong waren krank. Der Arzt in Fort St. John wurde per Telefon benachrichtigt und sandte die 'Rural Nurse' (Krankenschwester für abgelegene Gebiete). Die Nurse bat die Luftwaffe, die Straße nach Rose Prairie zu säubern. Am nächsten Tag pflügte die Air Force mit schwerer Ausrüstung 21 Meilen nach Norden frei, die Krankenschwester fuhr langsam im Auto

[1] Getreidespeicher.

[2] Engl. bushel = Scheffel (36,35 Liter).

hinterher. Ein Kind war schon gestorben, als die Nurse bei Armstrong ankam. Sie glaubte, das andere Kind habe Diphterie und impfte jeden, der mit ihm in Berührung gekommen war. Das tote Kind wurde nach Fort St. John zur Untersuchung gesandt, zur allgemeinen Erleichterung stellte der Arzt fest: 'Keine Diphterie.' Der Gemeinde wurde die Quarantäne erspart.

Ein anderes Opfer des rauhen Winters wurde ein Händler, der der wandernde Cowboy genannt wurde. Er war gekleidet wie ein Cowboy und kaufte Pferdehaare und Felle. Im Sturm verlor er die Richtung und wurde von einer Panik gepackt. Als man nach ihm suchte, wurde zuerst ein Handschuh, dann die Mütze, dann noch ein Handschuh, und schließlich der Mann selbst entdeckt. Er war erfroren.

Einmal fuhr ich mit dem Schlitten am Morgen zum Kaufladen und zur Post. Auf den sechs Meilen sah ich drei verlassene Autos. Am Abend zuvor war ein Tanz gewesen; dann setzte ein Schneesturm ein, und die Besitzer konnten nicht mehr nach Hause fahren.

Am unangenehmsten sind die Blizzards. Ein Blizzard ist ein ungewöhnlich kalter Sturm von Nordwesten mit feinem Pulverschnee. Wer nur irgend kann, verkriecht sich.

Ich mußte zur Sägemühle fahren, um eine Ladung Bretter zu holen. Es herrschte Chinook-Wetter und war viel zu warm. Ich wurde müde vom Sitzen auf dem Schlitten, auch die Pferde ermüdeten und verlangsamten den Schritt. Der Chinook ist eine warme Luftströmung vom Pazifischen Ozean her. Manchmal ist der atmosphärische Druck so stark, daß der Wind sich über das Gebirge auf die Prärie ergießt. In Deutschland ist der Föhn vergleichbar, ein warmer Wind aus Süden, der über die Alpen bläst. Es mögen zwanzig Meilen bis zur Sägemühle am Charley Lake gewesen sein. Gegen Abend kam ich dort an und stellte die Pferde in einem Schuppen unter. Zum Schlafen wurde mir ein 'Bunkhouse'[3] angewiesen. Als ich am nächsten Morgen erwachte, war der Blizzard bereits am Blasen, aber dort unten bei der Mühle sah es sich an, als ob es nur ein gewöhnliches Schneetreiben wäre. Ich lud meine Bretter auf und fuhr ohne Sorgen los.

Von der Sägemühle bis Rose Prairie hatte ich zwei niedrige Höhenstücke von je acht Meilen Breite zu überqueren. Als ich die erste Höhe erreichte, war der Busch zu Ende, und ich bekam die volle Gewalt des Sturmes zu fühlen. Ich war warm genug gekleidet, aber der Blizzard blies mir den feinen Pulverschnee durch jedes Knopfloch. Bald lief mir das

[3] Schlaftstätte für die Arbeiter.

geschmolzene Schneewasser am Rücken herunter. Zuerst schmolz der Schnee in meinem Gesicht, bald aber fühlte ich, wie der nasse Schnee darauf liegenblieb. Mit den schweren Fausthandschuhen mußte ich nun den Schnee immer wieder vom Gesicht wischen. Als ich das Tal vor der andern Höhe überquerte, da fühlte ich nur das Schneetreiben, nicht den Sturm. Aber an den Haaren meiner Augenlider bildeten sich kleine Eiszapfen. Das schmerzte. Ich versuchte, mit der Faust diese Eiszapfen abzureiben, das ging aber nicht, ich riß mir die Haare mit heraus. Es war ein recht unangenehmes Gefühl, bei jedem Schritt schlugen diese Eiszapfen auf die Augen. Da dachte ich an meine Pferde, die sicher das gleiche Problem hatten. Ich stoppte und hielt ihnen die Faust ans Auge. Sie verstanden und versuchten, die Eiszapfen daran abzureiben, aber es schmerzte die Pferde genau so wie mich vorher.

Auf der nächsten Höhe angekommen, konnte ich den Schnee nicht mehr von meinem Gesicht wischen, er stak fest. Ich erschrak, denn ich wußte was das bedeutete: mein Gesicht war erfroren. Es war zu kalt, um auf der Ladung zu sitzen; den ganzen Tag trottete ich hinterher. Die Ladung war sechs Fuß hoch, wenn ich den Kopf hob, sah ich immer das stolze Nicken der Pferde bei jedem Schritt. Nur ein anderer Heimstätter, Eisecke, holte mit dem Getreidewagen Stroh, sonst war die Straße den ganzen Tag leer. An einer geschützten Stelle im Busch fütterte ich meine Pferde mitten auf der Straße. Ich war mir sicher, bei diesem Wetter würde ich niemandem im Wege stehen.

Der Sturm blies während meines Heimwegs unerbittlich den ganzen Tag. Als ich bei den Wilsons vorbeifuhr, sagten mir die Leute: 'Du hast braune Backen.' Ich hatte mir das Gesicht erfroren.

Eines Tages im Winter bekam ich unerträgliche Bauchschmerzen. Ich glaubte, ich hätte eine Blinddarmentzündung. Ich wußte, kein Mensch konnte mich über die Schneewehen zum 27 Meilen entfernten Doktor bringen. Aber ein entzündeter Blinddarm erlaubt keinen Verzug. So bereitete ich mich aufs Sterben vor. Ich lehnte die Tür von der Innenseite an, dann schrieb ich einen Brief an meine Schwester, Anna, und legte ihn auf den Tisch. Unzählige Male kletterte ich ins Bett und stand wieder auf. Ich hatte Fieber. Im Ofen hielt ich stetiges Feuer, sah nach der Zeit und ging wieder ins Bett. Langsam krochen die Nacht und der nächste Tag weg. Ich wußte, ich durfte nichts essen, hatte auch gar keinen Appetit. Am Morgen nach der zweiten Nacht fand ich, daß ich geschlafen hatte. Ich stand auf und schaute hinaus: es war ein feiner Tag. Da sah ich einen Habicht auf einer Sumpffichte sitzen. Ich überlegte: Soll ich ihn schießen, ich hab bloß noch eine Patrone? Im Krieg hätte ich die letzte Patrone sicherlich für mich selber aufgespart. Eine Blinddarmentzündung verursacht einen qualvollen Tod. Was tun? Ich schoß. Der Habicht nahm den Zweig, auf dem er saß, mit zu Boden. Am Nachmittag ging ich zu meinem Nachbar, Jim Drake. Der gab mir etwas Medizin, ich fühlte mich besser. Ich schlief noch eine Nacht, ohne etwas zu essen. Nach zwei Tagen ohne Essen verbesserte sich mein Zustand zusehends.

Später im Sommer fragte ich bei Gelegenheit einmal den Arzt. Er belehrte mich, daß ich wahrscheinlich verdorbenes Essen gegessen und mir eine Magenvergiftung zugezogen hatte.

Das extreme Klima ist ein ständiger Feind des Heimstätters. Oft hing es von Zufällen ab, ob die Ernte gerettet oder vernichtet wurde. Vom Fenster meines Hauses beobachtete ich eines Tages einen Wolkenbruch. Geistergleiche Regenstreifen liefen über meinen Garten. Als das Gewitter vorbei war, kam mein Nachbar, Paul, und sagte: 'Es hat auch Hagel gegeben.' Wir stellten fest, daß der Hagel uns nur um wenige Meter links liegenlassen hatte. Es war im Sommer 1951.

Dieser Hagel war das erste Zeichen, daß das extreme Klima der Prärie im weiteren Jahresverlauf mit mehr unangenehmen Überraschungen aufwarten würde. Meteorologen sagen: Diese Extreme des Wetters werden von Sonnenflecken verursacht. Der Farmer kennt sie unter dem Namen Wetterzyklus. Wenn die Sonnenflecken stark sind, dann zeigt das Theater des Nordens, das Nordlicht, ungewöhnlich schöne kinomatographische Bilder. Was wir im frühen Sommer erlebten, war bloß ein Vorläufer dessen, was noch kommen sollte.

Als der Weizen in Blüte stand, kam der nächste Sprung ins Extreme in Form von Frost. In jenem Jahr konnte nur an ausgesuchten Stellen gedroschen werden, es gab nicht mehr als Schweinefutter. Der Weizen gab nur Stroh her, keine Körner.

Einige Tage, bevor die Ernte beginnen sollte, kam ein Schneesturm und legte alles Getreide bis auf acht Zoll zu Boden. Der Schneesturm kam von Norden und fegte alles Getreide nach Süden. Der Maschinenbinder konnte nur von Süden nach Norden, gegen den Strich arbeiten, zurück mußte er leer laufen. Wo die Maschine leer zurückfuhr, war der Boden so hart getrampelt wie die offene Prärie.

Der Peace-River-Block in British Columbia ist ein Teil der Prärie und wurde meistens in den Jahren 1929 und 1930 besiedelt. Die Farmen sind verhältnismäßig klein, die Produkte müssen oft hundert Meilen oder mehr transportiert werden. Die Statistik zeigt, daß eine Farm, wenn sie mehr als siebzehn Meilen von der Bahnstation oder dem Getreidespeicher entfernt ist, nicht mehr als profitabel bezeichnet werden kann; es bedarf also eines ungewöhnlich guten Verwalters, um aus einer solchen Farm noch einen Profit herauszuschlagen. Meine Heimstätte war beinahe 90 Meilen von der Station Dawson Creek entfernt. Das war auch schon eine extreme Situation. 1952 kam die Social-Credit-Regierung in B.C. ans Ruder. Premier Bennett baute die Provinzeisenbahn bis Fort St. John. Das war alles, was die Siedler brauchten, im übrigen konnten sie sich selbst helfen.

Unsere Township[4] auf dem 57. Breitengrad hatte im erwähnten Sommer schweren Schaden durch Hagel und Frost gelitten; es war das einzige Mal in meinen 26 Jahren auf der Heimstätte, daß ich die 'Prairie Farm Assistance' um eine Entschädigung bitten mußte. Wer weniger als sechs Buschel per Acker drosch, konnte ein Gesuch einreichen. Ich bekam $200 für Saatgut.

Andere Teile der Prärie hatten unter nassem Wetter zu leiden. Die Farmer konnten dort nicht dreschen, Getreideständer[5] blieben den ganzen Winter hindurch auf dem Felde, aber das meiste Getreide lag in Schwaden. Die 'Searle Grain Company' berichtete, im nächsten Frühjahr seien 1.870.000 Acker Getreide noch nicht gedroschen gewesen; dies bedeutete so viel wie 30 Millionen Buschel Getreidekörner.

Das Peace-River-Gebiet hingegen war ungewöhnlich trocken. Hier wurde in kürzeren Abständen gedroschen; Bezahlung erfolgte nach der Stundenzahl, nicht nach der Anzahl der gedroschenen Buschel. Wenn ich mittags mit Dreschen fertig war, fuhr die Maschine zu meinem Nachbar, Paul Hemmingson.

Wegen der Trockenheit des Bodens brechen öfters Präriefeuer aus. Ich erlebte einige; einmal überraschte uns ein Feuer beim Dreschen. Ein heißer Sturm fing an zu blasen, mit sechzig Meilen in der Stunde. Der ganze Himmel überzog sich mit den Rauchwolken eines mächtigen Buschfeuers. Die Drescher konnten wegen des Sturms nicht mehr arbeiten, außerdem drohte das Feuer über das Feld zu laufen, auf dem die Maschine stand. Anstatt ihre normale Arbeit zu tun, mußten die Drescher das Feuer bekämpfen, damit es nicht die Maschine und das Getreide erreichte.

[4] Die Grafschaften (counties) sind in Townships untergeteilt; diese entsprechen etwa den Landkreisen in Deutschland

[5] Engl. Ausdruck: stooks

Ein anderes Mal wurde ich von meinem Nachbar mit folgenden Worten aus meinem Mittagsschlaf aufgescheucht: 'Wenn du deine Stämme nicht verbrennen lassen willst, dann laß uns das Feuer bekämpfen.' Ich sprang aus dem Bett und zog meine Schuhe an. Jim nahm meine Axt und schlug von einer nahen Fichte einige Äste ab. Wir legten ein Gegenfeuer und bemerkten bald den Erfolg unserer Bemühungen. Glücklicherweise war das Präriefeuer vom Wind zur Seite getrieben worden und nur langsam auf meine Gebäude zugelaufen, sonst wäre Jim nicht in der Lage gewesen, mich rechtzeitig zu warnen. Wir warteten noch eine Stunde auf den Stämmen, dann ging Jim nach Hause. Ich beobachtete das Feuer bis abends um sechs Uhr, dann begab ich mich auch nach Haus. Da kam das Feuer plötzlich nochmals von einer unerwarteten Stelle her angelaufen. Pfähle und Stangen und mein Shack waren in Gefahr. Ich wußte, ich mußte den Kampf jetzt allein bestehen. Ich habe wiederholt beobachtet, daß bei Gefahr der Körper ungeahnte Kräfte entwickelt (durch erhöhte Adrenalinzufuhr in den Blutstrom) und ein Mann Taten vollbringen kann, die man ihm andernfalls nie zugetraut hätte. Ich kämpfte verbissen um meine Besitzung. Das Feuer lief bis auf zwei Meter an meine Zaunpfähle heran, aber sie verbrannten nicht. Als es abflaute, war es abends zehn Uhr geworden.

Einzelne Siedler im Busch ohne jede Hilfe konnten das Feuer öfters nicht erfolgreich bekämpfen und verloren Haus, Speicher, Stall, Vieh und die Getreideständer im Feld.

Kein Mensch war vor einem plötzlich ausbrechenden Buschfeuer gesichert. Beim nächsten Tanz ging jemand mit einem Cowboyhut herum und sammelte Geld für die brandgeschädigten Siedler. Ein Farmer warf einmal einen Hundertdollarschein in den Hut.

Ein Farmer von North Pine, Tommy Wild, rückte eines Tages mit dem Truck und einigen Reitern an, um sein Vieh im Busch zu retten. Mit viel Schwierigkeiten hielten sie das Vieh mehrere Stunden lang im Fluß und konnten es so retten. Den Lastwagen hatte Tommy auf der Straße stehen lassen, er fing Feuer und verbrannte.

Wird man von einem Präriefeuer überrascht, so gilt es, schnell und entschlossen zu handeln. Ein Mischblut befand sich allein im Busch, an einem Platz, den die Bahn des Feuers berühren würde. Der Mann erkannte die Gefahr, setzte ein Gegenfeuer und rettete dadurch sein eigenes Leben sowie das seiner zwölf Packpferde.

Eine alte Indianerin pflückte Preiselbeeren im Sumpf und entdeckte auf einmal, daß sie vom Feuer umzingelt war. Sie riß ein Loch in das Moos des jetzt trockenen Sumpfes, legte sich hinein und deckte sich mit Moos wieder zu. Kleine Sumpffichten neben ihr und große Fichten über ihr explodierten. Sie überlebte und berichtete über ihre unheimliche Erfahrung.

Manche, die mit der Furie Feuer Bekanntschaft gemacht hatten, blieben von ihr gezeichnet. Ich sah einige mit verbrannten, roten Haaren, mit verzogenem Mund und hörte sie klagen, daß sie nicht genügend Luft kriegen könnten.

Schwere Rauchwolken eines großen Buschfeuers, das einige Menschenleben forderte, wurden Tausende von Meilen nach Osten getragen. In Ontario mußten die Autos bei Tag mit Licht fahren. Sogar der Kapitän eines Schiffes auf dem Atlantik wunderte sich, woher der Rauch komme und fragte drahtlos an. Mehrere Wochen lang hörte man Erzählungen von diesem Buschfeuer.

Am ersten November, zu einer Zeit, wenn die Indianer normalerweise der Fallenstellerei nachgingen, hörte ich von ihrem Sommerlager jenseits des Flusses her die große Trommel: tom, tom, tom. Sie wurde begleitet von wildem Geheul der Männer. Dies war ganz ungewöhnlich, ich wunderte mich, ob die jetzt Zeit hätten, Feste zu feiern? Die Trapper-Saison hatte begonnen, sie sollten unterwegs auf Fang aus sein. Sie hatten kürzlich die erste Schule errichtet bekommen. Die Regierung hatte den Indianern in ihrem Sommerlager eine neue Schule gebaut, obwohl sie das Schulwesen verachteten. Vielleicht weihten sie diese neue Schule ein? Ein gutes Geheul schien angebracht zu einer solchen Einweihung. Bald hörte ich jedoch, daß nicht die Einweihung der neuen Schule gefeiert wurde. Es war ein Totentanz. Das leuchtete mir eher ein. Einige der Indianer waren lange vor dem großen Buschfeuer nach Norden auf die Trapplinie gegangen, um Fleisch für den Winter zu besorgen. Eine Zeitlang wurden sie nicht als vermißt betrachtet. Als aber der erste November, der Anfang der 'Trapping Season,' nahte und sie immer noch nicht zurückgekehrt waren, wurde der 'Indian Agent' benachrichtigt. Er kam in Begleitung eines Polizisten. Siebzehn Meilen nördlich fanden sie auf dem Pfad zwei verbrannte Körper, zwei Pferde und einige Hunde. Der Polizist entdeckte in der Asche kleine Nieten zur Befestigung der Taschen an den Arbeitshosen. Er sagte: 'Es müssen Männer gewesen sein.' Der begleitende Indianer war sich sicher:

'Dies waren old Joe und der Boy Yeatney.' Mit viel Schwierigkeiten wurden die beiden Körper aus dem Busch gebracht. Dann transportierte man sie nach Fort St. John zur Leichenbeschau durch einen Arzt, der sie zur Beerdigung freigab.

Dann begann die Suche von neuem. Dreißig Meilen weiter nördlich wurden weitere vier Körper gefunden, auch einige tote Pferde und Hunde. Es wurde festgestellt, daß die toten Körper die ganze Familie von George Miller war. Diesmal war ein Doktor dabei, und die vier Körper brauchten nicht aus dem Busch geschafft zu werden. Sie erhielten eine passende Grabstelle, wie die Nomaden es gewohnt waren, am Pfad der Wildnis. Viele tote Hasen, einige Rebhühner und ein Luchs auf einem Baum wurden längs des Wildnispfades gefunden. Der Hasenzyklus[6] sollte im nächsten Sommer seinen Höhepunkt erreichen, aber diesmal gab es keine Hasen, sie waren alle verbrannt. Das Feuer hatte auch die Jagdgründe der Indianer für viele Jahre zerstört.

Ein Indianer wurde immer noch vermißt, und man hoffte, daß er entkommen sei. Aber nach einem Monat eingezogene Erkundigungen brachten keinerlei Nachricht von dem Vermißten. Sehr wahrscheinlich hat er Urlaub genommen in den glücklichen Jagdgründen, wo es kein Buschfeuer und keine Sorgen gibt.

Der extreme Klimawechsel konnte einen Farmer bisweilen zur Verzweiflung treiben. Folgende Tagebuchaufzeichnungen, die ich mit der Überschrift 'Die Verrücktheit zu farmen' versehen hatte, bedürfen keines weiteren Kommentars.

30. August 1941: Mein Weizen war gebunden und aufgestellt, der Hafer war noch zu grün. Da kam ein Regensturm aus Osten und legte den Hafer fast auf den Boden. Was noch stand, wurde von einem Schneesturm aus Nordwesten bis zu einer Höhe von sechs Zoll auf den Boden gepreßt. Es schneite zwei Nächte und den ganzen Tag dazwischen. Dann regnete es wieder.

30. September 1941: Es regnete einen ganzen Monat, mein Hafer ist immer noch nicht gebunden. Ich hatte kaum einige regenfreie Stunden, um meine Kartoffeln auszugraben. Kein Mensch kann bei diesem Wetter dreschen, geschnittenes und ungeschnittenes Getreide fängt zu wachsen an, als ob es frisch gesät wäre.

30. Oktober 1941: Es hörte zu regnen auf und begann zu schneien. Der Schnee lag ein Fuß hoch auf dem Getreide, dann kam ein Chinook und blies

[6] Eine Zeitperiode von mehreren Jahren, in der sich die Hasen sehr stark vermehren

ihn weg. Ich konnte neun Acker Hafer binden, sechs blieben stehen. Um diese Zeit sollte ich gedroschen haben, um vierzehn Schweine füttern zu können. Ich habe aber bloß grüne Haferbündel.

30. November 1941: Wir droschen ausnahmsweise sehr spät. Ich sollte 1000 Buschel Hafer gedroschen haben, anstatt der 133 erledigten, und ich sollte 300 Buschel Weizen gedroschen haben, anstatt 147. Mäuse, Chipmunks, Hasen und das Wetter zerstörten den Rest. Ich mußte zwei Würfe Ferkel um den halben Preis verkaufen. Ich konnte bloß eine Sau ernähren anstatt wie bisher zwei. Ich mußte die Pferde in den ungebündelten Hafer schicken.

Die Experimentalfarm Beaverlodge, Alberta, zeichnete in diesem Jahr Rekordniederschläge auf.

# JOHANNES K. HOGREBE

## Der überlistete Hauptbär

Auch über dem Ghostriver war schweres Wetter niedergegangen. Das Hochwasser hatte einen Teil des lebenswichtigen Bootssteges weggerissen. Werner und Arnold hatten dem Trapper geholfen, diesen wieder herzustellen. Erst als das Wetter umschlug und sich die Wassermassen langsam verliefen, gingen sie mit Dennis in den Busch, um festzustellen, ob Eugènes alter Feind, der Schwarzbär, noch oder wieder in der Gegend wäre.

In Anbetracht der Überschwemmungen meinte Dennis, daß der Bär wahrscheinlich höher liegendes Gelände aufgesucht hätte, und er wußte, wo sie nach ihm Ausschau halten sollten. Dort fanden sie am zweiten Tage nach ihrer Ankunft eine frische Fährte, die Dennis lange untersuchte, bis er erklärte, daß sie nicht von dem Hauptbären stamme. Am dritten Tage sagte Eugène zu Dennis: „Warum sucht ihr nicht auch die Höhe ab, wo die ‚Zwillinge' stehen. Ich glaube nicht, daß es dort zu naß geworden ist. Im vergangenen Jahr habe ich den Bären dort mehrmals gesehen!"

Während des Nachmittags gingen Dennis und die Freunde Eugènes Hinweis nach. Auf einem aus Westen kommenden Nebenfluß des Ghostriver fuhren sie stromauf. Nach etwa zwei Meilen erreichten sie ein hochgelegenes, stark felsiges Waldgebiet. In der Mündung eines Baches, der den Abfluß eines kleinen auf der Höhe liegenden Sees bildete, verankerten sie das Boot. Schon hier stießen sie im Schwemmsand auf frische Trittsiegel eines Bären, denn es stand noch kein Wasser in den Sohlenabdrücken.

„Seht hier", rief Dennis aufgeregt, „das ist die Fährte des Alten! Durch den schief verheilten Schußbruch steht die linke Vorderpranke nach außen."

Die drei folgten dem Bach aufwärts und fanden weitere Zeichen, daß der Bär hier entlanggewechselt war. Am Waldsee angekommen, suchten sie das Ufer ab. Mehrere Steine waren hier vom Bären auf Insektensuche umgewälzt worden. Auch trug der Wind den drei Fährtensuchern einmal die süßlich riechende Wittrung des Bären zu. Dennis war befriedigt und brach die Ruhe ab. Am Abend unserer Ankunft am Ghostriver besprachen Eugène, Dennis und wir Freunde, wie wir den als klug und verschlagen bekanntgewordenen Petz überlisten könnten. Eugène riet: „Ihr müßt noch verschlagener sein, wenn ihr den Alten hineinlegen wollt! Merkt er, daß ihr ihm nachstellt, dann wird er schnell einen Tagesmarsch zwischen sich und euch gebracht haben. Der Alte ist sehr klug! Das hat er mir nur zu oft bewiesen. Bis heute war ich derjenige, den er an der Nase herumgeführt hat. Aber ich habe eine Idee, und ich denke, sie ist gut!"

Da Eugènes Zunge sich wesentlich besser löste, wenn er den Duft des Feuerwassers roch, sorgte Bucky als unser Kellermeister für volle Gläser. Nachdem der Alte einen tüchtigen Schluck genommen hatte, fuhr er fort: „Ihr habt nur dann eine Chance, wenn ihr den Alten täuschen könnt. Wenn ihr leise und heimlich durch den Busch schleicht, habt ihr das Spiel schon verloren! Er wird euch beobachten und sich sogleich davonmachen. Fischt also täglich auf dem Fluß dicht an der Bachmündung, wo sowieso gute Zander stehen. Wird es euch dort leid, dann marschiert hinauf zu dem Waldsee und werft dort die Spinner vom Ufer aus. Forellen schmekken auch gut. Unterhaltet euch aber laut dabei! Ihr dürft nicht leise sein, das würde ihn warnen und nervös machen! Laßt in der Nähe, wo ihr die Stinkfische, die Dennis bereits beschafft hat, aufhängen sollt, stets einige gerade gefangene Fische liegen. Nimmt er diese an, dann habt ihr schon halb gewonnen. Nur stellt sehr sorgfältig fest, ob er es tatsächlich war, der die Fische annahm, oder ob sie vom Nerz oder Fischotter gefressen wurden. Sie sind zahlreich dort vertreten. Auch legt die Fische nicht so ab, daß sie leicht von den Möwen gefunden werden. Am besten ist, daß ihr auch die frischen Fische halbhoch in die Büsche hängt!"

Eugène nahm wieder einen Schluck; wir taten das gleiche, und dann rollte er den Faden erneut auf: „Hat der Alte die frischen Fische angenommen, dann mag es sein, daß er auch das Luder annimmt. Er ist jetzt sehr hungrig, besonders weil die Natur durch die starken Regenfälle sehr gestört wurde. Sicher bin ich mir aber nicht, daß er solche Dummheit machen wird. Auf meine Tricks ist er jedenfalls nie hereingefallen. Er war immer schlauer als ich! Vielleicht ist er euch gegenüber aber weniger mißtrauisch. Mich kennt der Bursche genauso gut wie ich ihn!"

Eugène wendete sich nun an Dennis: „Beschreibe mir genau, wo du überall Fährten von ihm gesehen hast."

Seiner Sache sicher, machte Dennis eine Skizze vom kleinen Waldsee und von dem zum Fluß führenden Bach. Er reichte sie dem Vater. Dieser nickte befriedigt: „Recht gut und ziemlich genau, mein Junge!“ lobte der Trapper, studierte schweigend die Skizze und versah sie mit mehreren Punkten und Kreuzen. Dann fuhr er fort: „Ich will euch sagen, wie ihr den Alten überlisten könnt! Nur etwa hundert Schritte ostwärts vom Ausfluß des Baches am See werdet ihr zwei große runde Felsen finden. Ich taufte sie die „Zwillinge“, da sie sich wie zwei Eier gleichen. Zwischen beiden – sie liegen genau 28 Fuß auseinander – steht eine alte hohe Kiefer, die einen abgebrochenen dicken Aststumpf gerade in der richtigen Höhe hat, um die Stinkfische aufzuhängen!“

Hier unterbrach ich den Trapper: „Woher weißt du, daß die zwei Felsen genau 28 Fuß voneinander entfernt stehen?“

Lächelnd sah mich Eugène an. „Ich habe viele, viele Jahre zwischen den Felsen eine Nerzfalle aufgestellt, und nirgends in diesem großen Raum hatte ich bessere Erfolge als an diesem Platz. Auch viele Marder, Otter, Luchse und sogar einige Timberwölfe gingen mir dort in das Eisen. Die ‚Zwillinge‘ haben es immer gut mit mir gemeint, darum kenne und liebe ich die Steine!“

Nachdenklich paffte er an seiner Pfeife. Kaum hörbar fügte er hinzu: „Vielleicht bringen sie auch euch Glück!“

Er schwieg eine Weile, dann gab er uns weitere Ratschläge: „Zwischen den ‚Zwillingen‘ wachsen nur Blaubeeren, ebenso um sie herum. Der erwähnten hohen Kiefer gegenüber steht eine andere, rund 60 Schritte entfernt in Richtung des Baches. Sie hat zwei starke Äste, die übereinanderliegen. Sägt, was die Sicht stört, ab, und ihr habt einen idealen Hochstand und ein völlig freies Schußfeld! Auch den Platz, wo die Luderfische hängen, könnt ihr von hier aus einsehen. Von diesem Hochstand aus sind es 75 Fuß bis zum Seeufer. Dort werdet ihr einen Felsen finden, den ich die ‚Zunge‘ nenne, da es aussieht, als schöpfte eine Zunge Wasser. Hier laßt die frischen Fische liegen oder hängt sie dort an die Büsche. Alles Wild geht dort zum Wasserschöpfen.

Stellt ihr fest, daß der Bär die hinterlassenen Fische angenommen hat, so hängt dann erst die Stinkfische aus, und einer von euch nimmt seinen Ansitz auf der Kiefer ein. Zieht am besten das Los, wer es sein soll, dann bleibt ihr Freunde! Alle anderen verlassen laut lärmend den See, und wieder einer von euch richtet sich eine Blende genau gegenüber der Bachmündung auf der anderen Seite des Flusses ein. Wird der Bär krankgeschossen und hat er noch Kraft genug, sich zu trollen, oder warnt ihn eure Wittrung, dann kommt er ganz bestimmt flüchtig am Bach entlang. Es ist für ihn der leichteste und schnellste Fluchtweg. Derjenige, der vor der Bachmündung wartet, muß allerdings zu einem schnellen Schuß bereit sein! Ihr anderen aber macht ordentlich Spektakel, wenn ihr mit dem Boot den Fluß stromab fahrt. Vergeßt das nicht, macht Lärm!"

Der alte Trapper erinnerte mich an die Lagebesprechungen während des Weltkrieges. Ich amüsierte mich köstlich, daß er unseren Erfolg von der Stärke des Lärms abhängig machte. Jedoch, sein Trick leuchtete mir ein. Er kannte seinen alten Feind besser als wir. Ich bat Dennis, aus vier Streichhölzern die Lose herzustellen, um die Ansitzfrage sofort zu klären. Der Glückliche war Bucky, und Werner zog den Ansitz am Fluß. Arnold sagte grinsend: „Na, wenigstens bin es nicht ich, der stundenlang Studien über Moskitos, Schwarzfliegen und sonstige Stechmücken betreiben muß!"

Ich hatte Verständnis für seine Bemerkung, denn die Plage konnte unerträglich werden, wenn auf die vorausgegangenen Regentage schwüles Wetter folgte. Es sah mir ganz danach aus. Ein Ansitz im Frühjahr kann dann zu einer Folter und nur von passionierten Jägern ausgehalten werden. Zwar kann man sich gegen Bisse und Stiche durch Einreibeöle schützen, jedoch allein schon das Schwirren von Mückenwolken um das Gesicht herum zerrt an den Nerven. Einen Schleier kann man kaum verwenden, denn die Insekten kriechen doch überall hinein, wo man es nicht für möglich hält, und das Kitzeln und Jucken treibt einem den Angstschweiß aus allen Poren. Es wurde eine lange Nacht, bis wir schlafen gingen.

Erst am späten Nachmittag machten wir uns auf den Weg. Der Trapper hatte Bucky und mir sein Boot zur Verfügung gestellt. Während der Anfahrt unterhieletn wir uns „nach Vorschrift" laut und ungezwungen. Bei der Einmündung des Baches machten sich Dennis und Werner daran, am gegenüberliegenden Ufer eine gute Blende zu bauen, die sich der Umgebung unauffällig anpaßte. Inzwischen warfen wir die Blinker und fanden schnell bestätigt, daß hier viele Zander standen. Wir zogen so viele heraus, daß wir die Mehrzahl wieder zurücksetzen mußten. Einige nahmen wir mit zum kleinen See, um sie dort in die Büsche zu hängen, wie Eugène es uns geraten hatte. Auch den Hochstand bauten wir in der alten Kiefer, die uns der Trapper beschrieben hatte.

Ich hatte auch eine leichte Fliegenrute mitgenommen und warf am

Waldsee Naßfliegen verschiedener Arten, Farben und Größen. Meine Freunde fischten mit kleinen Spinnern und hatten bereits ihr erlaubtes Tagessoll an Saiblingen erreicht, bis ich den ersten Biß spürte, den Fisch jedoch verlor. Erst als ich Nymphen verwendete, kam auch ich zum Erfolg. Alle Saiblinge hatten fast die gleiche Größe und wogen etwa ein halbes Pfund, gerade recht für „Saiblinge blau". Währenddessen sorgten Arnolds angeborener Witz und Humor dafür, daß uns der alte Bär hören mußte, wenn er sich in der weiteren Umgebung befand.

Obwohl wir uns also laut unterhielten, bummelte ein Nerz furchtlos in unserer Nähe herum. Sein Balg leuchtete in einem wundervoll satten Schokoladenbraun. Er war sehr stark und mochte fast zwei Kilogramm wiegen und einschließlich der Rute etwa 70 Zentimeter lang sein. Ab und zu richtete sich das graziöse Tier auf und sicherte. So konnte ich die lichten Flecken unter dem Kinn und auf der Brust gut erkennen. Sein kleiner Kopf mit den runden Gehören war ständig in Bewegung. Nichts schien dem gierigen kleinen Räuber zu entgehen. Als ob er uns eine Schau geben wollte, rann er eilig über den See. Wenig später kam er auf demselben Weg zurück und trug irgendeine Jagdbeute in seinem Fang.

Die Lebensweise der Nerze hatte mich immer besonders interessiert, und ich beobachtete sie, wo dazu Gelegenheit war, immer waren die Tiere recht scheu. So dunkelfarbig wie diesen Nerz hatte ich Nerze nur in den nördlichen Koniferen-Wäldern gesehen. Mehr südlich, in den Mischwäldern, ist das Braun des Balges heller. Die lichten Modefarben gezüchteter Nerze erscheinen mir mit den kräftigen satten Farben in der Natur keinen Vergleich auszuhalten, auch nicht in Haarfülle und Glanz.

In Kanada ist der Nerz überall vertreten. Ich sah ihn auch mitten in menschlichen Siedlungen, durch die ein Bach oder Fluß führt, oder auch am Teich einer Farm. Nur in wasserarmer Gegend wird man ihn vermissen. Seine Nahrung ist vielseitig, unermüdlich ist er auf der Jagd. Er lebt von Bisamratten, Vögeln, Kaninchen und Hasen, von Mäusen, Fröschen, Salamandern und Schlangen, von Fischen, Muscheln und Krebsen. Ja, er schlägt eine Libelle aus der Luft. Keine Kreatur, die er bewältigen kann, ist sicher vor ihm! Einer meiner Jagdfreunde erlebte, wie ein Nerz seinen apportierenden Spaniel angriff. Wehe, gelingt es ihm, in eine Geflügelfarm einzudringen, es würde ein Massenmord erfolgen!

Unter einer geschützten Uferbank, in Röhren der Bisamratten, in einem hohlen Baum, kurz überall dort, wo geeignete Verhältnisse gegeben sind, richtet sich die Fähe ein, um vier bis acht Junge zu werfen. Fünf Wochen nach dem Wurf werden die Jungen sehend, und schon nach vier bis fünf Monaten beginnen sie ihr selbständiges Leben. Ihre Ranzzeit fällt in die Monate Januar bis März.

Die frisch gefangenen Zander hingen wir in die Büsche, seitlich der „Zunge", wie Eugène es uns geraten hatte. Dann verließen wir voll Hoffnung den lieblichen Waldsee.

Auch am nächsten Vormittag beeilten wir uns nicht. Gemütlich nahmen wir unser Frühstück ein. Bucky erschien unser jagdliches Verhalten sonderbar. Er machte seine ironischen und sarkastischen Bemerkungen darüber. Als ich widersprach, sah er mich erstaunt an. „Warte ab!" sagte ich. „Mir gefällt Eugènes Idee. Dieser erfahrene Buschläufer hat größere Erfahrungen, als wir jemals sammeln konnten!"

Vor der Hüttentür wehte uns ein warmer Südwind entgegen und meldete den ersten heißen Frühlingstag an. Wieder fischten wir erst an der Bachmündung und gingen am frühen Nachmittag hinauf zum kleinen See. Dort gab es für uns eine Riesenüberraschung: Nicht ein Zander hing mehr an den Büschen! Sorgfältig suchten wir den Erdboden ab, um zu erkennen, wer sie geholt hatte. Bald bestätigte der junge Indianer, daß es der alte Bär gewesen war. Erst als er uns Einzelheiten erklärte, erfaßten auch unsere Augen die untrüglichen Zeichen, die zwischen den abgestorbenen Tannen- und Kiefernnadeln und verwelkten Blaubeerblättchen nur schwer erkennbar waren.

Arnold und Dennis verließen uns sogleich, um die Luderfische zu holen und den gewaltig stinkenden Ludersack am Aststumpf der hohen Kiefer zwischen den „Zwillingen" so aufzuhängen, daß der Bär ihn leicht erreichen konnte.

Wir fischten noch eine Stunde mit dem Spinner, dann kletterte Bucky auf seinen Hochsitz, und wir verließen geräuschvoll den lieblichen Waldsee. Eugène hätte an unserem Lärm seine wahre Freude gehabt! Flink kroch nun auch Werner in seine Blende hinein. Kaum konnte man sie erkennen, so gut war sie der Umgebung angepaßt. Arnold rief noch schnell seinem Freunde gehässig zu: „Waidmannsheil – – für die Schwarzfliegen!" Dann fuhren wir mit voller Motorkraft zurück.

Mit Eugène und seiner Familie saßen Arnold und ich erwartungsvoll vor der Wohnhütte des Trappers und genossen die Abendstunden und die Kühle nach dem heißen Tag. Unweit ästen ein Elchtier und Kalb an den jungen Schilftrieben dicht am Ufer des Flusses. Ein Graureiher stolzierte bedächtig über den Sumpf, um sich aus dem lautstarken Orchester der Frösche einen Unglücklichen herauszugreifen. Der letzte Schein des schwindenden Tages verblaßte langsam.

Da hörten wir in schneller Folge drei Schüsse fallen! Nur Madame war sitzen geblieben. Eugène war ebenso schnell auf seinen alten Beinen wie wir. Da außer uns andere Jäger nicht am Ghostriver waren, mußte einer der Freunde geschossen haben!

„Laßt uns erst eine halbe Stunde warten!" riet Eugène. „Nur nicht zu hastig sein jetzt, das könnte alles verderben!" Er ging in das Werkhaus und kam mit Säge, Axt und einer Menge kräftiger Stricke zurück. „Geht und holt euch eure Taschenlampen, wir werden sie brauchen!", warnte er. Dann bestiegen wir sein großes Aluminiumboot. Madame protestierte energisch, weil Eugène mitfahren wollte, doch er winkte nur kurz und wortlos ab.

Es war dunkel geworden, als wir den schmalen Fluß langsam stromauf fuhren. Werner trafen wir wartend am Ufer. Er sagte: „Ich sah nichts! Es scheint, daß Bucky Waidmannsheil hatte!" Arnold konnte sich nicht versagen, sogleich zu fragen: „Wie haben sich denn die lieben Schwarzfliegen benommen?" „Sehr rücksichtsvoll!", behauptete Werner, doch als der Lichtkegel unseres Scheinwerfers auf sein Gesicht fiel, sahen wir, daß er überall blutete, vor allem unter den Augen. Nun gestand er: „Es war eine Hölle! Ich hatte das Fläschchen mit dem Einreibeöl verloren, es muß mir unterwegs aus der Hosentasche gerutscht sein. Diese Stunden werde ich sobald nicht mehr vergessen!" Wir gaben ihm unsere Schutzmittel, doch er ging zuvor in den Fluß hinein, um sich zu waschen und abzukühlen. Nachdem er sich mit dem Öl eingerieben hatte, meinte er treuherzig: „Nun finde ich wieder Freude am Dasein, ich hatte schon Selbstmordgedanken!"

Eugène voran, wanderten wir langsam am Bachbett den Hang hinauf. Schon bald mußte Bucky die Lichtkegel unserer Lampen gesehen haben, denn er rief: „Kommt, der Alte hat seinen Fehler gemacht!"

Wir fanden den Freund neben dem Bären, der zwischen den „Zwillingen" lag, als schliefe er. Sein Kopf ruhte auf einer der Vorderpranken. Der alte Trapper kniete nieder und betrachtete die linke Tatze. Wortlos nickte er, und ebenso schweigsam schüttelte er Buckys Hand. Kein Laut kam aus seinem Mund.

Auch wir gratulierten dem überglücklichen Freund. Dieser legte beide Hände auf Eugènes Schultern und sagte zu ihm: „Ich hatte gute Lehrmeister, die mich die Kunst des Jagens lehrten. Der beste unter ihnen aber bist du! Deine Klugheit hat mich gelehrt, daß ich noch viel zu lernen habe!" Der Trapper nickte wortlos, während sich sein Blick noch immer nicht von seinem alten Feinde gelöst hatte.

Dann baute Dennis aus schnell gefällten und entästeten dünnen Tannenstangen und Stricken eine Trage, auf die wir den Bären hinaufrollten. Die Last schleppten wir, je zwei Mann beiderseits des vorderen Querholzes, durch den Busch zum Bachbett. Dennis mußte uns derweilen den Weg mit der Axt freiholzen. Am Bachbett wurde es leichter, die schwere Bürde hügelabwärts zu ziehen, und wir erreichten ohne wesentliche Schwierigkeiten Eugènes Boot und rollten den Schwarzen hinein. Schweigend fuhr Eugène seinen gefällten Feind zur „village", wo wir ihn auf den Bootssteg hinaufzogen und Dennis ihn lüftete.

Es war 11 Uhr abends geworden, als wir uns zusammensetzten, um den alten Bären abzufeiern. In dieser Nacht löste selbst das Feuerwasser nicht Eugènes Zunge. Nur unwillig und mit seinen Gedanken abwesend, antwortete er auf unsere Fragen. Schweigsam hörte er Buckys Schilderung zu:

„Es begann zu dämmern, als ich den Bären hinter den ‚Zwillingen' wahrnahm. Ich hatte kein Geräusch gehört, er stand plötzlich wie aus dem Boden gewachsen da. Minutenlang verharrte er völlig bewegungslos. Ich konnte ihn nur teilweise sehen, da er hinter dem rechten ‚Zwilling' stand. Dann verschwand er so leise, wie er gekommen war, im Busch. Mein Herz schlug wild, und mich überfiel das Schütteln, das jedem Jäger bekannt ist. Bitter enttäuscht, grübelte ich darüber nach, was ihn vergrämt haben mochte, als ich direkt unter mir eine Bewegung mehr fühlte als sah. Der Bär stand unter mir! Niemals zuvor hatte ich solches Jagdfieber. Ich flog an allen Gliedern, es fiel mir schwer, zu atmen, und ich öffnete weit den Mund. ‚Nur nicht bewegen jetzt', schoß durch meinen Sinn. Die Schwarzfliegen und Moskitos peinigten mich grausam. Schweiß brach mir aus allen Poren.

Eine Ewigkeit war – wie mir schien – vergangen, als der Bär sich langsam auf die ‚Zwillinge' zu bewegte. Mein Daumen lag auf dem Sicherungsknopf. Der Bär verhoffte und verhielt völlig bewegungslos. Ich fürchtete, daß er sogleich flüchtig werden würde. Ich bin sicher, daß er es vernahm, als ich entsicherte und anbackte, denn sein Haupt fuhr in die Höhe. Er war alarmiert! Mit äußerster Energie kämpfte ich nun gegen meine Erregung an und trug ihm die erste Kugel auf das Genick an. Der Schlag ließ ihn vorne niederbrechen, und eine Drehung gab mir seine linke Schulter frei, auf die ich die beiden folgenden Kugeln setzte. Dann rührte sich der Bär nicht mehr!

Es schüttelte mich nun wieder so, daß ich fast vom Baum gefallen wäre. Ich brauchte wohl 20 Minuten, um ruhiger zu werden, dann ließ ich mich am Stamm heruntergleiten. Was ich empfand, als ich an den gestreckten Hauptbären herantrat, kann ich euch beim besten Willen nicht mit Worten schildern!"

Als Bucky schwieg, stand Eugène auf, wünschte uns kurz eine gute Nacht und verließ die Hütte. Dennis folgte ihm.

Der Sonnenball kam gerade über dem Urwald hoch, als ich am nächsten Morgen aus der Hüttentür trat. Eugène saß auf dem Bootssteg, neben dem toten Bären. Langsam näherte ich mich, aber er nahm mich nicht wahr. Seine Hand strich ununterbrochen über das Haupt des Gestreckten.

Leise zog ich mich zurück. Hatte ich bisher geglaubt, daß der überraschend schnelle Jagderfolg über seinen langjährigen Widersacher den alten Trapper wortkarg gemacht hatte, so erkannte ich nun den wahren Grund. Haß und Liebe lagen hier nahe beieinander. Eugène trauerte um einen geliebten Feind, dem er sich wohl auch wesensverwandt gefühlt hatte.

Die Freunde erledigten später die rote Arbeit. Der seidige schwarze Pelz des Bären schmückt heute Eugènes Wohnraum, denn Bucky schenkte ihm die Trophäe.

Dieser Hauptbär hatte vom Fang bis zum Weidloch eine Länge von 208 Zentimeter, und sein Schädel maß in der Länge 31,5 Zentimeter und in der Breite 18,5 Zentimeter. Seine Fangzähne waren rund und stark abgenutzt, die unteren Schneidezähne fehlten.

Ted flog mit uns noch eine Runde über der „village", und uns begleitete eine frische Erinnerung, die niemals mehr verblassen wird. Zurück blieb ein alter Mann, der mit seinem großen Feind auch einen guten Freund verloren hatte!

# PETER KLASSEN

## Opfermut

1921. Hungersnot. In N. war die Not aufs höchste gestiegen. Johann Fröse und seine Frau Greta versuchten ihre letzten kümmerlichen Lebensmittel in zwölf gleiche Teile zu zerlegen. . . .

Die amerikanische „Hungerhilfe" war in M.-stadt eingetroffen und sollte von da abgeholt werden. In zwölf Tagen konnte sie in N. eintreffen.

Fröse war einer von den sechs, die die Lebensmittel von M.-stadt abholen sollten. Für zwölf Tage sollten und mußten diese vor ihnen liegenden Lebensmittel für Frau Greta und ihre sechs Kinder ausreichen.

„Wie soll ich damit zwölf Tage auskommen!?" sagte Frau Greta verzagt. „Auch die Kuh versagt die Milch, weil sie nur altes Stroh bekommt!"

„Still, Greta! Gott hilft, wenn seine Stunde gekommen."

Da stürmte der zehnjährige Hans in die Stube.

„So schnell zurück, Hans?" fragte sein Vater.

„Ja, bei Dicken ging es gar nicht gut. Die weinen alle!"

„Weinen!? Alle? Warum?"

„Peter sagt, sie hätten schon drei Tage nichts gegessen und die Anna würde noch heute sterben."

„Ich gehe gleich einmal nachsehen, Greta, teile du dieses so gut es geht auf zwölf Tage ein."

Fröse ging. Als er zurückkam, stand seine Greta noch immer vor den unverteilten Lebensmitteln, — so wenig auf so viele für so lange zu verteilen verstand sie nicht!

„Greta, bei Dicken muß geholfen werden und das gleich! Die haben drei Tage nichts gegessen, nur Prips getrunken, und die Anna . . ."

„Johann! — Du willst doch nicht von unserem Wenigen noch Dicken was geben!?" Frau Greta schrie es, wie von Entsetzen gepackt, heraus.

„Ja, Greta, das will ich. Ich will genau die Hälfte von allem, was wir hier haben, Dicken bringen. Sie sind ihrer zwölf, du mit den Kindern seid eurer sechs. Wenn Dicken durchhalten bis wir zurückkommen, haltet ihr sicher durch."

Still weinte Frau Greta vor sich hin, sagte aber nichts.

„Soll ich nicht, Greta?"

Sie sah ihn mit einem langen Blick an und sagte leise: „Trag's hin!" Dann ging sie weinend in die kleine Stube.

Fröse trug die Hälfte ihrer Vorräte zu Dicken. Was da vorging, die Freude zu beschreiben, ist unmöglich!

In der Nacht weckte Frau Gretes Schluchzen Fröse aus dem Schlafe. Sie konnte die Furcht vor dem drohenden Hungergespenst nicht unterdrücken.

„Greta, wirf dein Vertrauen nicht weg! Glaube mir, Er hilft!"

Da beruhigte sie sich und schlief ein.

Am folgenden Morgen fuhren

sechs Fuhrwerke nach M-stadt, die amerikanischen Lebensmittel abzuholen. In spätestens zwölf Tagen würden sie zurück sein. Tränenden Auges sah Frau Greta ihrem Manne nach, als er vom Hofe fuhr. Durch den Tränenschleier glaubte sie das Hungergespenst in Wirklichkeit neben ihrem Manne zu sehen . . .

Der alte Juchim aus Ch. hielt Fröse auf der Straße an: „Wohin?"

„Nach M-stadt; die amerikanischen Produkte abholen."

„Wie stehts bei dir? Reicht's noch immer?"

„Schlecht! Ehe ich zurückkomme, hungern sie zu Hause."

„Dachte ich mir so! Weißt du noch, wie du meinen Aljoscha . . ."

„Höre auf, Juchim! Alte Geschichten!"

„Gut, gut! Du willst mich nie darüber sprechen und dir danken lassen. Aber dieses Säckchen mit Hirsegraupen und dieses Stückchen Fleisch" — (Juchim zeigte auf ein Säckchen das etwa zwanzig Pfund Graupen enthielt und auf einen Hinterschinken von einem Kalbe, der zwölf bis fünfzehn Pfund wägen mochte.) — „nimmst du doch von mir als Zeichen einer Dankbarkeit an, Johann, wenn ich auch nur der verachtete Abdecker und stänkrige Ledergerber bin?"

„Ja, Juchim, die nehme ich an! Du kommst von Gott gesandt und Gott vergelte es dir! Gib es bitte meiner Frau, sie steht dort in der Tür.

„Greta, Er hilft!" rief Fröse seiner Frau zu und klappte seinen halbverhungerten Pferdchen mit der Leine auf die spitzen Rücken, um seine vorangefahrenen Reisegefährten einzuholen.

„Der alte Juchim ein Bote Gottes! — Wer hätte das gedacht," sagte Fröse leise vor sich hin, als seine Pferde anzogen.

# JÜRGEN E. KROEGER

8. 2. 1952

Ich besuchte Theodor heute nach Arbeitsschluß. Es geht ihm den Umständen entsprechend schon wesentlich besser. Der Arzt habe gemeint, daß er in etwa zehn Tagen wieder arbeitsfähig sein würde. Er ist aber ziemlich aufgeregt:

„Stell Dir vor", berichtet er, dicke Wolken aus seiner Pfeife paffend, „erscheint da neulich ein Bekannter. Wir sprechen von diesem und jenem, das Gespräch kommt schließlich auf meine Söhne. Er macht mir Vorwürfe, daß ich sie zur Mittelschule schicke. Junge Leute sollten in Kanada praktische Berufe erlernen und nicht die Zeit mit langjährigem Schulbesuch vertrödeln. In Kanada sei Geldverdienen die Hauptsache und der Gedanke an ein Hochschulstudium für einen Newcomer eine Verrücktheit.

Nun, ich habe ihm deutlich meine Meinung gesagt. Ich finde, es ist einfach unsere Pflicht, unseren Söhnen eine gute Bildungsgrundlage zu geben, besonders, wenn sie nicht unbegabt sind und selber den Drang nach Höherem haben. Soll ich meinen Söhnen, weil es vielleicht auf kurze Sicht gesehen praktischer erscheint, die Liebe zum Dollar so einimpfen, daß sie später jene traurigen Typen werden, die man leider in manchen Einwandererfamilien trifft: die kaugummikauend und die Hände bis an die Ellbogen in die Taschen vergraben, durch die Straßen der Großstädte schlendern, kaum noch ihre Muttersprache können und jedem echten Kanadier ein Greuel sind. Es ist doch einfach idiotisch zu behaupten, daß nur Geldverdienen in Kanada die Hauptsache sei. Gerade der Einwanderer bringt häufig viel gute Veranlagung zum Hochschulstudium mit, und es wäre ein Jammer und für das Land ein Verlust, wenn dieser Veranlagung nicht Tür und Tor geöffnet würde.

Der Direktor der Mittelschule in Eganville hat

sich neulich meiner Frau gegenüber auch in diesem Sinne geäußert. Er meinte, in Kanada hätte jeder junge intelligente Mann ungeheure Chancen. Begabten Jungen würde das Hochschulstudium durch Stipendien sehr erleichtert. Auch könnten sie während der langen Ferien ihr Studiengeld selbst verdienen. Die Arbeitsämter seien angewiesen, Studenten bevorzugt unterzubringen. Ich jedenfalls werde alles tun, um meinen Söhnen eine gute Zukunft vorzubereiten, und hierzu gehört eine abgeschlossene Schulbildung."

Ich stimme ihm voll und ganz zu. „Aber", setze ich das Gespräch fort, „wir älteren Semester sollten uns selber nicht ganz vergessen. Hast Du mal darüber nachgedacht, daß wir es in der Fremde besonders schwer haben? Es ist ja ein Trost zu wissen, daß es den Kindern vermutlich gut gehen wird und sie vieles erreichen werden, woran uns der unselige Krieg gehindert hat. Aber ich halte uns für nicht so alt, daß wir resignieren sollten! In der alten Heimat stieg die Chance des Mannes ab fünfzig, hier fällt sie. Und warum? Weil wir dort keine „Handarbeiter" waren, hier es aber vermutlich immer bleiben werden, sofern wir nicht Riesenanstrengungen machen, um uns eine gewisse Unabhängigkeit zu erringen. Ja, das ist es: wir brauchen Unabhängigkeit! Denn es ist doch auch Dir klar: ab fünfzig fällt unsere Chance als Handarbeiter rapide. Vorher geht es noch einigermaßen. Nachher, wenn Deine Haare grau und Deine Bewegungen langsamer werden, braucht Dich kein Mensch. Du läufst von Büro zu Büro, da stehen arbeitsuchende, kräftige junge Burschen. Der Manager sieht Dich nur den Bruchteil einer Sekunde an: „Sorry". Sollen etwa unsere Kinder für uns sorgen? Ich verzichte darauf, solange noch ein vernünftiger Gedanke in meinem Kopf ist. Ich finde, wir haben die verdammte Pflicht und Schuldigkeit, aus unserem Leben was zu machen."

Theodor ist hinter einer Tabakwolke verschwunden.

„Es ist richtig, was Du sagst", erwidert er, „auch ich habe ähnliches häufig gedacht! Da hatte ich unlängst ein sehr aufschlußreiches Gespräch mit einem Kanadier. Dieser berichtete, daß allein in Ottawa Hunderte von Immigranten leben, alle im Alter zwischen fünfzig und sechzig, die in ihren Herkunftsländern in geistigen Berufen gestanden haben. Und was tun sie hier? Sie arbeiten als Handwerker und Hilfsarbeiter. Wir können als Handwerker soviel verdienen, daß wir entweder eine Farm oder ein Haus kaufen können. Mir persönlich als Landwirt liegt die Farm sehr. Sie sollte allerdings soviel guten Waldbestand haben, daß man sich auf Holzhandel legen könnte, nebenbei gesagt, ein sehr einträgliches Geschäft. So würden wir uns eine gewisse Selbständigkeit schaffen, ohne die uns eben ein Leben nicht lebenswert erscheint. Seien wir dankbar, gerade nach Nord-Amerika ausgewandert zu sein, wo ein tüchtiger Handwerker es in etwa 7 bis 10 Jahren zur Selbständigkeit in dem erwähnten Sinne bringen kann."

Theodors Worte sind mir aus der Seele gesprochen!

„Ja, eine eigene Farm! Ein eigenes Stück Land, das man vielleicht mit der Zeit lieb gewinnen könnte! Das ist es, was wir brauchen! Seit Generationen haben wir auf eigenem Grund und Boden in der alten Heimat gesessen. Die vielen Irrfahrten müssen nun ein Ende haben."

ROLF MAX KULLY

# Der Rastplatz

Ein unfreundlicher Juniabend. Kalt wie November. Im Kamin brannte ein Feuer. Trotzdem fröstelte ich.
Natürlich hätte ich mehr trinken können. Der Burgunder war stark und schmeckte gut. Vielleicht ein wenig zu kühl. Er war zwar chambriert, aber bei dieser Temperatur! Trotzdem spürte ich ihn schon nach dem zweiten Glas.
Der Freund hätte gerne noch eine Flasche aufgetan, aber mein Auto stand vor der Türe. Deshalb wehrte ich ab, es ist heutzutage zu riskiert. Der schwerhörige Großvater hatte sich bereits zurückgezogen, um die Fernsehnachrichten nicht zu verpassen. Am Tisch Gespräche über kleine Privatangelegenheiten, freundschaftliche, etwas harzige Reden und Gegenreden, die mit wenig Worten auskommen. Niemand wollte imponieren. Das Töchterchen, mein Patenkind, buchstabierte etwas auf dem Klavier, ein Mozart-Thema für Anfänger eingerichtet. Dann ein zweites noch viel schwierigeres Stück. Eine große Ehre, da sie noch nie jemandem vorgespielt hat. Leider konnte ich nicht länger bleiben, mein ältester Bruder hatte mich telefonisch gebeten, ihn auf einem bestimmten Autobahnrastplatz zu treffen. Es sei dringend und wichtig, mehr hatte er nicht gesagt.
Als ich mich um halb neun erhob, war es schon Nacht. Ich schauderte unter der Tür. Die Wolken hingen tief wie Nebel über dem Berg. Ein feiner Regen nieselte heraus. Meine Gastgeber begleiteten mich zum Wagen, das Kind schon im Schlafanzug auf den Armen des Vaters. Ich schickte sie unter das Dach, aber sie wollten warten, bis ich abgefahren war. Ich sehe dir

nach, ich sende dir nach mit meinen fünf Fingerlein fünf und fünfzig Engelein; Gott mit Gesunde heim dich gesende! Fast wortloses, betontes Händeschütteln. Dann das Winken bis ich um die nächste Kurve bog.
Das Auto war kalt und die Heizung arbeitete schlecht. Ich fröstelte, und gleichzeitig verspürte ich ein ungutes Gefühl im Magen. Die Sicht war mehr als schlecht. Bisweilen überholte mich ein ortskundigerer Fahrer und bewarf die Windschutzscheibe mit einem Sprühregen aus Wasser und Schmutz. Für einige Sekunden war die Strasse unsichtbar, man konnte nur noch den entschwindenden Rücklichtern folgen. Dann und wann kam ein Wagen entgegen und blendete durch den Ölfilm auf der Scheibe. Dennoch wollte ich nicht langsamer fahren.
Und schon kam die Kreuzung mit der Hauptstraße, der ich nun zu folgen hatte. Hier nahm der Verkehr beträchtlich zu. Noch fünf Minuten bis zur Autobahn. Bald nach der Einmündung befand sich der Rastplatz, wo mich mein Bruder erwarten wollte. Von der Heizung wurde es nun auch langsam ein bißchen wärmer, aber die hereingeblasene Luft roch nach Benzin und abgestandenem Wasser. Der Regen war stärker geworden. Einmal glitt der Schatten eines Nachtvogels durch den Lichtschein. Am Straßenrand die phosphorigen Augen einer Katze. Dann ein angetrunkener Radfahrer. Ich wich ihm in weitem Bogen aus.
Endlich der Zubringer zur Autobahn. Nachdem ich die Kurve langsam und sorgfältig ausgefahren hatte, fügte ich mich in die Kolonne ein. Von den Scheinwerfern der in beiden Richtungen fahrenden Wagen wurde die Fahrbahn in späte Dämmerung getaucht, an den Rändern staute sich die Nacht. Das Drahtgeflecht mit den ungleichen Maschen war nicht mehr zu sehen. Dann kam der Parkplatz. Endlich erschien im Licht das weiße P im blauen Viereck. Ich stellte den Blinker und nahm den Fuß vom Gas. Nun die Ausfahrt. Der Rastplatz menschenleer und

finster. Ganz am Ende schwach erleuchtet das WC aus rotem Backstein.

Ich schaltete den Gang aus, stellte den Motor ab und ließ den Wagen ausrollen. Auf dem Parkplatz löschte ich umständlich den Scheinwerfer. Jetzt nur nicht etwa aus Versehen das Horn betätigen. Der gellende Ton müßte die ganze unheimliche Finsternis aufschrecken. Warum pflanzen sie auf diesen Rastplätzen eigentlich solche Büsche, wenn sie sie dann nicht besser beleuchten?

Noch zwei, drei tiefe Atemzüge, dann öffnete ich die Türe, stellte beide Füße gleichzeitig ins Freie und stand auf. Nachdem ich den Wagen abgeschlossen hatte, streckte ich mich, breitete die Arme aus und sah mich um. Die Autobahn wirkt aus der Nähe wie eine vollautomatisierte Maschine. Da tobt der Verkehr, aber die Scheinwerfer sind geradeausgerichtet, der Rastplatz wird nicht gestreift. Natürlich war er noch genau so leer wie vorher, auch nachdem sich meine Augen an das Dunkel gewöhnt hatten. Aber ich spürte genau, daß ich nicht allein war. Und wo konnte sich jemand besser verstecken als im Bedürfnishäuschen? — Plötzlich spürte ich, daß ich austreten mußte.

Die beiden geschlechtergetrennten Abteilungen standen in einem rechten Winkel zueinander. Sie waren so angeordnet, daß man von der Frauentüre auf die Autobahn sah. Von der Männerseite jedoch überblickte man den ganzen Rastplatz. Warum eigentlich diese ausgefallene Bauweise? Auf Bahnhöfen und in Wirtschaften sind doch überall die Türen nebeneinander auf einer Linie. Als ich langsam darauf zuschritt, bemerkte ich schon aus einiger Entfernung das kleine Guckloch in der Türe, nicht größer als der Spion am Eingang einer Mietwohnung. Es war wohl mit einem Nagelbohrer angefertigt worden, aber nicht ganz auf Augenhöhe. Der Beobachter mußte sich leicht bücken, eine Haltung einnehmen wie zum Sprung geduckt.

Aber das steht seinem Vorhaben auch besser an als die aufrechte. Von mehreren Metern sah ich sein Auge hinter dem Loch erglänzen, wenn wegen eines vorbeifahrenden Autos für eine halbe Sekunde eine Spur von Helligkeit darauf fiel. Mein Gefühl sagte mir, daß er nun seinem Gehilfen ein Zeichen gab und daß sie sich beide in die Toiletten zurückzogen. Es gab nun zwei Möglichkeiten: entweder sähe ich mich unvermittelt einem von ihnen gegenüber, wenn ich die nur angelehnte Tür aufstieß, und bevor ich die Situation überblickt hätte, würde sich der andere von hinten auf mich stürzen. Oder sie würden mir, wenn ich mein Bedürfnis verrichtete, gemeinsam von hinten in den Rücken fallen. Geld hatte ich zu meinem Unglück wenig auf mir. Es war also zu befürchten, daß sie aus Wut und Enttäuschung und vielleicht auch, um mehr zu suchen, nicht von der letzten Gewaltanwendung zurückschrecken würden. Ich blieb stehen und schaute mich noch einmal um.

Der Regen rauschte gleichmäßig, und das Rauschen vermehrte meinen Drang. Also, einfach die Gefahr umgehen und hinter das Häuschen treten. Aber diesen Einfall verwarf ich sogleich wieder, da dort aller Voraussicht entsprechend ebenfalls einer wartete, wahrscheinlich der gefährlichste oder jedenfalls der skrupelloseste, der nur im Notfall eingriff, beispielsweise um eine unzeitige Flucht zu verhindern.

Ich stieß die Tür auf. Absichtlich schaute ich an dem Bohrloch vorbei. Ich hatte es ja von weitem gesehen, und mehr als Gewißheit gibt es nicht. Aber jetzt wäre vielleicht noch Zeit, zum Auto zurückzukehren, um die Brieftasche zu holen. Am Ende ließen sie sich mit einigen Noten abspeisen, und Geld ist nicht das Leben. Soll ich eine halblaute Bemerkung darüber machen? Aber damit zeige ich nur, daß ich sie durchschaut habe und daß sie nur noch aufs ganze gehen können. Zu spät, ich sitze in der Falle.

Im Vorraum war alles ruhig. Gleich rechts neben

dem Eingang in einer kleinen Nische befindet sich das Lavabo. Daneben das Pissoir. Und anschließend die zwei Kabinen. Oben in der Wand, aber ohne Leiter nicht zu erreichen, eine Öffnung. Ein Fenster ist es nicht, nur eine architektonische Schrulle: Ventilation und düstere Lichtquelle zugleich. Jedenfalls kein Fluchtweg. Ein Luftzug wehte hindurch. Im Winter muß es hier unerträglich sein. Oder wird das Loch vielleicht geschlossen und im Winter geheizt? Kaum zu denken. Wer würde das bezahlen? Und im Zeitalter der Rohstoffknappheit.
Jetzt nur nichts sich anmerken lassen. Noch ist alles still. Aber ich fühle den Blick eines Verborgenen im Nacken. Er muß zwar irgendwie um die Ecke sehen, aber trotzdem spüre ich ihn. Die beiden in den Kabinen wispern nicht. Sie kennen sich zu gut, sie können alles mit Zeichen abmachen. Aber ich höre sie auch nicht einmal atmen. Sind sie derart kaltblütig, daß sie auch vor dem Überfall, vor dem Mord vielleicht, kein Herzklopfen haben? Statt des ihrigen höre ich meinen Puls schlagen, er dröhnt mir wie ein Preßlufthammer in den Ohren, und mein Atem fliegt hastiger als sonst.
Noch nie habe ich mich so einsam und hilflos gefühlt. Ausgeworfen an den Strand mit bloßen Händen. Aber was sollte ein Werkzeug oder eine Waffe nützen? Sie sind in der Überzahl und kommen aus dem Hinterhalt. Wahrscheinlich warten sie, bis ich fertig bin und den Reißverschluß an der Hose wieder hochgezogen habe. Das zeigt ein gewisses Feingefühl. Endlich ist die Blase leer. Nun kommt der Moment. Ich spüre ihn nahen. Ohne mich umzusehen, ja eigentlich nur indem ich den rechten Fuß versetze und den linken nachziehe, stelle ich mich vor das Lavabo. Zwar ist das Wasser unangenehm kalt, aber gelernt ist gelernt. Im selben Moment spüre ich einen harten Gegenstand im Rücken. Ohne den Kopf zu drehen, hebe ich langsam die Hände bis auf die Höhe der Schultern. Dann wende ich mich dem Ausgang zu.

Schritt setze ich vor Schritt, zögere vor der Türe, bevor ich die rechte Hand herunternehme, inoffensiv, nur um zu öffnen. Dann trete ich hinaus und schreite gegen den Wagen. Der Mann hinter mir muß breitschultrig sein. Wenn ich den Kopf ein wenig zur Seite drehe und ganz stark schiele, kann ich zum mindesten seinen Umriß ahnen. Bisher hat er noch kein Wort gesprochen. Er geht auf Gummisohlen. Der Rastplatz ist immer noch leer. In zwanzig Metern Entfernung steht mein Wagen. Unendlich, ja unerreichbar weit bis dorthin. Wo nur mein Bruder bleibt, er hat mich doch erwarten wollen. Werden sie mich gehen lassen oder wird mich morgen ein Pudel hinter den Büschen verbellen, während sie selber mit meinem Auto schon durch Deutschland oder Frankreich fahren? Ganz langsam gehe ich gegen den Wagen. Aber es ist nicht die große Ruhe, die mich überkommt. Schweiß steht auf meiner Stirn, ich bin naß am ganzen Körper. Nun müßte eigentlich, wie uns seinerzeit der Pfarrer vorhergesagt hat, das ganze Leben wie ein Film vor mir ablaufen. Aber nichts dergleichen. Sollte dies vielleicht ein günstiges Zeichen sein?
Der Pistolenlauf im Rücken ist plötzlich weg. Er ist also stehengeblieben, um zu zielen. Es verschafft ihm größere Befriedigung, mich aus einiger Entfernung zu erledigen. Oder wartet er, bis ich mich umdrehe, um mich von vorne abzuknallen? Die größte Gefahr wäre jetzt, zurück zu blicken. Also sachte weiter bis zum Wagen. Wie ich endlich dort ankomme, kann ich die Neugier nicht unterdrücken. Aber ich stelle es klug an. Ich gehe zum Heck und mache mir am Kofferraum zu schaffen. Auf diese Weise kann ich aus den Augenwinkeln nach dem Bedürfnishäuschen spähen.
Der andere stand nicht mehr unter der Tür, er hatte sich zurückgezogen und zielte nun wohl durch das kleine Loch. Ach Unsinn, da ist doch gar keiner. Und plötzlich las ich über der Tür

im fahlen Licht den Namen des Rastplatzes: Letzengrund. Ich war falsch gefahren, hatte beim Zubringer die Westeinfahrt erwischt. Nicht hier, sondern auf dem letzten Rastplatz wartete mein Bruder. Und er hatte alles erlitten, was ich zu fühlen glaubte. Rasch dorthin, um ihm beizustehen. Ich warf den Kofferdeckel zu, riß die Türe auf und sprang ins Auto. Aber wie komme ich zurück, ich darf doch nicht auf der linken Spur fahren. Also bis zur nächsten Ausfahrt, dort umkehren und zurück. Der Motor startete sogleich, die Reifen kreischten, als ich anfuhr. Bei der Einmündung einen kurzen Blick zurück und dann aufs Gas. Ich setzte mich auf die Ueberholspur, längst hatte ich die erlaubte Geschwindigkeit weit überschritten. Nun müßte doch bald eine Ausfahrt kommen. Statt dessen ein Tunnel. Seit wann ist hier ein Tunnel? Und warum keine Ausfahrt. Will denn der Tunnel ewig nicht aufhören, ich muß ja auch noch zurück!
Umsonst. Diese Autobahn hat keine Ausfahrt mehr. Zurück kannst Du nur in Deiner Erinnerung. Und so wirst du nie, nie erfahren, was an jenem Abend mit deinem Bruder geschehen ist.

GERHARD LOHRENZ

# In den Händen der Unbarmherzigen

Meine Eltern hatten ein kleines Gut in der Ukraina. 1918 mußten sie aus Furcht vor den Machnobanden flüchten. Sie suchten und fanden Unterkunft in einem Mennonitendorf in der Alten Kolonie. 1919 gingen wir auf eine kurze Zeit noch mal wieder auf unsere Gut zurück, mußten aber bald erkennen, daß es zu gewagt sei, hier auf einem einsamen Gute zu leben. Ueberfälle auf solche Familien waren an der Tagesordnung. Selten blieb es dann beim Rauben; Gewalttaten wurden verübt, die häufig mit Mord endeten. Daher flüchteten meine Eltern wieder zurück ins Dorf. Hier erkrankte Vater an Typhus und starb. Mutter blieb mit elf kleinen Kindern völlig unversorgt zurück.

1922 zog Mutter mit uns Kindern noch mal wieder auf unser Gut zurück. Das Land war jahrelang nicht bearbeitet worden und war daher verwildert. Wir pflügten einen Teil desselben und säten 35 Desjatinen Roggen ein. Im Frühling 1923 zogen einige unserer Verwandten zu uns. Wir bildeten eine „Genossenschaft", die ja in jenen Tagen befürwortet wurde.

Es ging auch ganz gut; unsere wirschaftliche Lage verbesserte sich. 1927 hatten wir schon vier Kühe, Pferde und selbst einen Traktor. Alles hatten wir mit unseren eigenen Händen in schwerer Arbeit erworben.

1929 jedoch mußten wir das Gut endgültig aufgeben. Die Regierung hatte für solche Leute wie wir es waren, Leute die einst wohlhabend gewesen waren, wenig übrig. Solche Menschen stempelte man als „Volksfeinde". So ließen wir notgedrungen alles, was wir in schwerer Arbeit erworben hatten, stehen und liegen und gingen wieder zurück ins mennonitische Dorf, wo auch unsere Verwandten wohnten. Aber auch hier war es mit der Sicherheit bald vorbei. Man fing an, ganze Familien zwangsweise zu verschicken. Meistens sandte man sie in den Norden, in die Gegend von Kotlas.

Die verbliebenen Dorfbewohner mußten sich zu einem Kollektiv organisieren. Den Vorsitzenden dafür schickte man uns. Ich wurde als sein wirtschaftlicher Gehilfe ernannt.

Es wurde jetzt, besonders in der Erntezeit, von früh bis spät gearbeitet. Ruhetage gab es nicht mehr.

An einem Sonnabend beendigten wir das Dreschen auf dem Felde und die Maschine mußte anderswo aufgestellt werden. Da wir lange keinen Ruhetag gehabt hatten, entschied ich, daß der nächste Tag, zufällig war es ein Sonntag, ein freier Tag sein solle. Eine Anzahl von Arbeitern aber mußte die Maschine umstellen.

Sonntag kam eine Regierungskommission nachsehen, was wir taten. Warum wir nicht an der Arbeit wären, wollten sie wissen. Wir erklärten es. Der Vorsitzende lud alle Verantwortung auf mich. Ich mußte mit der Kommission auf die Dreschtenne fahren. Hier lagen einige Säcke mit Getreide, neben denen aber ein Wächter stand. Die Kommission legte es so aus, ich habe verboten, am Sonntag zu arbeiten, auch habe ich beabsichtet, jene Säcke mit Getreide zu stehlen; und da bei uns in der Wirtschaft unlängst einige Pferde verreckt waren, so legten sie mir das auch zur Last. Sie stempelten mich als einen Schädling, einen Menschen, der darauf aus sei, die Sowjetregierung zu schädigen. Ich wurde verhaftet und ins Gefängnis gesteckt.

Man stellte mich vors Gericht. Der Prokuror forderte das Todesurteil. Das Gericht verurteilte mich zu sechs Jahre Konzentrationsleger im Norden unseres Landes.

Nach dem Gericht saß ich noch drei Wochen im Gefängnis der Stadt M. Dann brachte man mich und andere ähnliche Verbrecher, von Wachen und Hunden umringt, zum Bahnhof. Hier wurden von 30 bis 40 Mann in einen Eisenbahnwagen gesteckt und die Tür wurde hinter uns verschlossen.

56 Tage, vom 3. Dezember, 1929 bis zum 15. Februar, 1930, blieben wir in diesen Wagen. Langsam rollte der Zug in den Nord-Osten unseres gewaltigen Landes. Zu essen erhielten wir etwas Welschkorn; während der ganzen Zeit gab es nur eine warme Mahlzeit, die aus einer dünnen Grützensuppe bestand.

Wasser war immer knapp. Es fand sich viel Ungeziefer und es war bitter kalt in unserem Wagen. Männer starben, aber wir meldeten es nicht an und die Toten blieben in unserem Wagen liegen. Wir taten dies, um auf die volle Zahl Essen zu kriegen. Als unser Zug am 15. Februar endgültig hielt und man uns gebot, den Wagen zu verlassen, da konnten viele der Männer nicht mehr stehen. Sie fielen einfach auf die schneebedeckte Erde.

Man brachte uns in eine nahegelegene Baracke. Hier gab es eine Mahlzeit, für je zehn Mann in einer Schüssel. Wie die Wölfe warfen die Männer sich auf diese Schüsseln.

Nun ließ man uns eine Nacht ruhen und dann wurden wir, eine Gruppe von etwa 800 Mann, ins Innere des Landes geschickt. Etwa die Hälfte der Männer erreichten den Endpunkt, die anderen fielen auf diesem Todesmarsch im kalten Winter.

Als wir von M. losfuhren, waren in unserer Gruppe 13 Mennoniten. Unterwegs starben elf von ihnen und einer wurde wahnsinnig. Ich war somit der einzige Mennonit unter all diesen Gefangenen.

Im Walde brachte man uns in neue Baracken. Die Schlafgelegenheiten waren hölzerne Pritschen, eine über der anderen. Zwei Wochen waren wir ohne Matratzen und ohne Decken; die Kleider, die man uns gab, waren alte Sommerkleider. Der Ofen in der Mitte der Baracke wurde wohl geheizt, er konnte aber den großen Raum nicht durchwärmen. Gleich in der ersten Nacht starben mehrere Männer. Man riß ihnen buchstäblich alles vom Leibe und schleppte sie wie tote Hunde aus der Baracke. Von der Kälte waren die Körper ganz steif, trotzdem mußte die Wache am Tor jedem Toten mit dem Bajonet die Brust durchbohren. Dann warf man die Körper in ein flaches Grab und bescharrte sie. Hie und da aber steckten Beine oder Arme hervor. Im Frühling fingen die Gräber an zu stinken. Oertliche Bewohner mußten dann die Gräber mit mehr Erde bedecken.

Ein Gruppe von uns wurde nach einiger Zeit tiefer in den Wald geschickt, wo an einem Flusse entlang eine Bahn gebaut wurde. Wir mußten 364 Klm. zu Fuß gehen. Es war 40 Grad unter Null. Nachts schliefen wir im offenen Walde, nur um ein Feuer, das wir selber machen mußten.

Eine Zeitlang arbeiten wir an der Bahn. Außer uns waren hier viele andere Verbannte. Pferde oder Maschinen gab es hier nicht und alle Arbeit mußte mit den Händen gemacht werden. Die Sterblichkeit war sehr hoch. Es ist sicher, daß unter jeder Bahnschwelle dort eine Leiche liegt. Aber fortwährend brachte man neue Scharen von Männern hin. Es ging wie am laufenden Band. Wunderbarerweise blieb ich aber erhalten, wo rechts und links meine Leidensgenossen dahinstarben. In solcher Lage geben die Menschen sich dem Einerlei hin, sie werden gefühllos ihrem eigenen Schicksal gegenüber, wie auch dem anderer gegenüber ganz gleichgültig.

Von diesem Ort des Todes kam ich nach längerer Zeit zu einer andern Arbeitstelle. Wir wurden nach unserer Spezialität befragt. Da ich etwas von Elektrizität verstand, so gab ich, auf Rat eines alten Verbannten, mich als Elektriker an. Wurde auch als solcher angestellt. Mein Wissen war recht mangelhaft, aber ich gab mir die größte Mühe, meine Arbeit gut zu machen, da sie leichter und besser war als die, die die Männer da draußen tun mußten.

Als Elektriker führte man mich in eine andere Baracke über, wo das Leben etwas erträglicher war und wo ich etwas mehr Freiheit hatte. Hier arbeitete ich zwei Jahre lang. Dann ernannte man mich als Vorarbeiter der Elektriker. Ich erhielt eine andere Wohnung, wo ich fast zwei Jahre verlebte. Es war erträglich, ja sehr gut im Vergleich zu dem, was andere erdulden mußten.

Eines Tages sagte man mir, daß ich freigelassen werden würde. Das kam mir ganz unerwartet, es war aber so. Von 22,000 Lagerinsassen wurden 22 entlassen. Man sagte uns, das sei, weil wir uns als gute Arbeiter bewährt hätten.

Als Wohnort wurde uns Entlassenen eine neue Stadt am Amur-Fluß angewiesen. Aus dem Lager entließ man uns mit großer Aufmachung, wie das in unserem Lande so Brauch ist. Die Hornmusik schmetterte; man schwang Lobreden auf die Helden der Arbeit, aber besonders auf die gute Regierung, die so gerecht sei und so väterlich für den Bürger sorge, das heißt, für den, der dieser Sorge wert sei und sich bestrebe, ein guter Bürger zu sein. Mit anderen sei sie hart, wie das nur recht und billig sei.

In der neuen Stadt, die nebenbei gesagt noch sehr viel nicht hatte, das man so gewöhnlich von einer Stadt erwartet, waren wir mehr oder weniger frei. Wir mußten uns regelmäßig bei der Polizei melden und durften die Stadt nicht verlassen, sonst aber konnten wir uns frei bewegen.

In einer Ziegelei erhielt ich Anstellung. Mit anderen mußte ich den Lehm in die Oefen bringen. Das war nicht leicht und bald wurde es noch dadurch schwieriger, daß sich Wasser in der Grube sammelte. Wohl wurden Pumpen angestellt, aber die konnten es nicht schaffen. Da wandte ich mich an meinen Vorgesetzten und sagte ihm, man müsse es mit den Pumpen anders anstellen, dann werde es besser gehen. Er achtete auf meinen Rat nicht weiter, muß es aber weitergegeben haben, was ich gesagt hatte, denn Abends rief man mich ins Kontor. Man wollte wissen, was ich betreffs der Pumpe gesagt hätte. Ich wiederholte es. Man sagte mir dann, ich solle die Pumpen nach meinem Gutdünken einstellen, was ich auch tat. Das wirkte sich gut aus. Um das Wasser fernzuhalten, mußten die Pumpen aber Tag und Nacht gehen. Ich wurde beauftragt, nach den Pumpen zu sehen. Ich erklärte mich dazu bereit, aber nur wenn sie mir dafür auch besser zahlen würden. Darauf gingen sie ein. Verlangten aber, ich solle für die alten Kleider, die sie mir schon früher gegeben hatten, zahlen. Das empörte mich so, daß ich auf der Stelle auszog, was ich auf dem Leibe hatte, und es ihnen gab.

Der Direktor, unter dessen Botmäßigkeit ich jetzt stand, war ein anständiger Mann. Er fragte mich, wieviel ich als Elektriker verdient habe und sagte, daß man mir dieses Gehalt auch hier zahlen werde, auch riet er mir, meine Familie zu mir kommen zu lassen. Dies eröffnete für mich eine ganz neue Perspektive. Ich ging freudig auf diesen Gedanken ein und erhielt auch die Erlaubnis, meine Familie zu mir kommen zu lassen. Da meine Frau ganz mittellos war, bat ich mir einen Vorschuß zu gewähren, damit ich ihr das Reisegeld schicken könne. Das lehnten sie aber ab.

Unsere Geschwister im Süden, denen es auch sehr arm ging, legten dann das Reisegeld zusammen, und so konnte meine Frau mit unseren zwei Kindern, sechs und vier Jahre alt, zu mir kommen. Wir waren vier Jahre und acht Monate getrennt gewesen. Es war im Jahre 1936 als meine Frau mit dem letzten Schiff des Jahres bei mir ankam.

Was heute schon eine schöne Stadt ist, war damals nicht mehr als eine Anzahl von Elendskaten in der Weiten, trostlosen Tundra. Meine Frau und Kinder kamen des Nachts an. Man schickte sie zur Kommandantur und von dort zu der Baracke, in der ich hausierte. Hier fragten sie nach mir; da wir aber ein so sehr zusammengewürfeltes Volk waren, dessen Bestand ständig änderte, so wußten die Befragten nichts von mir. Zum Glück hörte ich aber auch die Frage und erkannte die Stimme meiner Frau. So trafen wir uns.

Ich teilte ein Zimmer mit sieben anderen Männern. Einer derselben ging ins Bett zu einem Kameraden und überließ meiner Frau und einem Kinde sein Lager; ich nahm unseren Jungen zu mir ins Bett. So verbrachten wir die gemeinsame Nacht.

Morgens ging ich ins Kontor und bat um eine Wohnung. Man gab mir ein kleines Zimmerchen. Hier aßen wir als Familie nach so vielen Jahren unser erstes Frühstück zusammen. Wir hatten Schwarzbrot und aufgekochtes Wasser. Das Wasser holten wir von über der Straße, das Brot hatte ich. Nachts teilten meine Frau und ich ein Lager und unsere Kinder schliefen über uns auf Brettern. Wir waren aber froh und dankbar, wieder zusammen sein zu dürfen.

Man zahlte mir die Reiseunkosten meiner Familie aus, und wir schickten das Geld den Geschwistern, die es uns geborgt hatten, denn ihnen ging es auch sehr arm.

Die Baracken, in denen wir wohnten, waren aus Erdsoden gemacht. Alles war sehr primitiv. Die Leute, die diese Baracken bewohnten, waren auch sehr verschieden, recht viele von ihnen gehörten eigentlich zum Abschaum der Menschheit.

Zum Winter mußte die Arbeit der Ziegelei eingestellt werden. Die Arbeiter wurden zum Winter in den Wald geschickt. Da ich aber bei meiner Familie bleiben wollte, so suchte und fand ich auch Anstellung in der örtlichen Elektrostation. Im Frühling ging ich wieder in die Ziegelei, wo auch meine Frau Anstellung gefunden hatte. So verdienten wir beide, was unsere Lebenslage wesentlich verbesserte.

Da ich als Elektriker galt, wurde ich als solcher in eine Fabrik übergeführt. Auch stellte man dort meine Frau als Kassiererin eines kleinen Geschäftes an. Man gab uns auch ein besseres Quartier, so daß wir sehr zufrieden waren. Ich erhielt auch meinen Paß. Theoretisch war ich jetzt frei und konnte hinreisen, wohin ich wollte. Wir wagten es aber nicht, in den Süden zurückzukehren, da die Nachrichten von dort recht ungünstig waren.

# ALMUTH LUETKENHAUS

## Wiedersehen mit Jack

Obwohl Jack bei unserem letzten Abschied gesagt hatte, daß er nie wieder nach Oakville zurückkehren wollte, blieb zwischen ihm und mir das merkwürdige Band geistiger Verbindung bestehen. Was ist es nur, das unsichtbare Spinnennetz, das Beziehungen schicksalhaft verknüpft und Begegnungen geschehen läßt zwischen Menschen, die wenig, nicht einmal die gleiche Generation gemeinsam haben?

Eine Postkarte kam: "... ich denke an Dich, und Dankeswärme steigt in mir auf!" - Dann ein Foto: Jack, mit seinen hellen, weit auseinanderliegenden Augen in die Linse starrend - und der Ausdruck seines Gesichtes beunruhigte mich.

Dann ein langes Schweigen. Die Weihnachtszeit rückte wieder einmal näher, Novembernebel, die ersten Lichtdekorationen schimmernd vor den Pastellfarben des Abendhimmels; und ich begann wieder, an Jack zu denken, den heimatlosen, schweifenden, unruhigen Jungen. Würde er wieder zurückkommen? Ich fühlte, er sei unterwegs, aber ich lachte mein Gefühl aus.

Das Telefon läutete.

"Hallo?"

"Ich bin's. Jack."

"Wo bist du? Von wo rufst du an?"

"Ich bin hier in Oakville. Darf ich kommen?"

"Was ist passiert, daß du hier bist?" - "Ich kann das am Telefon nicht sagen" - Er zögerte. Dann, rasch: "Jemand ist in meiner Wohnung in Vancouver ermordet worden. - Darf ich kommen? Bitte!"

"Komm, komm diesen Nachmittag um fünf. Dann können wir sprechen."

Als ich um fünf Uhr von Toronto zurückkehrte, stand er bereits vor der Haustür. Er sah verändert aus. Es war nicht nur, daß er sportliche Kleidung trug, und daß Kinnbart und rückenlanges Haar verschwunden waren - da war mehr. Sein Gesicht war irgendwo neu modelliert. Es hatte etwas durchlebt.

"Komm herein."

Im Flur legte er die Arme um mich und vergrub sein Gesicht an meinem Hals. Sein dickes blondes Haar fiel über meins, und er roch nach Jack, ein Geruch, den ich fast schon vergessen hatte.

"Meine Freundin. Almuth, meine Freundin," murmelte er.

Die Sitzgelegenheiten im Wohnzimmer lehnte er ab und setzte sich auf den Fußboden. Von Zeit zu Zeit sprang er auf und wanderte umher, Skulpturen, Bilder, Bücher, antike Waffen und Krüge betastend.

"Ich kann mich nie sattsehen in diesem Haus,"
sagte er.

"Tee mit Rum, ja?" fragte ich, schenkte ein und zündete Kerzen und die Lichter in meinen leuchtenden Batikkästen an. Rotes, gelbes und blaues Licht fiel über seine gebeugten Schultern, seine langen mageren Hände.

"Sprich nur, sprich!"
Sein Gesicht verdunkelte sich.
"Ich will ja reden - aber wie soll ich anfangen..?
Sie hieß Kristina." -

"Weißt du noch, Jack, daß wir über dein Verhältnis zu Mädchen sprachen und du sagtest: Ich schwebe im Leben, Leben kommt auf mich zu, Leben fließt durch mich hindurch - auch wenn es zufällig einen Mädchennamen hat - ?"

"Ich habe das gesagt? Das muß vor sieben Ewigkeiten gewesen sein..."
"Nein,mein Freund, das war letzten Sommer!"
- "Da kannte ich Kristina noch nicht. Oh Kristina!"
Er hob die Hände mit gespreizten Fingern:
"Die Welt ist tot. Kristina ist tot. Mir ist, als seien wir alle Marionetten in Gottes Schauspielhaus!"
-"Liebtest du sie?"
Er starrte eine Weile schweigend in die Kerzenflammen.
"Sie war in meinen sexuellen Gedankenspielen.

Weiter wagte ich nicht zu gehen."
"Du hattest andere Freundinnen fürs Bett?"
"Nein. Keine einzige."

Stille. Von draußen Kinderstimmen. Hundegebell. Sein Haar schimmerte in der leisen Bewegung der Flammen. Ich wartete. Dann endlich begann er zu erzählen, in einem Zuge - fast klang es wie eine Tonbandaufnahme.

Jack war wieder einmal nach Vancouver gegangen voller Hoffnungen und Wünsche, wie so viele junge Leute, die jährlich wie Zugvögel ins Hippie-Mekka ziehen. Den Hippies schloß er sich diesmal aber nicht an, sondern suchte sich eine Wohnung und regelmäßige Arbei - Da waren noch Jim und seine Freundin Angela, die von zu Hause fortgelaufen war, und denen Jack erlaubte, ihren Wohnwagen auf dem Rasengrundstück hinter seinem Haus aufzustellen und seine Wohnung teilweise mitzubenutzen, und Derek, Jims Bruder, zahlender Mitmieter de Wohnung.
Derek war ein merkwürdiger Mensch, depressiv, dekadent zerstörerisch. Stundenlang saß er im Bett mit seiner Gitarre, spielte, zupfte, summte; schrieb dunkle unverständliche Gedichte, saß wie unter einer Glocke aus Schwermut.
Er liebte es zu quälen, andere gegeneinander aufzuhetzen, sie auszunutzen. (Jacks Stimme nahm einen unheimlichen Klang an, als er die Atmosphäre um Derek beschrieb und flüsterte: "Oh, he was evil, evil,evil!" - "Die Blumen des Bösen", dachte ich.)

Schließlich warf Jack ihn hinaus, denn ihr Zusammenleben war unerträglich geworden, aber Derek tauchte immer wieder auf, die anderen im Wohnwagen besuchend, ums Haus herumstreichend, aufrührerisch, störend...

"Ich sehe ihn noch", sagte Jack, "wie er mit gekreuzten Beinen in den Ecken hockte, die schwarzen Haare strähnig im Gesicht, einzelne Akkorde auf der Gitarre greifend, lauernd, mit zusammengekniffenen Augen ... Übrigens sah er einem nie gerade ins Gesicht."

"Warum kümmertest du dich überhaupt um ihn?"
"Jim und Derek kamen doch auch aus Oakville, weißt du. Nenn es Heimatgefühl, wenn du willst."

Wie er Kristina kennengelernt hatte, erzählte Jack nicht, aber aus seiner Beschreibung gewann ich den Eindruck einer machtvollen Persönlichkeit. Vielleicht war es Jacks erste starke Begegnung mit einer ungewöhnlichen Frau seiner eigenen Generation.

Er erlebte etwas völlig Neues: Eine tiefe seelische Beziehung von Mensch zu Mensch. Er rührte Kristina nicht an. Er wartete.
Ich betrachtete ein Foto, das er mir hingeschoben hatte: Ein schmales langbeiniges Mädchen, etwa fünfundzwanzig Jahre alt, in Bluejeans und Hemdbluse. Silberblonde lange Haare, lebendiges, etwas schmerzliches Gesicht, zielbewußte große Augen mit schwarzen Wimpern.

Sie studierte Psychologie und arbeitete an ihrem Master Degree, hatte viele Kurse belegt und arbeitete hart. Sie war besessen von ihrem Beruf, ihrer Aufgabe. Im persönlichen Leben hatte sie es schwer: Eine unglückliche Liebe, eine Abtreibung und tiefste Depression danach. Sie war sehr klug, ohne ihr Wissen um Zusammenhänge für sich selbst anwenden zu können - sie war so direkt und hingegeben an Menschen, daß sie keiner persönlichen Begegnung ausweichen konnte und dadurch immer wieder in tiefstes geistiges Elend geriet.
Jack, flüchtiger Freund, zu sehr ichbezogen und Traumgespinsten nachjagend, um haltbare Beziehungen zum anderen Geschlecht zu kennen, öffnete sich, verehrte, vertraute sich ihr an, sie vertraute ihm.
Er wußte nie, wann sie kam, plötzlich war sie abends da, sie sprachen für Stunden, dann wartete er wieder. Sie war es auch, die Jack zu Gestalttherapie-Sitzungen mitnahm, die er als erregend und lösend empfand.

"Erzähle mir mehr davon, Jack, davon weiß ich nicht viel."
Aber er konnte sich nicht ausdrücken, rang nach Worten.
"Nein, wie es geschieht, kann ich nicht erklären. Die Gruppe kommt zusammen, und dann geschieht es, siehst du."
"Was geschieht?"
"Wie soll ich das erklären - ich zum Beispiel geriet einmal grundlos in einen roten, wilden Zorn. Da ich nichts anderes zu schlagen hatte, schlug ich in ein großes Kissen blindwütig, ra-

send, mit beiden Fäusten, und schrie und stampfte und brüllte dabei für sicher zehn Minuten.

Das Kissen war nämlich mein Vater. Danach ging es mir viel besser."

Für einen Augenblick grinste er, wurde wieder ernst.

Dann kam der letzte Abend, und das alles kann ich nachträglich immer noch nicht begreifen. - Es war der schönste Abend meines Lebens, ich war so glücklich, so glücklich, und dann verwandelte sich alles in einen Alptraum, aus dem ich nicht aufwachen kann...

Ich hatte soeben einen besser bezahlten Job bekommen, um den ich mich sehr bemüht hatte, Kristina hatte versprochen, am nächsten Tag mit mir zusammenzuziehen, und wir feierten unser neues Leben. Es war ein Abend mit guten Gesprächen, Kerzenlicht und Weihrauch und Wein. Wir gingen um ein Uhr nachts zu Bett - Kristina, wie sie es schon oft getan hatte, im nur durch einen Vorhang abgeteilten Nebenraum.

Draußen gab es zwischendurch Unruhe und Schreie, aber das gab es häufiger. Wie ich später hörte, hatte Derek Heroin genommen und war mit glimmernden Augen im Wohnwagen erschienen, hatte Angela belästigt und gequält und war schließlich von Jim herausgeworfen worden. Aber all dies erklärt nichts. Wir wußten, daß Derek Drogen nahm, und wir nahmen sie selbst von Zeit zu Zeit.

Nun habe ich immer schon einen sehr festen Schlaf gehabt, und der Wein hatte ihn noch tiefer gemacht.

Ich hörte Kristinas Stimme rufen:"Get up", mehrmals "get up", konnte aber nicht wachwerden. Was sie in Wirklichkeit rief, war: "Get out!"

Ich verstand es deutlich, als ich hochtaumelte, und ich fühlte, daß ein Dritter im Zimmer war. Ich stolperte im Dunkeln und faßte in die Gardine - faßte einen Körper Du mußt verstehen, daß ich völlig schlaf- und weintrunken war - mein nächster verwirrter Gedanke war: "Polizei!", und ich tastete zum Telefon am Bett. All das geschah in völliger Stille, und ich kann mich nur an einen einzigen Laut wärend dieser gespenstigen Szene erinnern: Kristinas plötzlicher hoher erstickter Schrei, wie eine rostige Tür, die langsam aufgemacht wird.
Ich lief durch die Gardine in ihren Raum, drückte den Lichtknopf:

In dem grellen Schein sah ich Derek rittlings auf Kristina sitzend und ein langes Brotmesser in sie hineinstoßen, rhythmisch, immer wieder, mit beiden Händen ausschwingend.

Ich stürzte mich auf Derek und packte ihn, das Messer fiel aus seiner Hand, wir wälzten uns im Zimmer.
Da sah ich, wie Kristina sich blutströmend hochstemmte und ins Badezimmer kroch.

Im gleichen Augenblick hatte sich Derek losgerissen und verschwand durch das offenstehende Fenster, lautlos.

Kristina sah mich in der Badezimmertür stehen, blickte mich mit großen glänzenden Augen an und brach zusammen."

"Und...?" fragte ich erregt.
"Und -" sagte Jack und blies mit einem Atemzug die Kerzen auf meinem Teetisch aus.
"Was geschah mit Derek?"
"Die Polizei fing ihn rasch. Er hat bis heute noch keine Spur von Reue gezeigt. Er wollte Kristina erlösen, sagt er."
Ich strich über seinen Arm.
"Oh Jack, Jack, was eine grauenvolle Geschichte!"
"Nicht war," murmelte er abwesend. "So etwas liest man nur, denkt man, das kann nicht wirklich geschehen..."
Ich schüttelte ihn ein wenig."Aber ich verstehe nicht - du berichtest das alles, als wäre es jemand anderem passiert - als schautest du nur zu..."
Er sah mich mit versteinten Augen an und flüsterte: "In meinem Elternhaus durfte ich nicht einmal weinen, wenn ich geschlagen wurde! Nie durfte ich weinen..."
Wir fanden beide eine Zeitlang keine Worte.
Plötzlich begannen seine Schultern zu zucken.
"Ich dachte, ich könnte nie mehr weinen, könnte mir nie mehr ihr Gesicht vorstellen, plötzlich ist sie mir ganz nah! Ich sehe ihr Gesicht! - Oh Gott, was habe ich verloren!"

Und er schlug die Hände vors Gesicht und weinte, weinte.

# FRANZ MOOS

## Der Landstreicher von Neuyork und sein Jünger

Wieder fällt die Nacht auf die Millionenstadt. Ein noch größerer Verkehr umflutet den Columbus Circle. Nur mit seiner nördlichen Seite stößt der Platz, der sonst von riesigen Apartmenthäusern umgeben ist, an den Central Park. Dank dieser bevorzugten Lage kann er ein bißchen Luft schnappen und sich am Grünen laben.

Allabendlich versammelt sich um die Säule mit dem Standbild des großen Entdeckers von Amerika eine Menschenmenge. Prediger, Medizinmänner, Alleswisser, sogar Frauen, denen eine besondere Botschaft auf der Zunge brennt, stehen auf ihren mitgebrachten Seifenkistchen. Wer die Weisheit am interessantesten zu bringen versteht, hat den größten Zulauf. Da wird über Politik, die Atombombe, soziale Fragen, Geburtsregülierung, über Religionen und den Schöpfer des Weltalls gestritten. Jeder versucht die einzige Wahrheit zum Wohle der Menschheit an den Mann zu bringen. Auch eine feiste Negerin ist da, aber sie betet nur. Um sie herum knien ihre Gläubigen in einer Weltuntergangsstimmung und sprechen die Worte ihres Gebetes feierlich nach. Wenn sich eine Stimme unter den Rednern allzusehr hinreißen läßt und dadurch die Nachbaren stört, die vielleicht ihren Zuhörern gerade das Gegenteil weismachen möchten, werden schnell ein paar bissige Blicke gewechselt. Die begeisterte Stimme flaut ab, als würde sie sich wieder gerne dem ungeschriebenen Gesetze dieser Versammlungen unterwerfen.

Die Zuschauer sind ein gemischtes Völklein. Man sieht elegante Männer mit ihren Damen, dann auch wieder nur kleine Angestellte und Arbeiter, die sich irgendwie in der Riesenstadt den Druck der Masse auf kurze Augenblicke abzuwälzen versuchen.

Den größten Zulauf hat gerade der Landstreicher und sein Jünger. Beide sind nachlässig gekleidet. Der Jünger sagt, indem er mit überlegener Miene auf seine Zuhörer hinunterschaut: «Im Namen meines Meisters will ich euch heute die Wahrheit mit Händen füttern.» Es wird gelacht.

Der Sprecher grinst und öffnet seinen Mund. Wie Wachtposten trotzen die Eckzähne seines sonst lückenhaften Gebisses. Jetzt preist er den Meister, die Güte der Natur und seine Gesundheit. Er zähle, wie er behauptet, fünfundsechzig Jahre. Während er spricht, kneift er oft seine Lider zu. Betont er aber irgendeine Binsenwahrheit oder gelingt ihm, scharf an der Grenze des Erlaubten, ein gewagtes Wortspiel, dann schnellen seine Lider weit auf und die Augen blitzen. Nach seiner Meinung gebe es drei Arten von Menschen: die Alltagstierchen, die Sklaven oder Idioten und Uebermenschen. Zu den letzteren zählt er seinen Meister und natürlich sich selbst. Sobald er die rechte Stimmung erreicht hat und die Haltung seiner Gemeinde durch öfteres Lachen genügend gelockert ist, empfiehlt er sich wie ein Bajazzo im Zirkus, indem er seinem Meister, einem Männchen mit großem Charakterkopf, eine tiefe Verbeugung macht.

Schon steht der Meister oder Hobophilosoph, wie er sich selbst tituliert, auf dem Seifenkistchen. Ein Hobo in Amerika ist weder ein Vagant noch ein Bettler, er ist ein Gelegenheitsarbeiter, der ohne Weib und Kind am ewigen Herumziehen und an den Mußestunden den Narren gefressen hat. Dieser Landstreicher von Neuyork trägt sein schönes Haupt mit weißer Mähne wie ein Jupiter Pluvius. Bei ihm kommt die gepflegte Aussprache seiner Worte gleich zu voller Geltung. Er würzt seine Sätze mit subtiler Ironie. Die Zuhörer lachen, ohne ihn ganz verstanden zu haben. «Ja, der Hobophilosoph bin ich. Ob ich diesen hohen Titel verdiene, mit meinen fünfundsiebzig Jahren, weiß ich nicht. Mein Jünger hat nur eine schlechte Gewohnheit, er lobt mich mehr, als er mir nachstrebt. Ich will weder gelobt noch berühmt sein, denn vor allem liebe ich mein Leben, wie ich's mir zureckt-gezimmert habe. Irländer bin ich von Geburt. Das sieht man mir übrigens an; und ich bin stolz auf meine ferne Heimat. Sie ist nun endlich frei. Als Irländer bin ich auch stolz auf die großen Söhne, die Irland der Welt geschenkt hat und noch schenken wird. Aber nicht nur Irland ist frei geworden, auch Indien. Lange ist's nun her, seit ich meinen früheren Lehrstuhl mit dem wirklichen Leben vertauscht habe, und wenn ich jetzt vor euch spreche, so geschieht es nur, um meine Sprache flüssig zu halten. Aber heute geziemt es mir nicht, über die

Sprache, die sonst mein Hauptthema ist, zu sprechen. Ich will etwas vom unbekannten Amerika zum besten geben. Als Hobophilosoph mißgönne ich den Morgans, den Rockefellers, den Fords und wie sie alle heißen, ihren Reichtum nicht. Ich sehe sogar den guten Grund, daß solche Familien nötig sind, oder wenigstens waren, um Amerika schnell zu dem zu bringen, was es sein muß. Aber ich möchte nicht nur von Amerika mit seinen Dollar, seiner Wallstreet, seinen Fabriken und Farmen sprechen, nein, ich will heute etwas vom Gegenpol des Dollars sagen: vom amerikanischen Geist und was er für die Welt bedeutet.»

Einige erfrechen sich, über ihn zu kichern. Der Hobo aber bleibt gelassen. Andere hören seinen Worten zu und berauschen sich an seiner Sprache. Leider können wir den Schwung seiner Rede, die voll wuchtiger Sätze und Ausdrücke strotzt, nur dem Sinne nach wiederholen.

«Gewiß, man denkt im Ausland nur von dem Amerika des Dollars. Ich kenne ja die Länder von Europa und deren Hauptstädte. Aber eins möchte ich beiläufig erwähnen, daß sich nur Paris mit Neuyork messen kann und darf. Paris mit den herrlichen Plätzen, Boulevards und Avenuen. Wie Paris den Raum in die Breite, so hat Neuyork den Raum in die Höhe bemeistert. Man muß die Einfahrt in den Hafen von Neuyork wirklich erlebt haben. Aber lassen wir die Vergleiche mit Europa, ich wollte euch ja den Gegenpol des Dollars vor Augen führen. Heute ist, wie ihr alle wißt, Indien frei, und daß es so frei wurde, wie es frei geworden ist, verdankt es indirekt einem großen Amerikaner, der zwar von der Politik nicht viel hielt, der aber durch seinen Geist, durch sein Beispiel das Vorbild des großen Gandhi geworden ist. Ich meine unseren geliebten Thoreau, und nicht etwa unsere Bestseller-Schriftsteller oder gar die Pin-up-Girls von Hollywood. Ja, unser Thoreau hat Gandhi den Weg gezeigt, den Weg zum Sieg mit dem passiven Widerstand.»

Die meisten Zuhörer bewegen sich unruhig. Man sieht es ihnen an, daß sie den Sprecher für einen ausgemachten Narren halten.

«Einmal», so fährt er ruhig fort, «ich will den Grund nicht weiter erwähnen, wurde Thoreau zu einer kleinen Geldbuße bestraft. Aber Thoreau gab kein Geld her, er verlangte von seinem Richter, daß er die Buße im Gefängnis abverdienen wolle.

Der Richter war empört. Thoreau ließ sich nicht bewegen, er ging ins Gefängnis. Die Wächter ließen die Türen offen. Der große Emerson mit andern Freunden besuchte ihn jeden Tag. Thoreau aber brütete eine Idee aus. Er schrieb ein Flugblatt mit dem Titel «Der zivile Ungehorsam». Man lachte über die Einfältigkeit Thoreaus, und Thoreau, als guter Amerikaner, lachte mit. Das Pamphlet war längst als eine Spielerei vergessen, als es in London durch einen Zufall dem jungen Gandhi in die Hände fiel. Der große Inder entwickelte später daraus seinen passiven Widerstand. Er bezwang damit den gewaltigen britischen Leuen, ohne daß Ströme von Menschenblut flossen.»

Wieder hält er jäh an, dann sagt er ganz leise: «Versteht ihr nun, was der andere Geist von Amerika ist? Mit dem Dollar allein wäre Indien nie so frei, wie es heute ist. Der Geist war stärker als alle Waffen, als alles Geld, und England hat zu seinem Glück das eingesehen. Darum rühme ich den Genius von Amerika, den Geist von Jefferson, von Lincoln, Mark Twain, Whitman und von Thoreau; und ich rühme unsere Sprache, die das Instrument ist, daß sich der Geist erhalten und entwickeln kann.»

Das Publikum, vielleicht hundertfünfzig Seelen, ist jetzt von der Ansprache begeistert. Wieder tritt der Jünger auf die Seifenkiste. Er hat ein Bündel Zeitungen auf dem Arm. Nachdem er dem Meister gedankt hat, wendet er sich der Menge zu. «Ihr habt jetzt etwas mehr vernommen, als ihr im Kino hört oder seht, oder beim Cocktail und am Biertisch lernt, oder im Schlaf träumt. Geht heim und kauft euch gute Bücher oder wenigstens hier meine Zeitung. Ich habe die Hobozeitung mit dem Autogramm unseres guten Meisters, Patrick O'Donnell. Sie kostet nur fünfzig Cents. Bevor ich aber hinuntersteige, soll sich die Spreu vom Weizen sondern. Mein Meister ist der Hauptmitarbeiter an der Zeitung. Er und seine Kollegen nehmen für ihre Mühe kein Honorar. Das Wochenblatt der Landstreicher von Amerika wird vom Arbeiter wie vom Direktor und Millionär gelesen. Während ihr im kommenden Winter dem Dollar nachjagt, werden wir, der Meister und ich, in Florida überwintern, wie es Zugvögeln, Philosophen, Landstreichern und Millionären ziemt. Wir werden dann auch für euch ‚Die Hymne an die Sonne', die unser Schutzheiliger von Assisi gedichtet hat, im ganzen Maße wieder an uns erleben.»

Eine Stimme ruft, der Meister solle doch etwas von Shakespeare rezitieren, wie er es immer tue.

«Oh, ihr Undankbaren, ihr Unersättlichen!» schreit der alte Hobo und steigt auf die Kiste. «Ihr wollt immer mehr für euren traurigen Obolus. Aber der Sprache zuliebe will ich euch etwas vortragen.» Und er rezitiert eine lange Stelle aus «König Lear». Seine Sprache berauscht alle. Zum Schlusse stimmt er noch schnell «Sein oder Nichtsein» von Hamlet an.

Es ist schon zehn Uhr. Die Zeitungen sind im Nu fort. Der Jünger trägt die Kiste. Beide gehen weg. Die Zurückgebliebenen schauen ihnen nach und wundern sich, kopfschüttelnd, wie solche begabte Menschen, statt eines normalen Lebens, das Landstreicherdasein vorziehen können.

# ELSE SEEL

Von der „Empress of Australia" stieg ich in Montreal in die Canadian Pacific Railway. Tag und Nacht wechselten, doch das Land blieb unermeßlich.

Nach viertägiger Fahrt kam ich in Vancouver B. C. auf der Canadian Railway Station an. Wie verabredet, ging ich über die Straße ins St. Francis Hotel. Auf englisch fragte ich: „Ist George Seel hier"? „Gewiß", sagte der Geschäftsführer: „Er erwartet Sie bereits, das Zimmer für Sie ist fertig." Er führte mich in ein großes schönes Frontzimmer.

Ich packte meine Koffer aus, als Georg anklopfte und auf mein „come in" hereinkam. Ich sah ihn an. Er lächelte scheu. Als ich deutsch zu ihm sprach, entschuldigte er sein schlechtes Deutsch, da er ja bereits seit fünfzehn Jahren nur englisch spreche. Dann sagte er weiter nichts mehr. Eine Pause trat ein. Da bemerkte ich, daß etwas mit seinem Schlips nicht stimmte und sagte: „Laß uns vielleicht erst mal einen Schlips besorgen." Und wir gingen und kauften bei Spencer einen Schlips. Als Georg bezahlte, zog er eine mächtige Rolle Banknoten aus der Tasche. Ich war erstaunt, daß er sein Geld so sorglos bei sich trug und kaufte auch noch eine Geldtasche. Wir aßen gut und billig, sahen einen Film und gingen durch die Stadt. Ein Teil der Stadt bestand aus kleinen Holzhäusern mit marktschreierisch aufgesetzten Fassaden.

Wir gingen weiter. Georg erzählte von seinen ersten fünfzehn Jahren in Kanada, von der Errichtung des Blockhauses am Ootsa-See, von dem

Bau der Trappkabinen im Gebirge, von wo aus er auf Pelztierjagd ging, von der großen Einsamkeit, von den Bergen, die er so sehr liebte. Und als er dann sagte: „Wir wollen morgen heiraten", antwortete ich nur: „Ja".

Am nächsten Tag, es war ein Septembertag im Jahre 1927, ging Georg zu seinem Freund, dem berühmten Kapitän John Irving, der seit Jahrzehnten mit seinen Radschaufeldampfern die vielen Goldgräber zum Fraser hin und nach Alaska brachte, um ihn darum zu bitten, den Trauzeugen zu spielen. Gemeinsam mit Irving gingen wir zum Court House, erstanden eine Heiratslizenz und unterschrieben die Eheschließung auf dem Standesamt. Beim Hinausgehen fragte ich den Kapitän: „Are we married?" worauf er antwortete: „Wir, leider nein!" Dann folgte die kirchliche Trauung. Wir gingen zu einem Reverend der United Church, der uns im Wohnzimmer vor einem lodernden Kaminfeuer traute. Wir küßten uns alle einschließlich des Reverend.

George wollte so schnell wie möglich von Vancouver zurück zu seinem, unserem Blockhaus. J. Irving begleitete uns persönlich auf einem seiner Dampfer, der uns längs der Küste nach Prince Rupert brachte.

Die zerklüftete Westküste stieg mit zackigen Gebirgsketten steil hinan; manchmal öffneten sich weite Buchten, eingerahmt von unendlichem Urwald wie am ersten Tag. Das Eis der Gletscher und der graue Granit des Gebirges erweckten in mir beklemmende Bewunderung.

Um Mitternacht tauchte Ocean Falls wie eine Lichterscheinung auf. Die Häuser dieser ins Gestein gebauten gewaltigen Papierfabrik, die ihre mächtigen Papierrollen in alle Welt sandte, wurden von elektrischen Lampen blendend hell überstrahlt. Die winkenden Menschen wirkten in dem unirdischen Licht wie Schemen. Der mächtige Felsen hing ihnen zyklopisch drohend im Nacken, doch schien sie das nicht zu bekümmern, denn frohes Lachen und Lärmen klang zu unserem Schiff herüber.

Georg trat zu mir. Er war groß und kräftig gebaut, sein braunes, welliges Haar wehte im Winde, sein kluges Gesicht blickte voll freudiger Zuversicht auf das Land, das seine Heimat geworden war und die meine werden sollte. Wir standen Hand in Hand und waren bereit für das Kommende.

Von Prince Rupert ging es mit dem Zug auf der einzigen Bahnstrecke landeinwärts. Die ganze Nacht hindurch fuhren wir ratternd durch fast unberührtes Land. Am Morgen tauchten kleine Stationen mit Holzhäusern in größeren Abständen auf.

Am Mittag kamen wir in Burns-Lake an. Vor zehn Jahren war das noch eine Zeltstadt gewesen, die in Wahrheit kaum mehr als ein halbes Dutzend Zelte für die Eisenbahnarbeiter umfaßte, welche die Geleise von Prince George nach Prince Rupert legten. Jetzt hatte Burns-Lake ein Hotel, ein Krankenhaus, zwei Kirchen und einige Kaufläden sowie zwanzig kleine Holzhäuschen.

Norman, ein blonder, gutmütig stotternder Riese, der die Fracht, die Post sowie hin und wieder Personen landeinwärts transportierte, trat heran und hieß uns willkommen. Wir aßen etwas im Hotel, umgeben von mächtigen Männern in bunten Hemden und Overalls, die als Holzfäller, Farmer und Pelzjäger arbeiteten. Georg wurde laut begrüßt und mußte mich vorstellen. Sie maßen mich mit anerkennenden Blicken; junge Mädchen und Frauen kamen selten in dieses Hinterland. Die Männer waren noch stark in der Überzahl, und jedes weibliche Wesen wurde aufs Korn genommen.

Norman rollte uns in seinem beladenen Lastwagen über sechzig Meilen Landstraße, an der noch gearbeitet wurde. Ungefähr alle zwanzig Meilen wurde bei einem Post-Office haltgemacht und wurden die Postsäcke abgeladen. Die Postämter, in einem Farmhaus oder Kaufladen, waren Mittel- und Treffpunkt für die Siedler. Hier holte man sich die Neuigkeiten, hier traf man sich zum Klatsch. Diese einsamen Menschen waren voller Begier darauf, zu hören und selbst zu sprechen und viel zu lachen. Pakete wurden in Empfang genommen und aufgerissen; Hüte und Schuhe sofort anprobiert, denn alles war nach Katalogen bestellt, und kam von Eaton in Winnipeg.

Als wir über die letzte Anhöhe zum Ootsa-Lake, unserem Ziel, hinabrollten, öffnete sich vor uns ein weites, echt kanadisches Landschaftsbild. Langhingestreckt lag da ein mächtiger See, umwunden von immergrünen Wäldern und schneebedeckten Gebirgsketten.

Georgs Boot wartete am Landungsplatz, und wir stiegen ein. Irgendwo sollte unser Haus liegen. Langsam trieb uns der Motor am Ufer entlang. In tiefen Buchten kauerten Farmen, breiteten sich Streifen Ackerland und Wiesen, umwuchert von dem dichten Gestrüpp des Buschlandes mit den Pfaden des Wildes und den Feuerstellen der Indianer.

„Wo ist denn unser Haus?“ rief ich wohl zehnmal. Doch Meile um Meile zog das Boot dahin.

„Hier leben Deine Nachbarn", sagte Georg und zeigte auf ein niedriges Holzhaus hoch auf einem Hügel am Waldrand. Immer weiter glitt das Boot voran, und zum erstenmal wurde ich mit einigem Schrecken der Entfernungen bewußt.

Endlich landete das Boot knirschend auf Ufersteinen. Georg hob mich heraus und trug mich durch die offene Tür in das Blockhaus. Nun waren wir am Ziel, hier sollten wir unser gemeinsames Leben führen. Wir umarmten uns.

Doch wir schlugen ein Zelt auf und kochten „draußen", denn der Kochofen im Wohnraum war noch nicht eingesetzt. Im Schlafraum stand bereits das Doppelbett, und ich packte den mitgebrachten Bettsack aus und bereitete aus den pommerschen Gänsedaunen einen weichen Pfühl.

Am nächsten Morgen deckte Georg das Dach mit Zederschindeln, und ich strich Fenster und Türen, deren Rahmen aus Prince George geliefert worden waren. Zwei Zimmer hatten wir und eine Vorratskammer, dazu noch Platz unter dem Dach. Der neue Kochofen wurde an den Zementschornstein gerückt; wir steckten das erste Holz hinein und liefen hinaus, um den Rauch aufsteigen zu sehen. Sein Anblick erfüllte uns mit Freude. Nun hatten wir ein Heim.

Georg dichtete die Wände ab und ölte die Zederbaumstämme, die er mit dem Boot auf dem Tahtsa-River herunter gezogen hatte. Er war sehr geschickt, alles gelang seinen Händen.

Die erste Wäsche wurde auf einem Waschbrett gescheuert und im See gespült. Sie flatterte lustig im Winde zwischen den Bäumen. Georg umarmte mich und sagte fast feierlich: „Hier hängt zum erstenmal Wäsche, solange die Erde steht."

Zum erstenmal! Wir gingen auf einem Pfad zu

unserem Hause, rechts und links war noch Wildnis. Wenn ich den Hügel emporstieg, erblickte ich drunten unser kleines Haus wie einen vorwitzigen Finger, der sich dort aufgerichtet hatte. Land, Bäume, Tiere, Haus, Georg und ich, alles zum erstenmal!

Georg sägte Brennholz. Von den größten Blökken suchte ich die besten aus, bedeckte sie mit Tüchern oder Kissen und ernannte sie zu Stühlen, denn außer Bett, Ofen und Tisch war nichts da.

Auch der Überseekoffer wurde umspannt, gepolstert und vor das große Fenster gestellt; er bot zwei bequeme Sitze. Als ich ihn auspackte und alle Herrlichkeiten auf dem Tisch ausbreitete: Leinen, Silber, Porzellan, Bücher, Aquarelle, bunte Tischtücher und Vorhänge, stand Georg da und sagte nur: „Das ist viel zu fein für hier draussen.“ So nahm ich nur das Nötigste heraus, hängte Gardinen vor die Fenster und stellte die Bücher auf Wandbretter, denn sie waren mein kostbarster Besitz und mein großer Trost für die einsamen Stunden, die mir bevorstanden.

Schon nach einer Woche mußte Georg zum Jagen und Trappen ins Gebirge. „Wie lange wirst Du fortbleiben?“ fragte ich ihn. „Zwei Monate,“ meinte er etwas zögernd, „es kann auch länger dauern, denn es kommt ganz auf das Wetter an; ich muß ja übers Eis gehen.“ Er hatte Schneeschuhe geflochten, die wie übergroße Tennisschläger aussahen. Ich sagte nichts, doch mein Herz war schwer.

Am frühen Morgen zog das Boot mit meinem Lohengrin davon, und ich blieb allein zurück. Scharfe Kälte drang bereits durch Balken und Dielen. Die Sonne war ein milchiges, mattes Etwas im dämmerigen Dunkel. Ich räumte auf, wusch ab und begann ein Dutzend Briefe zu schreiben.

Georg hatte jeden Morgen das Feuer im Ofen angezündet, und später hatte ich dann die Holzkloben hineingeschoben. So brannte es lustig, als Georg fortging. Am nächsten Morgen nahm ich Papier und Holz und wollte ein neues Feuer machen. Das Papier brannte, doch das feuchte Holz fing keinen Funken. Immer wieder versuchte ich, ein Feuer in Gang zu bringen. Endlich gab ich es auf und kauerte mit heraufgezogenen Beinen auf meinem Überseekoffer. Durch das Fenster konnte ich die Eiszapfen am Dachrand sehen. Auch der Schnee auf den Bergspitzen senkte sich beträchtlich und schien näher zu kommen. Der Gedanke, daß Feuermachen verstanden sein will, war mir nie gekommen; auch Georg hatte es mir nicht gezeigt.

Endlich, am Nachmittag, wurde an die Tür geklopft. Es war Jack King, unser Nachbar. Er hatte keinen Rauch von unserem Blockhaus aufsteigen gesehen, was als ein schlechtes Zeichen galt, und war gekommen, um sich zu vergewissern, ob wir Hilfe brauchten. Er fand eine arme „grass-widow" (Strohwitwe) vor, die vor Kälte zitterte, und spaltete einige Holzkloben zu *kindling wood,* das mit Papier schnell Feuer fing. Während er mir eine Kiste mit diesen Holzspänen füllte, kochte ich Kaffee, und wir hatten einen guten Schwatz miteinander. Jack war der älteste Sohn der King-Familie. Er hatte spärliches blondes Haar und ein verwaschenes Blau in den Augen. Bei Besuchen hockte er auf dem Stuhlrand und begann, an seinen Nägeln zu nagen. In seiner Trapp-Kabine fühlte er sich wohler. Jacks Vater, Old Bill, war mit seinen vierzehn Kindern vor etwa zehn Jahren aus Idaho gekommen, und die Kinder hatten sich hier um den See angesiedelt.

Jack war es auch, der uns unser einziges Hochzeitsgeschenk, einen Sack Kartoffeln, vor die Tür gestellt hatte. Als ich den Sack aufband, fand ich einen Zettel obenauf liegen, auf den geschrieben war: „May all your troubles be little ones" (Mögen all Eure Sorgen „kleine" (Kinder) sein).

Zuerst fürchtete ich mich, so allein zu sein. Ich horchte und lauschte, doch nur das Gebell der Coyoten war zu vernehmen, die ihre spitzen Köpfe durch das Gestrüpp steckten. Ich fasste Mut und füllte meinen Wassereimer im See.

Eines Abends legten Indianer ihre Kanus am Ufer an und entfachten ein großes Lagerfeuer. Schnell löschte ich die Petroleumlampe. Äxte zersplitterten Bäume und Holzkloben, Kinder und Hunde heulten, fremdartige Laute gellten zu mir herüber. Da lief ich in der Dunkelheit zu Old Bill. Dort lachten sie alle schallend, als sie hörten, warum ich weggelaufen war. Die Indianer zogen zum Jagen ins Gebirge und waren vollkommen harmlos. Leider hatte ich im alten Lande zuviele Geschichten von Greueltaten der Indianer gelesen. Nur ein Finnländer zeigte Verständnis, als er erfuhr, daß ich erst zwei Wochen in Kanada war.

Die Siedlung Wistaria besteht aus drei Dutzend Familien, die meilenweit voneinander entfernt wohnen. Die ersten Siedler kamen noch mit Packpferden von Bella Coola. Das ist gerade zwanzig Jahre her. Kinderreiche Familien aus den Vereinigten Staaten gründeten hier ihre Heimstätten. Jetzt sind die Kinder erwachsen, haben geheiratet und siedeln sich ihrerseits an. Außer diesen Amerikanern gibt es Schotten, Schweden, Finnen, Engländer und Irländer. Wir sind die einzigen Deutschen. Georg fühlt sich ganz als Kanadier; er ist ja auch schon lange hier und verließ den Bauernhof in Bayern, als er fünfzehn Jahre alt war.

Eines Abends, als wir vor der Tür saßen und Georg seine Pfeife rauchte, kritisierte ich verschiedene Zustände. Er klopfte seine Pfeife aus und sagte geruhsam: „Vergiß, was Du gelernt hast."

Zweimal in der Woche gehe ich zum Post-Office, um unsere Post zu holen. Ich habe zwei Meilen bergauf zu laufen. Unser Postmeister ist ein langer, blonder Ire und heißt Bob; seine Frau wird Aunt Lou genannt. Das Wohnzimmer ist der Postraum. Hier treffen sich die Leute, setzen sich hin und reden sich alles vom Herzen. Es macht mir großen Spaß ihnen zuzuhören, und ich lache gern mit. Alle haben etwas so Frisches und Frohes, fast Kindliches an sich; meistens sind sie in bester Laune und berichten über Wetter, Krankheiten, Geburt und Tod mit vollkommener Gelassenheit. Aunt Lou serviert Tee und Cookies, und aus dem Postholen wird eine genußreiche Stunde, gewürzt mit allerlei Neuigkeiten.

Der Postmeister war es übrigens auch, der unserer Siedlung den Namen Wistaria gab. Ich faßte das eines Tages in die Zeilen:

*Der Postmeister kam zuerst.*
*Er gab unserm Ort den Namen,*
*sah in den Samenkatalog*
*und fand die blauweiße Blütentraube:*
*Wistaria.*

GERHARD TOEWS

# Abseits

## Eine Skizze von viel Schatten, aber auch von Sonne und Frühling

Vorwort an den Leser: Mit den handelnden Personen sind nicht wirkliche Menschen gemeint. Man suche Stanhope nicht auf der Karte. Es ist da nicht. Begründet ist die Skizze durch wahre Begebenheiten.

### 1. Kapitel

Der Frühling Saskatchewans ist ein recht träger Geselle. Käme er noch etwas später, so könnte er sich bald die Mühe sparen und den langen Weg, wegen der etlichen Dutzend warmer Tage, die's gibt, bis einem wieder der Nordwest so recht von Herzen ins Blut pustet, als wolle er's gleich frieren. Aber, wenn er auch auf sich warten läßt, der Junker Lenz, einmal kommt er doch. Einmal muß der Schneebart weg, und fällt's ihm auch noch so sauer. Er muß die schon recht schmutzige einst weiße Wolldecke in großer Hast aufrollen, doch wird er damit lange nicht fertig; denn der Junge ist neckisch, wie so mal Jungen sind. Er, der Lenz, ruft sich seinen indianischen Freund, den Südwestwind, Chinook. Nun der alte Nordwestwind kann allerhand, aber man muß halt auch dem Chinook das eine lassen: eine Puste hat er — Junge! Junge! Ehrt das Alter! Kein Gedanke. Wie die beiden Jungen dem Alten unter die Decke fahren und: hopp, hopp — krach! Schon birst das alte Zeug in Stücke. Der alte Kumpan hat ja Zeit und über Zeit sich nächstens eine neue Decke anzuschaffen. Zeit? Du lieber kurzer Frühling! Sechs Monate wuchtet und schimpft der Alte. Wenn er dann wirklich verduften muß, dann geht er beileibe nicht einen Schritt weiter weg, als er unbedingt muß.

Wenn der Farmer, der heute lachend mitten auf dem Hofe steht und zusieht, wie sie dem alten Winter das kalte Handwerk legen, in nicht ganz zweimal sechs Wochen abends vor seine Haustür tritt, um nachzusehen, ob der Mond noch an Ort und Stelle, ob Hof und Stall in guter Ordnung, ob — na und was er sonst denn eben draußen zu tun hat, da wirft er seine Augen wie von ungefähr nach Norden. Wie ein kaltes Fieber läuft es dem Farmer dann durch das Blut, wenn's auch gar nicht kalt ist. Über diese Himmelslinie im Norden aber grinst ihn der alte, kalte Winter an, als wollte er sagen: „Nun Farmerchen, wenn ich in diesem Jahre komme, dann zwick ich dich nach neuen Noten. Warte nur, du Mistbauer, du sollst dein Lachen von letztem Frühling noch rückgängig wünschen." Wie nun der Farmer wie verdonnert dasteht und ein betrübtes Gesicht ob des nordischen Gespenstes schneidet, ist's ihm, als höre er den Alten lachen, so recht schön höhnisch und rachedürstig. Und über den Himmel strecken sich lange, zuckende Finger, als möchten sie schon jetzt den Farmer nehmen, doch dieser zieht sich rasch ins Haus zurück und sagt zu seiner Frau ganz kurz: Nordlicht.

Ja und heute ist der 12. Mai und Albert Hahn ist schon seit vier Tagen auf dem Felde beim Pflügen. Nach dem Kalender ist heute Mittwoch. Vater Hahn hatte es nun schon jahraus jahrein so getrieben: Samstag begann die Feldarbeit nach den langen Wintermonaten, wo die Pferde wenig oder nichts getan, sollte die Vollarbeit nicht zu hastig einsetzen. Also Samstag Feldarbeit, Sonntag Ruhe, und mit dem Montag begann dann die erste volle Arbeitswoche. Manche Nachbarn lachten wohl über Hahn's System, doch er ließ sich eben nicht aus dem Geleise bringen. Nicht daß er die Ehre beansprucht hätte, als einer zu gelten, der nach seinem eigenen Musterschnitt auch alle andern zugestutzt haben wollte. Mit Ehre und dergleichen wußte Vater Hahn nicht viel anzufangen, er war und blieb ein einfacher deutscher Farmer Saskatchewans oder Canadas, wie man's will, natürlich hartköpfig, für die Allgemeinheit harmlos und höchstens sich selbst und dem lieben Gott Rechenschaft schuldig.

Dieses war der 20. Frühling, den Albert erlebte. Die alte Keet, die da den Pflug zog und in der Furche ging, war bei Alberts Geburt schon guter Hoffnung gewesen, und Prinz, ihr Sprößling von damals war auch vor dem Pflug. Die beiden trugen ihr solides Pferdealter mit Anstand und Würde immer Schritt für Schritt. Wenn die beiden jungen Racker, die auch zum Gespann gehörten, sich in ihrem Übermut zu schnell vorwärts bewegen wollten, dann fuhr Prinz ihnen ins Fell, und Albert mußte ärgerlich die Leine ziehen, um Ordnung ins Gespann zu bringen, dazu brauchte er englische Kraftwörter. Die Pferde in Saskatchewan sind natürlich streng national und verstehen nur englisch, und dabei haben sie noch nicht mal das Vorrecht genossen, eine Normalschule, die staatliche Anstalt zur Heranbildung der Volkslehrer, zu absolvieren. Ja, national...

Doch Albert Hahn dachte weder an eine Normalschule noch an irgend etwas so oder anders Nationales; er hätte wohl schwerlich gewußt, was national ist.

Aber eines wußte Albert. Heute war der erste Tag, wo nach des Vaters Gesetz Tagesarbeit geleistet werden mußte d. h. zehnmal um die halbe Meile pflügen. Daran dachte Albert, als er jetzt am Ende des Feldes die Pferde verschnaufen ließ. Er stieg von seinem Pflug herunter, ging um die Pferde herum, zog dem Prinz das Kummet los, damit die schon erwärmte Schulter abkühle, klatschte Keet mit der flachen Hand auf die blanke, warme Hinterbacke und ordnete hier und da etwas, indessen sich die Pferde der verdienten Ruhepause freuten.

Im Weidengebüsch auf einem Zaunpfosten saß eine canadische Wiesenlerche und rief ihr Morgengebet in die Welt: Höret! Freuet euch der schönen Welt!

Albert hörte dem Vogel belustigt zu, sah sein gelbes Vorhemd und den schwarzen Schlips darüber. Er versuchte, ihm nachzuahmen, doch es wollte nicht so recht stimmen. Zuerst fand er nicht die passenden Worte, und nachher stimmten die Töne nicht. Die Lerche ließ sich nicht beirren und sang keck weiter. Albert aber stand gebückt die Hände auf die Knie gestützt und imitierte.

Keet, die noch voll Beleidigung ob des Klatsches aufs Hinterteil war, dachte: solche Komödie kann man von dem jungen Laffen auch nur erwarten. Im innersten Innern aber freute sie sich, denn sie war nun auch schon in den Jahren, wo man die Arbeit als des Bürgers Zierde gerne andern überläßt.

Albert und der Vogel tuteten lustig drauflos zur gegenseitigen Belustigung und Erbauung.

Als von dem nahen Weg dann ein schallendes Mädchenlachen aus dem Duett ein Trio machen wollte, war's mit der Gemütlichkeit und dem Konzert zu Ende. Die Lerche drückte sich in fernere Büsche. Albert richtete sich auf und ward sehr rot im Gesicht. Eine Schönheit war Albert nun so wie so nicht. Er hatte rotes Haar, Sommersprossen, ein schmales Gesicht mit aufgestülpter Nase, und ihm fehlte ein Zoll an sechs Fuß Höhe.

Ach so, wer denn das Gelächter von dem Wege aus anstellte?

Das war Ella Schröder, 19 Jahre im nächsten August, klein, sehr dunkel, fast schwarz waren Haar und Augen, letztere immer lachend, Haut braun. Sie saß auf dem Buggy, hielt die Leine in der Hand und nach den zwei Eierkasten im Wagen zu schließen, war sie auf dem Wege zum nächsten Städtchen, das den Namen Stanhope führte. Albert trat verlegen bis an den Drahtzaun und sagte heiser:

„Was meinst du sei hier so spaßig, daß du durchaus lachen mußt?"

„Sei nicht böse, Albert, es sah so komisch. Ich wünschte, ich hätte meine Kamero mitgehabt! Was für ein Bild, was für ein Bild! du... du bist doch nicht böse?"

Das letzte ohne Lachen.

„Nein, wo denkst du hin, Ella. Du hast mich nur erschreckt."

Albert lachte übers ganze Gesicht, und die Sommersprossen tanzten toll auf seiner Nase. Er drückte mit einer Hand den obersten Stacheldraht hinunter, stieg über den Zaun und trat nahe an den Wagen.

Sie sprachen noch hin und her über dies und jenes, bis ein Auto, laut trompetend, vorbeijagte. Da gingen sie auseinander. Albert auf seinen Pflug. Los zogen die Pferde. Keet natürlich wieder als Letzte. Das blanke Eisen schnitt wieder durch die Erde; spaltete die Scholle. Keet dachte an den Hafer, den sie mittags kriegen würde. Albert dachte an ein paar abgrundtiefe, dunkle Augen, welche der Nachbarstochter Ella Schröder gehörten, und die ihn heute zum ersten Mal als einen Erwachsenen behandelt hatte, und dachte, was so ein Junge denn noch denken kann, wenn er zu tief in Mädchenaugen geguckt. Aber an die Feldarbeit dachte er nicht; und als das Gespann, am andern Ende des Feldes angekommen, anhielt, erschrak Albert. Dann sah er nach der Uhr und pfiff leise durch die Zähne.

„Über all der Dummheit wenigstens einmal herum versäumt. Jetzt aber an die Arbeit!"

Hernach dachte er wieder an Ella.

Ella aber war mit einem Lächeln auf den Lippen losgefahren, hatte aber den roten Albert sogleich vom Gedächtnis gewischt und dachte an ganz etwas anderes.

Armer hoffnungsfroher Bursche!

Die Lerche saß aber wieder im Gebüsch und sang: „Höret! Freuet euch der schönen Welt!"

Die Welt war aber auch wirklich schön an diesem Maimorgen.

VICTORIA ULLMANN

# Dank an die Pferde

An einem windigen dunklen Herbstabend wurden zwei Pferde aus dem Stall geführt. Sie sträubten sich ein wenig, denn fremd war es ihnen, wieder nach einem arbeitsreichen Tage in die Dunkelheit hinaus zu müssen. Das Licht der Stallaterne flackerte im Winde, und der Geruch fremder Menschen kam in ihre Nüstern. Rauhe ungewohnte Hände ergriffen die Zügel der Pferde und führten sie vom Hofe.

Schweigende Menschen blieben zurück mit Tränen in den Augen. Fleißig und ohne Murren hatten die Pferde ihnen gedient, die Scholle gebrochen, das Getreide eingebracht.

Es war Krieg — die Männer waren schon fort, jubelnd war die Jugend gegangen, verzagt die Älteren. Ihnen wurde vom Heldentode gesungen, von der Aufopferung der bedrohten Heimat. Den Pferden wurden solch schöne Fabeln nicht gesagt. Aber dafür witterten sie mit ihrem feinen Instinkt und der ganzen Klugheit ihrer edlen Rasse die Gefahr, und sie rochen das Blut, ehe sie es sahen.

Geduldig gingen sie im Schritt mit vielen anderen Pferden. Dann kam der Tod, hoch aufbäumend stürzten sie, schrieen ihre Not gen Himmel. Andere wieder schleppten unter unsäglichem Mühen schwere Geschütze und Wagen durch Schlamm und Morast.

Eisiger Regen peitschte ihre Flanken, müder und müder wurden sie. In zugigen Unterkünften preßten sich frierende Männer an ihre nassen Leiber. Leise schnaubend gewährten sie Wärme und Schutz. Menschen und Tiere sahen sich in die Augen, in denen der Hunger und die Not standen. Gottes Kreatur war sich gleich geworden in diesem schrecklichen Durcheinander. Sie waren Kameraden, ließen sich nie im Stich, das Beieinander wurde zur Treue.

Niemand schmückte sie mit Orden, und trotzdem taten sie ihre Pflicht. Wer in ihren Augen lesen konnte, sah das stumme Leiden und die Bereitschaft.

Die beiden Pferde aus dem kleinen Dorfe hatten einen jungen Soldaten zum Pfleger, grobes Gesicht und harte verarbeitete

Hände, aber ein gutes Herz. In seinen Augen konnte man genau das stumme Leiden und die Opferbereitschaft lesen wie bei den Pferden.

Als der schreckliche Winter kam, erlitten sie Hunger, die Kälte fraß ihnen das Mark aus den Knochen. Der scharfe Wind entzündete ihre Augen, aber immer wieder taten sie tapfer ihre Pflicht.

Eines Nachts fuhr ein Blitz zwischen sie, und ihr guter Kamerad, der manches Stückchen Brot mit ihnen geteilt hatte, lag ausgestreckt zu ihren Füßen. Das Halfter entglitt seiner erstarrten Hand. Geblendet und starr vor Schreck standen die Pferde. Stimmen wurden laut, eine Hand riß sie vorwärts, spannte sie vor einen kleinen Wagen. Eine Mutter mit Kindern wurde hineingehoben, der Mann faßte die Pferde am Zügel, wendete, und langsam, Schritt für Schritt, tasteten sie den langen Weg zurück. Sie fuhren tiefe ausgefahrene Wege, umgingen Ortschaften, ruhten in Wäldern. Fremde Laute um sie herum und im Herzen die leise Trauer um den gefallenen Kameraden. Manchmal ein leises Wiehern, das wie ein zarter Abschiedsgruß klang. Das Fell schmutzig und zerzaust, Ungeziefer plagte sie, aber stetig wurden sie nach Westen getrieben.

Da kam das Große Haff, willenlos setzten sie ihre Hufe auf das Eis, bahnten sich den Weg zwischen verschneiten Hügeln hindurch . . . Leise hatte der Schnee die toten Leiber vieler Pferde bedeckt, noch in den Sielen vor den zerbrochenen Wagen.

Nach fast einer Ewigkeit spürten die zwei Pferde wieder Land unter den Hufen. Leise klang ein Kinderweinen im Wagen. Härter legten sie sich ins Geschirr. Sie spürten die gleiche Not dieser Menschen, unter welcher auch ihr guter Kamerad gelitten hatte. Weiter fuhren sie durch ein Land, verlassen und grausam anzusehen. Die Ahnung des Todes war stets um sie; die Haut zitterte vom Entsetzen, das sie erlebt hatten. Kaum war mehr eine Nacht, wo sie im Dunklen ihre brennenden Augen kühlen konnten. Feuerbrände loderten um sie.

Wieder mußten sie über Eis, es krachte bedrohlich, die wunden Hufe fühlten schmerzhaft die spitzen und scharfen Kanten. Aber sie schafften es auch dieses Mal.

Frühlingsstürme kamen auf; eine große Anzahl edler Pferde, vornehmlich Stuten mit ihren Fohlen, die auch über den Strom getrieben wurden, brachen unter der Naturgewalt des schrecklichen Eisganges in die dunklen Wassermassen ein. Die zwei Pferde hörten mit Grausen das Klagen und die Schreie der versinkenden Pferde. Viele kämpften tapfer, aber das Eis riß sie mit sich.

Stöhnend mußten sich die beiden Pferde weiterschleppen, und immer noch hörten sie die Todesschreie ihrer Leidensgenossen.

Und weiter ging der Weg, Stunde um Stunde, Tag um Tag, wann würden sie Ruhe finden? Eingepfercht in Wagenkolonnen, quälender Hunger und Durst. Nur dann ein inneres Lösen, wenn eine Kinderhand zart ihr rauhes Fell streichelte.

Ihr Instinkt sagte ihnen, daß sie nicht fern ihrer alten Heimat seien; sie hoben die Köpfe, die Nüstern atmeten den Duft der Landschaft ein. Mit unwiderstehlicher Kraft zog es sie dorthin, aber eine eiserne Faust zwang sie weiter auf den Weg nach Westen.

Endlich waren sie am Ziel, durften in einen warmen Stall, es duftete nach frischem Heu. Auf sauberem Stroh durften sie ihre müden, geschundenen Glieder ruhen. Nur noch die Angst stand in den Augen dieser empfindlichen Tiere, Angst, die sie nie vergessen würden.

Irgendwo in einem Walde haben die Götter den Pferden einen heiligen Hain geweiht, dort treffen sich die Seelen dieser stolzen und treuen Geschöpfe Gottes und besten Kameraden des Menschen . . .

## Die Geknechteten

Sie wurden hinter dicken Mauern zusammengepfercht. Mit einer Herde Vieh wären sie vielleicht menschlicher umgegangen. Sie wurden gemartert, gestoßen, das Wasser in den Zellen färbte sich rot. Das Herz wurde ihnen zerrissen, das Gehirn ausgesaugt und lichtlose, graue Spinnengewebe umnebelten fortan ihr Denken.

Die zu Skeletten abgemagerten Leiber krümmten sich unter der Knute. Schamlos ließen die armseligen Fetzen wundgestoßene Knochen sehen. Graue krallenartige Hände zerbrachen das schwarze klebrige Brot. Die gleiche Hand hätte auch mit tierischem Haß die Henker erwürgt.

Sie lebten Jahre in diesen Höhlen, ausgeschlossen, vergessen von der Menschlichkeit. Die Henker lebten mit ihnen, der Haß ließ sie auch nur vegetieren und jede letzte Milde erstarb in dieser schonungslosen eiskalten Nässe.

Da erbebte die Erde, die Steine brachen, Sonnenlicht erschien. Die entzündeten Augen, die sich tief in die Höhlen verkrochen hatten, schmerzten. Die Geknechteten warfen sich auf die Erde. Es dauerte lange, bis ihr Ohr ein sanftes Wehen vernahm. Es war nicht das Schwingen der Peitsche, das wußten sie. Sie horchten, sie vernahmen das Wort "Gnade". Nicht die menschliche Gnade, sondern eine höhere, göttliche Gnade. Aber ihr

Herz war verdorrt und sie konnten die Süße dieses Wortes nicht erfassen.

Die Mauern wichen, vor ihnen lag eine große Ebene, Ihre Füße fühlten wieder Gras und warme Erde. Die unschuldigen Menschen, die ausgeschlossenen Dulder, Geknechtete der Gruppe Macht, Gier und Geld, waren frei.

Sie wollten heim - Wo war das? Wo fanden sie ein Herz, das sie verstand und mit weicher Hand die harte Schale brechen konnte, welche sie umgab? Gab es noch Milde in der Zeit der rasenden Räder? War alles versunken, was einst lieb und wert?

Gab die Erde das Leben diesen unglücklichen Kindern noch einmal zurück? Werden sie diese Kluft langer Jahre überbrücken können, ohne dabei zu zerbrechen? Wollen wir uns alle die Hand reichen, und in unsere Mitte diese verstoßenen Menschen nehmen. Möge die heilige Erde, die in wunderbarer Schönheit jeden Tag aufs Neue uns beglückt, diese wunden Menschen heilen..

# CARL WEISSELBERGER

## DER RABBI MIT DER AXT

In der Lager-Hütte der orthodoxen Juden saß der Rabbi und las Talmud. Sein schmaler Kopf mit dem schwarzen Hut ging auf und ab über dem großen Buch. Der Rabbi war noch jung, höchstens fünfundzwanzig, aber sah wie ein Mann an die vierzig aus, das Gesicht mit dem kleinen rötlichen Bärtchen war bleich und die Augen vom vielen Lesen und Lernen gerötet, als ob sie entzündet wären, das abgezehrte Gesicht eines Asketen.... Kein Wunder! er hatte seit seiner Internierung keinen Brocken Fleisch mehr zu sich genommen, auch dann nicht, als es angeblich „koscher" war, aber er traute nicht dem Schächter aus der kleinen kanadischen Provinzstadt, konnte man denn wissen? Er lehnte auch den Genuß der Butter ab, den Käse, die Milch, konnte man wissen? -- Er war förmlich froh darüber, daß es soviel abzulehnen gab, je mehr, desto besser beinahe, so konnte man sich kasteien ---

Er grübelte eben über die Frage: Soll ein Jude niedrige Arbeit tun? Sein Kopf, sein rötliches Bärtchen schwankte hin und her über dem großen Buch. In den Sprüchen heißt es: Wer den Erdboden bearbeitet, wird satt zu essen haben. Aber der Talmud fügt hinzu: Wenn Du dich zum Knecht des Erdbodens machst, wirst Du satt zu essen haben. Wenn Du dich n i c h t zum Knecht des Erdboden machst, wirst Du nicht satt zu essen haben. Der Kopf, das Bärtchen schwankten, drehten sich, suchten nach einer Erklärung

Was soll man also tun? Was heißt es, daß man sich zum Knecht machen soll? ---

In diesem Augenblick drangen vier Soldaten mit Gewehren und aufgepflanzten Bajonetten in die Hütte und brüllten mit heiseren Stimmen: „Get out! Immediately! Alle sofort 'raus aus der Hütte! Ans Tor! An die Arbeit!"

An die Arbeit --- Da war sie -- Arbeitszwang -- Bisher waren sie, die Orthodoxen, die Rabbiner und die Chassidim, die Jeschiwoh-Bocher davon verschont geblieben. Die andern, die nicht so Frommen, die „liberalen" Juden im Lager und die internierten Christen waren von selbst vors Tor gegangen, hatten sich zählen lassen wie eine Herde Schafe, hatten Äxte, Hacken, Schaufeln, Sägen angefaßt, und waren hinausgegangen, zum Gräben graben, Bäume fällen, Holz sägen, weiß Gott, was noch alles --- Arbeitszwang! --- Offenbar hatte es nicht genug Freiwillige gegeben, so kamen sie zu ihnen hereingestürmt, in die orthodoxe Hütte und holten sie. Holten sie von den heiligen Büchern. Mit blitzenden Gewehren. Die kleinen, schwachen, blassen Jungen mit den nickenden Köpfen und Schläfenlöckchen, den bleichen, hageren Rabbi. Sie rissen sie von den heiligen Büchern weg, mitten aus dem Lernen heraus - Gott der Gerechte!

Keine Widerrede gab es. Mit drohend gefällten Gewehren standen sie da, Reschoim, auch sie --- es ist überall auf der Welt das gleiche.

Die Frommen, die Chassidim, die Jeschiwoh-Bocher, der Rabbi wurden ans Tor getrieben, reihenweise aufgestellt, zu zweit, ach dauerte das lange, bis es klappte! Dann mußten sie Äxte nehmen, schwere Äxte mit sehr scharfen, blauen Schneiden, Äxte in derselben Hand, die noch eben die alten, heiligen Blätter umgewendet...

„Ruhe! Gerade dastehen! schrie der Korporal oder was er war, und die Balnechomehs mit den Gewehren bewachten sie auf beiden Seiten, als ob sie schon im nächsten Augenblick ausbrechen wollten. Dann hieß es: „Quick march! Vorwärts, Marsch!" Ganz militärisch.

Eins zwei, eins zwei--- So ging's an dem Stacheldraht des Lagers vorbei (merkwürdig, ihn auch einmal von außen zu sehen!), die Straße entlang, in den Wald hinein, geradwegs in die kanadische Urwaldwildnis hinein. Bäume fällen! Juden Bäume fällen! Mit diesen Äxten da. Ausgerechnet sie -- Einz zwei, eins zwei --- Der Waldboden war ganz naß. Und schrecklich uneben. Hoppla! Jeden Augenblick stolperte man über eine Wurzel, über einen Stein. Auf und ab ging's. Und vorne, der Soldat mit dem Gewehr lief, daß man ihm kaum nachkommen konnte, und in der Mitte, die anderen Eskortierenden, trieben sie an: „Go on, boys, go on!"

Der blasse Rabbi marschierte ganz vorne. Sein schmaler Kopf hob und senkte sich beim Gehen, gewohnheitsmäßig. Seine langen Beine stelzten, unbeholfen eingeknickt, über die Hindernisse, die rechte Schulter, an der der Arm hing, die die Axt trug, hing schief herunter. Es kam ihm nicht der Gedanke, die Axt über der Schulter zu tragen. In seinem Kopf spukte, glomm noch die Frage, ob ein Jude niedrige Arbeit tun solle? Wenn du dich nicht zum Knecht machst --- Aber im Gehen, im Stolpern zerriß die Gedankenkette und die Axt zerschlug sie, zerschnitt die Reste --- es war schrecklich. Es war ein verlorener Tag. Er wäre mindestens bis zum 33. Kapitel gekommen, wenn man ihn nicht gestört hätte! Holzhacken -- Sagt nicht Rabbi Nehoroi: „Ich lasse alle Berufe der Welt fahren und lehre meinen Sohn einzig und allein Tora. Sie ist dem Menschen Genuß in dieser Welt und der Grundstock in der zukünftigen. Bei allen anderen Berufen ist das nicht so." Holzhacken --- Patschnass war der Boden. Mit jedem Tritt tappte man in eine Lache -- Einmal stürzte er beinahe, konnte sich aber im letzten Augenblick noch -- Gott sei Dank -- an einem herabhängenden Ast festklammern.

Warum heißt es aber, grübelte es in ihm weiter, warum heißt es aber, umgekehrt „Wer den Erdboden bearbeitet, wird satt zu essen haben" und im Talmud sogar: „Wenn Du dich nicht zum Knecht der Erde machst, wirst Du nicht satt zu essen haben?"

„Halt!" kommandierte der Korporal oder was er eigentlich war. „Hier!"

Das also war der Platz. Eine kleine Lichtung im Urwald. Mit einer höchst vagen Armbewegung bezeichnete er ihnen den Raum, wo sie zu schlagen hatten. „Und nur Birken, keine Tannen, hört ihr" fügte er hinzu, und etwas gutmütiger: „Die Birken brennen besser in den schlechten Monaten; wenn es in Strömen regnet, werdet ihr nicht hinausgehen können, so muß man eben jetzt soviel als möglich schlagen." Eine Erklärung für den Arbeitszwang. . .

Zwei Jungen fingen zuerst an. Ein kleiner, rothaariger mit Löckchen über den Ohren und ein hagerer, blasser Junge. Sie hieben, mit ihren Äxten, wie sich's traf, auf die Bäume ein. Ein Soldat von der Eskorte nahm dem einen die Axt aus der Hand und zeigte ihm, wie man es richtig machen müsse, von der Seite und nach unten zu! Das war ein Kerl. Der konnte mit ein paar Schlägen einen dicken Baum umhauen! Ein Kanadier, nun ja. So faßte er mit beiden Fäusten die Axt an, schwang sie hoch, bis über den Kopf hinaus und ließ sie auf den Stamm niedersausen. Du lieber Gott, wenn sie einem dabei auf den Fuß ---

Also so mußte man's machen. Zaghaft, vorsichtig, versuchten sie es nachzumachen. Und sieh nur, es ging, es ging besser, als sie zuerst gedacht hatten. Auch der hagere Rabbi mit dem rötlichen Bärtchen hob die Axt und hämmerte mit aller Kraft auf eine Birke los. Er hatte sich nicht einmal die dünnste ausgesucht, nein im Gegenteil! Ich bin älter und kräftiger als die kleinen Jungen, dachte er bei sich, und gut und tapfer arbeiten ist auch eine Mizwoh und ein Dienst an ihnen allen, am Judentum. Die Schläge, die er führte, zerschlugen freilich den letzten Rest des Gelernten. Wie wird das Gebet heute abend sein? fragte er sich besorgt, wieviele Schlacken werden wegzutragen sein. „Die Stunde des Gebetes ist der Kern und die Blüte deiner Zeit" (Diese Worte aus dem Kusari fielen ihm ein). „Und die übrigen Stunden sind nur Wege, die zu jener Stunde hinführen.. Ist Holzhacken ein Weg? Hoppla! Beinahe hätte er sich in den Fuß... Gott behüte!...

Man muß den Fuß weiter zurückstellen, so, so ist es besser! Sein Atem ging schwer. Er hörte sich keuchen wie ein Tier. Der Atem kam weiß und dick wie der eines Pferdes aus seinem Mund in die kalte Herbstluft. Er hätte nie gedacht, daß ein Mensch so keucht. Aber das macht nichts. Man muß --- man muß. Und sie sollen nur sehen,daß auch Juden --- Ham! Ham! fiel die Axt auf den Stamm, tief ins Weiße hinein, ins Fleisch des Baumes. Was hat der Baum getan? Ham! Ham! Dieses Hammans'! Aber man muß... „Wer seinen Geist beherrscht, ist mehr als wer eine Stadt besiegt!"

„Es gibt 14 Situationen, die ein Tier untauglich machen, geschlachtet zu werden" ging es ihm durch den Kopf, warum, wußte er nicht. Aber die Axtschläge zerschlugen den Gedanken. Sie drangen immer tiefer, fraßen sich in das Leben des Baumes, und der Baum ächzte und schwankte. Der Rabbi freute sich, weil er es auch konnte. Schließlich bin ich ja erst fünfundzwanzig, fiel ihm ein, und zum erstenmal fühlte er daß man mit fünfundzwanzig eigentlich noch jung war

„Vorsehen! Vorsehen! rief der kleine rothaarige Junge drüben, „geht zur Seite! Mein Baum fällt gleich!" Wie stolz er dieses sagte: „M e i n Baum" und wie er sich dabei umblickte, um Bewunderung einzuheimsen! Da stand der kleine Junge mit den roten Haarbüschelchen über den Ohren und drückte mit beiden Händen, mit aller Kraft den Stamm nieder, bis er mit allen Ästen und Zweigen knisternd, rauschendniederglitt auf den Waldboden. „So! Da haben wir ihn!" -- „Bravo, bravo, Mottel!" riefen die andern Jungen und klatschten in die Hände. Der erste gefällte Baum!

Aber jetzt kam noch das Entästen. Mit der Axt. „Da muß man besonders achtgeben", mahnte ihn der Rabbi wie ein alter Sachverständiger im Entästen von kanadischen Birken. Ach, wenn nur auch e r schon so weit wäre! Aber seiner brauchte noch eine kleine Weile. Er hatte sich ja einen viel dickeren Baum ausgesucht.

In den nächsten Minuten fiel auch ein zweiter und ein dritter Baum und noch einer und wieder einer. Rauschend, knisternd glitten sie nieder, die gefällten Bäume. Man mußte zur Seite springen. Immer wieder fielen sie rauschend, knisternd zwischen den andern Stämmen. Weiß Gott, fragte sich der Rabbi, einen Augenblick verwundert- verwirrt, haben wir sie auch wirklich geschlagen? Wenn Gott will, fallen Bäume, auch wenn man sie n i c h t geschlagen hat, fallen von links und von rechts und von überall, neigen sich und fallen... ganz wie von selbst. Der ganze Wald fällt in die Knie wenn Er will, und sie nur von oben anhaucht... Vielleicht geschieht ein Wunder, wenn gerechte Juden im Walde sind... und die Bäume fallen von selber...

Aber das war nur der Gedanke eines wunderlichen Augenblicks. Und die Bäume, das spürte er an der Müdigkeit seiner Hände, fielen weiß Gott nicht von selber.

Auch Jossel, der zarte, blasse Junge mit den großen dunklen Augen (der Lerneifrigste von allen) hatte einen sonderbaren Einfall.

Während er die Axt an den Baum lehnte, um sich ein wenig auszuschnaufen, wurde er von einer frommen Vision getroffen. Vielleicht war der Gedanke des Rabbi auf ihn hinübergesprungen, wie ein Funke, und hatte seine Phantasie entzündet. Er schaute in die grüne Dämmerung des Waldes und ein froher Schreck überfiel ihn: Wie, wenn aus der Waldtiefe plötzlich der Meschiach herauskäme, zwischen den Tannen auf einem Schimmel reitend, eine goldene Trompete in der Hand, und sie und alle Juden in der Welt wären plötzlich f r e i --- f r e i auf einen Schlag---!

„Hey! Go on, boy! Don't dream! Was geschlagen wurde, gleich wegtragen!" mahnte der Soldat.

Wegtragen! Die schweren Stämme! Mottel und Schloime schickten sich an, einen entästeten Stamm fortzutragen. Es dauerte eine gute Weile, bis sie sich einigten, wer vorne und wer hinten anpacken solle. Als sie endlich so weit waren, gab es ein kleines Mißverständnis: Mottel und Schloim marschierten in verschiedene Richtungen, der eine nach links und der andere nach rechts, so daß es aussah, als ob sie den Baumstamm auseinanderziehen oder ausdehnen wollten. „He, he, gebt acht, Ihr werdet noch den Baum zerreißen!" spotteten die andern lachend.

Bäumefällen im Wald... Es war im Grunde sehr fein und eine aufregende Abwechslung...

Nach zwei Stunden Arbeit gab es eine Pause. „Setzt euch nur nieder" bedeuteten ihnen die Soldaten. Sie setzten sich. Auf liegende morsche Baumstämme. Etwas ganz neues, ganz anderes, dachte der Rabbi. Mitten im Wald zu sein, anstatt im Lager, hinter Stacheldraht.

Die Sonne schien grüngolden durch die Baumnadeln. Wunderbar war das. Wunderbar ist das, ein Wald! fühlte der Rabbi. Auf diese Weise hatte er eigentlich noch nie einen Wald erlebt. So ganz tief drinnen mit den Sinnen, mit der Seele. Wunderbar ist der Wald. Er gibt nicht nur Holz zum Heizen im Winter. Und ein Obdach den Tieren. Er ist auch so gut, an sich gut. Und schön. Die Erde da mit den vielen, vielen Halmen und Gräsern und Wurzeln. Das roch alles voll Kraft und Leben. Der gestorbene Baum aber, auf dem er saß, war ganz von grünem Moos übersponnen. Er legte behutsam seine Hand darauf und streichelte es. Es war weich wie das Fell eines Tieres. Ganz, ganz feine weiche Pflänzchen bildeten das Moos. Viele, viele winzigkleine Pflänzchen. Sie alle zusammen waren „das Moos", wie wunderlich--- Was Gott alles vermag! Viele tote Bäume lagen da auf der Walderde, und Moose und Schwämme wuchsen auf ihnen. Und die anderen Bäume wieder lebten und waren voll dichter grüner Nadeln und Blättern, in denen die Sonne spielte... Und die Luft war so stark, so wundervoll anders als sonst. Sonst merkte man sie gar nicht, aber hier... Genau sowie er hier erst spürte, daß er ein Herz im Leib hatte, das noch lebhaft schlug von der schweren Arbeit. Von der Arbeit und vielleicht auch ein wenig vor Staunen und Freude über das Neue... Der Wald war unendlich. Baum an Baum. Baum an Baum, so tief man blickte. Grüne, dämmerige Tiefe.

Drinnen waren gewiß Rehe und Hirsche und Elche, vielleicht sogar Bären, Gott der Gerechte. Eine eigene Welt von Gott. Und darüber zwischen den Baumkronen der Himmel mit ziehenden Wolken. Das alles war sehr groß und schreckerregend.

Der kleine blasse Junge mit den weiten dunklen Augen (der Lerneifrigste von allen) saß auf dem benachbarten Stamm unter einer grünen Fichte. Er saß mit eingezogenen Knien da und empfand sie sonderbar leer, da kein Buch darauf lag. Er träumte vor sich hin. Er träumte sich in den Wald hinein, in den unendlichen, grünen Wald hinein und auf der andern Seite wieder heraus, in die große, freie Welt. Da drüben lag Amerika. Große Städte mit Millionen von Juden, mit Synagogen, Schulen, Büchern, mit der berühmten Jeschiwoh, auf der er sitzen würde... Amerika... Oh, er wird seinem Vater, so wie er dort ist, sofort ein Affidavit verschaffen, seinem Vater in Deutschland.

„Go on, boy!" riefen die Soldaten. Die Pause war zu Ende. Man nahm wieder die Äxte, die an den Bäumen lehnten, zur Hand, und begann von neuem auf die Bäume einzuschlagen. Merkwürdig, es ging jetzt viel besser und rascher. Erstaunlich viele neigten sich und stürzten knisternd nieder. Und wurden geschickt entästet, mit kurzen, raschen Axthieben, daß die Äste und Zweiglein nur so wegflogen. Und dann wurden sie fortgetragen auf den freien Platz, fast ohne Streit und Debatte---

Um halb 12 kommandierte der Soldat „Schluß! Schluß machen!" Um ihren Fleiß zu zeigen, überhörten einige geflissentlich den Befehl und hämmerten weiter auf ihre Stämme hin, um sie noch im letzten Augenblick zu bezwingen. „Come on!" drängten die Soldaten, die schon nach Hause wollten. „Aufstellen in Zweierreihen!" Zum Zählen. Das Zählen war eine bloße Formalität. Stimmt. Stimmt. Keiner war davongelaufen. Wohin sollten sie denn auch?

Dann hieß es: „Quick march!" Und die Kolonne der Baumfäller marschierte. Über Wurzeln, faulende Stämme, Steine. Über Wasserrinnsel und Gräben. Auf und ab. Aber es ging jetzt viel leichter als auf dem Herweg. Als einer hinfiel, lachten sie hell auf. Der junge Rabbi trug jetzt die Axt über der Schulter, recht wie ein kanadischer Holzfäller und sprang mit seinen langen geknickten Beinen geschickt über Lachen und Gräben.

So kamen sie auf die Straße hinaus. „Eins zwei, eins zwei" kommandierte Mottel. Und die Chassidim, die Jeschiwoh-Bocher mit ihrem Rabbi an der Spitze marschierten beinahe stramm, wie Soldaten. Jeder die Axt geschultert, den Schaft mit der rechten Faust umklammert. Arbeiter, richtige Waldarbeiter...

Der Rabbi marschierte vornean. Ein Vormann, ein Führer. Sie begannen Lieder zu singen, hebräische Lieder von Palästina und von der Arbeit.

Ein Auto sauste an ihnen vorbei. Dann surrte es oben in den Wolken. Ein Flugzeug. Oh, die Welt war so weit, so hell, so frei...

Trapp, trapp, trapp marschierten sie, bis sie zum Stacheldraht kamen, in ihr Gefangenenlager. Am Tor lieferten sie die Äxte ab. Und marschierten, nach abermaliger Zählung, durch das Lagertor in ihre Hütte.

Eigentümlich dumpf war es darin. Dumpfig und enger als sonst. Aber so wie sie ordentlich zu Hause waren, griffen sie sofort nach den Büchern, holten sie hinter den Betten und Kissen hervor, und setzten sich ans Lesen und Lernen.

Auch der Rabbi mit dem rötlichen Bärtchen saß gebückt und wie ein Mann über vierzig über dem Talmud, und schaukelte mit dem Kopf und mit dem Körper und vertiefte sich in die vorhin unterbrochene Frage: „Soll ein Jude niedrige Arbeit tun?
In den Sprüchen der Väter heißt es: Wer den Erdboden bearbeitet wird satt zu essen haben. Aber der Talmud meint: Wenn Du dich nicht zum Knecht des Erdbodens machst, wirst Du nicht satt zu essen haben. Rabbi Nehoroi meint andererseits: „Ich lasse alle Berufe der Welt fahren und lehre meinen Sohn nur Tora... Bei allen anderen Berufen ist das nicht so".

Der schmale Kopf des Rabbi ging auf und nieder, schwankte, schwankte. Irgendwo in der Ferne, in einem dämmerdunklen Winkel seiner Seele, stürzten rauschend, knisternd Bäume zu Boden.

*ESSAY*

# ARNOLD DYCK

## Mennonitisches Vorwort

Wenn wir an der Schwelle des neuen Jahres Rückschau halten auf das ablaufende Jahr 1944 und dabei zu erkennen versuchen, welche unter seinen vielen Ereignissen und Erscheinungen für unsere Gemeinschaft das Wichtigere und Bedeutendere, vielleicht Folgenschwerere gewesen, so kann darüber kaum ein Zweifel bestehen, daß dieses die Erschütterung ist, die einer der Grundpfeiler unseres Glaubensbekenntnisses — die Wehrlosigkeitslehre — erlitten.

Man schreibt nicht davon, auch spricht man nicht viel davon, und dennoch beschäftigen sich unsere Gedanken immer wieder damit, da wir alle es dumpf empfinden, daß angesichts der weit über 1000 jungen Männer unserer Gemeinschaft, die das Gewehr ergriffen haben, eine Ueberprüfung des Wehrlosigkeitsgrundsatzes nicht wird zu vermeiden sein. Man wird es übrigens kaum so nennen, aber durch die erzwungene Stellungnahme der einzelnen Gemeinden denjenigen ihrer Glieder gegenüber, die das Wehrlosigkeitsgebot übertreten haben, nehmen die Gemeinden gleichzeitig auch Stellung zu dem Lehrprinzip selber, und wird ihr Entscheid bekunden entweder ein Festhalten daran oder ein Abweichen davon, falls nicht zu einer Kompromißformel Zuflucht genommen wird.

Diese Verschärfung der durch den Krieg neuaufgerollten Wehrlosigkeitsfrage in einem Ausmaß, durch das eine Krise in den Bereich der Möglichkeit rückt, überragt an Bedeutung alles andere, was sonst das abscheidende Jahr unserer Gemeinschaft an Gutem oder Bösem gebracht.

Was sonst nun hat dieses Jahr uns gebracht? Bei oberflächlichem Hinsehen wird unser Auge vielleicht mehr an den äußeren Dingen haften bleiben, wird sich von dem „materiellen Guten" fesseln lassen und dabei übersehen, daß dieses Gute — das Positive — nur aus dem Negativen der heutigen außerordentlichen Verhältnisse erwachsen konnte; denn letzten Endes ist die gegenwärtige Prosperität ein Kind des Krieges und schon daher allein ungesund. Und doch dürfte sie manches Gute wirken; und wie aus den verschiedenen Berichten dieses Jahrbuches ersichtlich wird, wirkt sie es auch.

Die guten Preise auf alle landwirtschaftlichen Produkte, die hohen Arbeitslöhne, volle Beschäftigung für alle Arbeitsfähigen und Arbeitswilligen haben eine allgemeine Verbesserung der Wirtschaftslage gebracht, so daß selbst der kleinste Mann, der Handwerker und Tagelöhner, nach den schweren Depressionsjahren erleichtert aufatmet. Durch Preisbegrenzung, durch Ueberwachung und Regulierung von Produktion und Verbrauch, durch

Kontrolle des Handels und durch andere auf dasselbe Ziel gerichtete Maßnahmen ist es der Regierung soweit gelungen, einer Inflation zu wehren; so daß trotz den unnormalen Verhältnissen die Abwickelung des Wirtschaftslebens als normal bezeichnet werden kann. Und jeder kluge Mann nimmt heute die Gelegenheit wahr, seine wirtschaftliche Lage zu stabilisieren: trägt Schulden ab, erwirbt Eigentum u.s.w., um einem vielleicht dennoch kommenden Rückschlag in der Landeswirtschaft gefestigter zu begegnen.

Daß grade auch die Mennoniten, in denen immer noch ein gesunder Wirtschaftsinstinkt und ein praktischer Sinn stecken, bemüht sind, sich fester und unabhängiger zu begründen, findet man überall. Man sieht bei ihnen neue Wohn- und Wirtschaftsgebäude entstehen, sieht, daß neue Maschinen angeschafft werden, daß mehr Land aufgebrochen wird u.s.w., u.s.w.

Die sichtliche Aufbesserung der Geldverhältnisse hat es auch mit sich gebracht, daß man angefangen hat, nicht allein danach zu fragen, wie man am reichlichsten zu seinem täglichen Brot kommt, sondern man beginnt immer mehr auch danach zu fragen, wie man auch sonst sein Leben etwas angenehmer gestalten kann. Letzterer Wunsch ist nicht zuletzt der Beweggrund, wenn heute so viele unserer Farmer die Prärie verlassen und nach British Columbia oder nach Ontario gehen. Sie erwarten nicht soviel, dort besser „ihr Leben zu machen", als es leichter zu machen, und leichter auch nicht im Sinne von weniger oder weniger anstrengender Arbeit als dadurch, daß diese Arbeit nicht noch durch ein rauhes und hartes Klima erschwert wird. Besonders sind es die Letzteingewanderten, die sich immer noch durch den strengen, vornehmlich aber langen Präriewinter bedrückt fühlen und schließlich, mürbe gemacht, die sich jetzt bietende Gelegenheit benutzen und vom traditionellen Weizenbau zum Obst- und Gemüsebau überwechseln.

Zur Ehre der mennonitischen Gemeinschaft muß nun noch gesagt werden, daß nicht aller Ueberschuß aus der Wirtschaft für eigennützige Zwecke aufgebraucht wird. Recht bedeutende Beträge fließen auch den verschiedenen Unternehmungen gemeinnütziger Art zu, worüber auch das vorliegende Jahrbuch wieder einiges zu berichten weiß.

Zusammenfassend läßt sich im Rückblick auf das ablaufende Jahr sagen, daß auch unser Volk an dem allgemeinen wirtschaftlichen Aufschwung teil hat; inwieweit es dabei aber nicht „Schaden an seiner Seele" nimmt, werden erst die Nachkriegsjahre zeigen, denn erst dann wird eine richtige Abwertung von Gut und Böse, das uns der Krieg gebracht, möglich sein.

Im Dezember 1944

Der Herausgeber

# HARTMUT FROESCHLE

## Das deutschkanadische Vereinswesen

Seit es Sprachdeutsche in Kanada gibt, existieren dort deutsche Vereine. Diese Organisationen und Klubs sind für die der offiziellen Landessprache unkundigen Neueinwanderer als Informationszentralen und Orte der Geselligkeit von großer Bedeutung. Da viele Einwanderer den Wunsch hegen, die Brücken zur alten Heimat hinter sich abzubrechen und möglichst schnell in der anderssprachigen Mehrheit zu assimilieren, frequentieren sie die deutschen Vereine nur so lange, bis sie die Verkehrssprache hinlänglich gut beherrschen, um sich in der neuen Heimat zurechtzufinden.

Für eine Minderheit bedeutet aber die Zugehörigkeit zur deutschen Sprach- und Kulturgemeinschaft einen seelischen Wert; diese Menschen sind auf die Pflege ihrer Muttersprache bedacht und unterstützen deutsche Vereine auch und gerade dann noch, wenn sie die Landessprache fließend sprechen. Sie wissen, daß Kultur und Sprache so eng verflochten sind, daß die Aufgabe einer Sprache auch den Verlust der kulturellen Werte der betreffenden ethnischen Gemeinschaft nach sich zieht. Diese Menschen denken nicht ausschließlich in staatlichen, sondern auch in ethnischen, sprachlichen und kulturellen Kategorien. Sie sehen keine Pflicht darin, sich des sprachlichen und kulturellen Erbes ihres Herkunftslandes zu berauben, um dadurch gute Kanadier zu werden. Im Gegenteil, sie vertreten die Meinung, daß ein fließend zweisprachiger Kanadier seinem Staat besser dienen kann als einer, der nur eine Sprache beherrscht. Die Beibehaltung einer nichtenglischen Sprache hat für diese Menschen mit mangelnder Loyalität zum kanadischen Vaterland überhaupt nichts zu tun. Heute ist die Sprache der französischen Siedler Kanadas der englischen gleichberechtigt; Bilingualismus bezeichnet die offizielle Kulturpolitik der kanadischen Bundesregierung. Auf die Tatsache, daß den französischen Kanadiern trotz des englischen Sieges von 1759 in der Quebec-Akte (1774) und der Konstitutionsakte (1791) einige Sonderrechte hinsichtlich der Religionsausübung, der Rechte des französischen Klerus und des französischen Zivilrechts zugestanden wurden, ist es zurückzuführen, daß die Frankokanadier sich beim Eroberungsfeldzug der Amerikaner 1812–14 der britischen Krone gegenüber loyal verhielten.

Seit etwa drei Jahren ist die kanadische Regierung in Anbetracht des starken Anteils nichtenglischer und nichtfranzösischer Volksgruppen am Anteil des kanadischen Staatsvolkes noch einen Schritt weitergegangen und definiert ihr kulturelles Konzept als zweisprachig und multikulturell. Damit sind die ethnischen Vereine über ihre gesellige Funktion hinaus von der Regierung offiziell als integraler Bestandteil der kanadischen Kultur anerkannt. Man kann sagen, daß mit der offiziellen Verkündung des „Multikulturalismus" erstmalig ein westlicher Staat seine Kulturpolitik auf den ethnischen Gruppen aufbaut und freiwillig auf die sprachliche Zwangsassimilation der eingewanderten Minderheiten verzichtet – ein Vorgang von großer historischer Bedeutsamkeit. (In Mittel- und Osteuropa, wo sich die Grenzen oft veränderten und Staats- und Volksgrenzen viel weniger übereinstimmten als in Westeuropa, definierte man schon seit Herder und seinen Schülern das Volk als Abstammungs-, Sprach- und Kulturgemeinschaft, während im Westen meist Staatszugehörigkeit mit Volkszugehörigkeit gleichgesetzt wurde. Durch diese Gleichstellung von Volks- und Staatsbegriff sind schon viele Mißverständnisse entstanden, gerade auch unter den nach Nord- und Südamerika ausgewanderten Europäern, die in der neuen Heimat eine ethnische Minderheit darstellen. Assimilieren oder nicht assimilieren – dies war für jeden Auswanderer eine Existenzfrage.) Heute dämmert es immer mehr Menschen in Kanada, daß man ein guter kanadischer Staatsbürger sein kann, ohne seine ukrainische, italienische, polnische etc. Muttersprache aufzugeben, d. h., daß man gleichzeitig dem kanadischen Staatsvolk und dem ukrainischen, italienischen, polnischen Sprach- und Kulturvolk angehören kann. In dem historischen mitteleuropäischen Vielvölkerstaat der Schweiz ist diese Erkenntnis schon lange Allgemeingut der Staatsbürger.

Zum gegenwärtigen Zeitpunkt jedenfalls ist das deutsche Vereinsleben in Kanada sehr lebendig und vielgestaltig. Man kann verschiedene Arten von Klubs unterscheiden. An erster Stelle sind die der Geselligkeit gewidmeten Vereine zu erwähnen, mit ihren Spiel-, Tanz-, Sing- und Sportgruppen, die in einer Reihe von Städten eigene Klubhäuser, meist mit eigenen Restaurants, haben (z. B. in Montreal, Toronto, Hamilton, Kitchener, Windsor, Winnipeg, Calgary, Vancouver). Der älteste dieser Vereine ist die 1835 gegründete Deutsche Gesellschaft in Montreal. Eine Untergruppe dieser Vereine stellen die Liebhabervereinigungen dar, wie Jäger-, Angler-, Schützenvereine. Recht zahlreich sind auch die landsmannschaftlichen Zusammenschlüsse (Österreicher, Schweizer, Berliner, Donauschwaben, Sudetendeutsche, Rußlanddeutsche etc.). An einigen größeren Orten gibt es auch Berufsverbände (wie die deutschkanadische Handelskammer in Toronto, Vereinigungen deutscher Geschäftsleute in Montreal, Toronto, Winnipeg u. a., der Verband deutscher Ingenieure in Toronto). Vereine mit ausgesprochen sozialpolitischen Zielsetzungen (z. B. das Deutsche Hilfswerk in Kitchener- Waterloo) waren vor allem in der ersten Nachkriegszeit und während der Zeit riesiger Einwandererschwärme wichtig; die meisten von ihnen haben inzwischen ihr Aufgabenfeld erweitert. Vereinigungen mit ausschließlich oder vorwiegend kulturellen Zielen sind der „Deutschkanadische Sängerbund" (mit Chören in Kitchener, London, Hamilton, Stratford, Ottawa, Montreal, Toronto, Windsor), der „Deutschkanadische Kunstrat" und die „Historische Gesellschaft von Mecklenburg Upper Canada" in Toronto, der „Deutschkanadische Kulturkreis" in Vancouver, der „Mennonitische Verein zur Pflege der deutschen Sprache" in Winnipeg, der deutsche Sprachklub in Ottawa und die meist kurzlebigen und fluktuierenden Sprachklubs an den German Departements der Universitäten.

Die Gesamtzahl aller lokalen deutschkanadischen Vereine ist mit 500 wohl nicht zu hoch gegriffen. (Statistiken wurden darüber nie veröffentlicht.)

## Das 'Deutschkanadische Jahrbuch', sein Inhalt und seine Zielsetzung

Seit der Gründung des Dominions Kanada dauerte es ziemlich lange, bis die Kanadier anfingen, über ihr Erbe und ihre Identität zu philosophieren. Die Quebecer separatistische Bewegung und der starke Zustrom von nichtbritischen europäischen Einwanderern im letzten halben Jahrhundert trugen entscheidend zum Erwachen der neuen Haltung bei, welche heute die besten Kanadier beseelt, nämlich jene, die eine gesicherte Zukunft für ihr Land erstreben. Die Jahrhundertfeiern im Jahre 1967 markierten einen ersten Höhepunkt des allmählichen Bewußtwerdens eines kanadischen nationalen Eigencharakters, der – wenn man nur einmal unter die Oberfläche der Phänomene vordrang – sich als verschieden erwies sowohl vom britischen Mutterland, das Kanada seine sozialen und politischen Institutionen gegeben hatte, als auch von den Vereinigten Staaten von Amerika, aus denen zahlreiche technische Errungenschaften und Denkweisen über die kanadische Grenze vorgedrungen waren.

Nach der glänzenden Weltausstellung in Montreal, die in aller Welt mit viel Lob bedacht wurde, entwickelten viele Kanadier, manche zum ersten Mal in ihrem Leben, großen Stolz auf ihr Land. Seit dieser Zeit kann man in Kanada ein neues Nationalgefühl wachsen sehen, das teilweise negative Züge aufweist (nämlich Ressentiments gegen den Nachbarn im Süden), zumeist aber als eine positive, konstruktive und ermutigende Kraft angesehen werden muß. Immer mehr Stimmen verschafften sich Gehör, die eine bessere, wahrheitsgetreuere, vollständigere und farbigere Darstellung der kanadischen Geschichte forderten.

Im April 1972 faßte Premierminister Trudeau diese Gefühle in folgende denkwürdige Worte: 'Zeitungen, Universitäten und Regierungen, sie alle könnten mehr tun, um die Kanadier von ihren eigenen einzigartigen Leistungen zu unterrichten. Im Endeffekt beraubt man uns viel aufregender Lektüre; mehr noch, man enthält uns einen Teil von uns selbst vor. Wir müssen regelmäßig an die Wunder erinnert werden, die von Kanadiern vollbracht wurden.'

Die Kanadier deutscher Herkunft sind von diesem neuen Geist nicht unbeeindruckt geblieben. Als Angehörige der 'größten nichtbritischen, nichtfranzösischen Volksgruppe in Kanada', von denen 'einige hier ankamen, noch bevor entschieden war, ob Kanada französisch oder englisch werden würde', und von denen 'andere aufs engste mit jeder späteren Besiedlungsphase verknüpft waren' (Henry Seywerd in der 'Encyclopedia Canadiana') werden sie sich in zunehmendem Maße bewußt, daß sie eine lange und interessante Geschichte in diesem 'Land von heroischen Ausmaßen' (P.E. Trudeau) haben. Viele Deutschkanadier, die aufgrund der furchtbaren politischen Umwälzungen in unserem Jahrhundert, welche ihre alte und ihre neue Heimat in verschiedene, einander feindliche Lager brachten, sehr lange eingeschüchtert waren und deshalb ihre staatsbürgerlichen Möglichkeiten in Kanada nicht voll ausschöpften, begrüßten das neue Regierungskonzept des 'Multikulturalismus' als eines der 'Wunder, die von Kanadiern vollbracht wurden'. Endlich war die Vision weniger fortschrittlicher, weitsichtiger und mutiger Männer Allgemeingut geworden, nämlich die Einsicht, daß Integration und Harmonie nicht unbedingt Assimilierung bedeutet, daß die 'Hoffnung der Menscheit im Multinationalismus liegt' (P.E. Trudeau), daß die Leitsprüche unserer Zeit 'Einheit ohne Uniformität' (Lester B. Pearson) und 'Einheit in der Vielfältigkeit' (Robert H. Winters) sind. Einer der Architekten Kanadas, Premierminister Sir Wilfried Laurier, formulierte als erster vor etwa 60 Jahren diese große Vision: 'Ich habe in England eines dieser Wunderwerke gotischer Architektur besichtigt, welches die Hand des Genies, geführt von einem Glauben, der keinen Irrtum kennt, zu einem harmonischen Ganzen gefügt hat. Diese Kathedrale wurde aus Marmor, Eiche und Granit erbaut. Dieses Bild einer Nation habe ich vor Augen, wenn ich an die Zukunft Kanadas denke, wie ich sie mir wünsche. Denn in diesem Land sollen der Marmor, der Granit und die Eiche das bleiben, was sie sind; und aus allen diesen Elementen möchte ich eine Nation aufbauen, die die anderen Nationen an Größe überragt.' Sir Laurier wußte, daß Anerkennung und Förderung des multikulturellen Erbes seines Landes nicht Zerstückelung oder Entzweiung der Nation bedeutet; er erkannte, daß Zwangsassimilierung Frustration, Mißtrauen und Leiden gebiert und auf lange Sicht keine Bereicherung, sondern Verarmung der Menschenkraft einer Nation hervorruft; daß andererseits freie, aufrichtige Zusammenarbeit und friedlicher Wettbewerb zwischen den Einzelpersonen und den verschiedenen kulturellen Gruppen ein geistiges Klima des Aufschwungs, der Initiative und der Hingabe mit sich bringt, das eine lichte Zukunft für dieses große Land sichert.

Mit seiner relativ kleinen Bevölkerungszahl, seinem riesigen Territorium und seinen fast unbegrenzten Bodenschätzen ist Kanada ein Land, das, zumindest noch für einige Zeit, auf einen ständigen Zustrom von unternehmungsfreudigen

Einwanderern angewiesen ist. Das Konzept des Multikulturalismus ist ein hervorragendes Mittel, um schöpferische Menschen zur Einwanderung nach Kanada zu bewegen. Man sollte nicht vergessen, daß viele Einwanderer der letzten Jahrzehnte Kanada als neues Heimatland auswählten, weil sie ihre individuelle und nationale Eigenart, die durch freiheitsfeindliche politische oder religiöse Obrigkeiten bedroht war, retten, nicht weil sie sie aufgeben wollten.

Die wachsende ethnische Bewußtwerdung in Kanada spiegelt sich nicht nur in der Haltung der Regierung, sondern auch in der zunehmenden Zahl von Büchern und Artikeln auf dem Felde der ethnischen Studien. Wie die *Canadian Ethnic Groups Bibliography* (Bibliographie der ethnischen Gruppen Kanadas) von Andrew Gregorovich (Toronto 1972) zeigt, wurde historische Forschung über die Deutschkanadier seit dem Anfang unseres Jahrhunderts von kanadischen und deutschen Autoren betrieben, und die Ergebnisse konnte der interessierte Leser in Veröffentlichungen wie den Jahresberichten der Historischen Gesellschaft von Waterloo, den Vorträgen und Berichten der Historischen Gesellschaft von Ontario, dem *Journal of American Folklore* und anderen Zeitschriften finden.

Aber diese Forschung wurde unsystematisch von Einzelpersonen betrieben, die oft voneinander nichts wußten. Die Anzahl von Veröffentlichungen auf dem Gebiet deutschkanadischer Forschung nahm in den 50er und 60er Jahren beträchtlich zu. In den 50er Jahren befaßte sich die *German-Canadian Review,* von deren Autoren einige an unserem Jahrbuch mitarbeiten, mit der Geschichte und Gegenwart der Deutschkanadier; die kanadische Zeitschrift für germanische Studien *Seminar* widmete einen Großteil ihrer Frühjahrsausgabe von 1967 der deutschen Presse und Sprache in Kanada; und die *Canadian Ethnic Studies* enthielten vom Beginn ihres Erscheinens im Jahre 1969 an Artikel über deutsche Sprache und Literatur in Kanada.

Aber trotz des erfreulichen Anwachsens der deutschkanadischen Forschung herrschte immer noch ein Mangel an gegenseitiger Verständigung, an fruchtbarem Dialog. Eine Veröffentlichung wie unser Jahrbuch war längst überfällig. Das *Deutschkanadische Jahrbuch* soll ein bedeutender, nicht mehr wegzudenkender Beitrag zu den kanadischen ethnischen Studien werden. Es ist gedacht als ein Forum für alle Deutschkanadier und für die Gelehrten und Fachleute, aus dem akademischen wie auch aus dem nichtakademischen Bereich, die sich mit deutschkanadischen Problemen befassen. Der Ausdruck 'deutsch' wird nicht im politischen, sondern im ethnischen, d.h. sprachlichen und kulturellen Sinne gebraucht. Unter Deutschkanadiern verstehen wir im Sinne der in Amerika allgemein gebräuchlichen Terminologie alle Kanadier deutscher Sprache und

Kultur, ob sie nun aus der jeweils 'Deutschland' genannten politischen Einheit oder aus anderen Ländern kamen. Ein Vergleich mag unsere Definition illustrieren. Wie die Engländer, Schotten und Walliser durch die englische Sprache, ihre geographische Nachbarschaft und das Bekenntnis zu Großbritannien zusammengehalten werden, ohne innerhalb dieses größeren Ganzen ihren eigenen Charakter zu verlieren, so haben auch die deutschsprachigen Menschen in Mitteleuropa (die Deutschen, Österreicher, Schweizer, Luxemburger, Elsässer etc.) wie auch die Volksdeutschen (oder, um die neuere Fachterminologie zu gebrauchen, die ethnisch oder Sprachdeutschen) in Osteuropa und Übersee alle ihre regionalen Eigenheiten innerhalb des umfassenden Rahmens der deutschen Sprache und Kultur entwickelt. Alle sprachschöpferisch tätigen Menschen in den kleinen deutschsprachigen Ländern und unter den Grenz- und Auslandsdeutschen haben sich immer als Teil des deutschen Volkes im kulturellen Sinn gefühlt; sie waren und sind sich im klaren darüber, daß sie durch künstliche Absonderung vom Hauptstrom deutschen Denkens und Dichtens unweigerlich einem selbstgenügsam-ärmlichen Provinzialismus verfallen müßten.

Ob im heutigen Kanada ein Deutschstämmiger, der Deutsch nicht mehr sprechen, ja sogar nicht mehr verstehen kann, sich trotzdem der deutschen kulturellen Gruppe in Kanada zurechnet, ist eine Sache persönlicher Entscheidung. Eine entsprechende Umfrage in den Vereinigten Staaten hat jedenfalls gezeigt, daß sich eine sehr große Zahl von Amerikanern, die kein Wort Deutsch mehr verstehen, zu ihrer deutschen Herkunft bekennen. Es ist auch bekannt, daß es englisch- und französischsprachige Kanadier gibt, die sich bewußt sind, daß ihre Vorfahren aus deutschprachigen Ländern kamen und die sich deshalb für die deutschkanadische Thematik interessieren.

Der Schriftleiter und die Mitarbeiter des 'Deutschkanadischen Jahrbuchs' möchten sich an Leserkreise sowohl in Kanada als auch in Deutschland wenden, sie möchten ihren Teil zum deutsch-kanadischen Kulturaustausch und zur deutsch-kanadischen Freundschaft beitragen. Sie beabsichtigen, in Kanada nicht nur die Deutschkanadier anzusprechen, sondern auch die Angehörigen anderer ethnischen Gruppen im Lande, die sich für die spezielle Thematik des Jahrbuchs interessieren; obwohl wir als unser Spezialgebiet die Leistungen und Probleme der Deutschkanadier ausgewählt haben, wollen wir immer die größere, allgemeinere multikulturelle Landschaft Kanadas im Auge behalten. Auf diese Weise werden wir unseren Beitrag leisten zur Diskussion über die aktuellen kanadischen Probleme und Vorstellungen und damit den Sprachdeutschen in Europa Informationen über das heutige kanadische Leben vermitteln.

Obwohl wir in unseren historischen, soziologischen, sprachlichen und literarischen Artikeln wissenschaftliche Genauigkeit anstreben, wird die Themenwahl in den Jahrbüchern weit genug sein, um den verschiedensten Geschmäckern etwas zu bieten. Jedes Jahrbuch wird auch durch schwarz-weiße sowie farbige Bilder illustriert werden. Beiträge sind willkommen in deutscher und in den beiden offiziellen kanadischen Sprachen.

Das Jahrbuch gliedert sich in verschiedene Sektionen. Sektion I enthält Beiträge allgemeinerer Natur über Probleme historischer Forschung, kanadische Eigenart, Multikulturalismus, ethnische Studien, Volksgruppenrecht und dergleichen Dinge. Die beiden folgenden Sektionen umfassen Artikel über deutschkanadische Themen im Bereich von Geschichte, Soziologie, Sprache, Schrifttum und Kunst. In Sektion IV findet der Leser kurze Porträts bedeutender Deutschkanadier aus Vergangenheit und Gegenwart, welche die Grundsteine zu einer 'Deutschkanadischen Biographie' legen sollen. Großer Raum wird der nächsten Sektion, dem Dokumentationsteil des Buches, eingeräumt, welcher Berichte über kanadisches Pionierleben aus der Feder von Deutschen und literarische Werke von Deutschkanadiern darbietet. 'Deutsches Erbe' lautet die Überschrift von Sektion VI; aus Anlaß von Gedenktagen werden kurze Würdigungen großer Deutscher erfolgen, die einen bedeutenden Beitrag zur Weltkultur geleistet haben. In Sektion VII berichten deutschkanadische Organisationen über ihre Geschichte und gegenwärtige Aktivität. Die letzten beiden Sektionen des Buches enthalten Buchbesprechungen und Bibliographien. Da es unsere Absicht ist, mehr systematische Forschung anzuregen, und da viele der früher geschriebenen Bücher und Zeitschriften an abseitigen Plätzen oder in seltenen Zeitschriften, die dem großen Publikum praktisch unzugänglich sind, veröffentlicht worden sind, haben wir keine Bedenken, all das wichtige Material im Laufe der Zeit nachzudrucken, so daß dieses Material nach dem Erscheinen von einer Reihe unserer Jahrbücher der breiteren Öffentlichkeit zugänglich ist und zukünftiger Forschung dienen kann.

Wir hoffen, daß diese unsere jährliche Publikation diesseits und jenseits des Ozeans die nötige Unterstützung von Bibliotheken, höheren Lehranstalten und dem allgemeinen Lesepublikum finden wird, damit wir unsere hochgesteckten Ziele verwirklichen und ein langes Leben für unser Jahrbuch garantieren können, welches als eine Bereicherung des kanadischen Kulturlebens und eine Brücke zwischen Kanada und den deutschsprachigen Ländern Europas gedacht ist.

## HANS HARDER

# Das Jahrbuch

## Eine Plauderei als Mahnung

Ich will es gern gestehen: als mich der Brief des Warte-Schriftleiters vom 2. Februar erreichte, war mir, als hielte ich eine bedrückende Todesanzeige in Händen: „. . . denn die Warte ist eingegangen". Und wie man so tut bei solcher Nachricht über den Verlust eines guten Freundes: ich stellte mich ans Fenster und sah lange mit trüben Augen über die winterliche Landschaft.

Da ist nach viel Notzeit eben ein zager Versuch bei uns unternommen worden. Unser mennonitischer Volksboden in aller Welt hat Erschütterungen ohnegleichen erlebt, und in seinem russischen Teil hat ihn schon ein rechtes Erdbeben geschüttelt. Der Pflug namenloser Leiden hat unseren harten Acker gewendet. Man müßte, denkt da einer von uns, ja, man müßte . . . . inmitten des Neubaus unserer Felder ein Blumengärtlein abgrenzen, so eine Ecke, billig genug, daß wir alle uns an den Abendstunden zusammensetzten, um über den grauen Alltag hinaus nach unserem Woher und Wohin zu fragen und zu sprechen. Denn das große Leben hat uns alle nach unserer Existenz und nach unserem Recht darauf sehr laut gefragt, unüberhörbar laut. Da braucht es ein Plätzchen, wo man gemeinsam nach der Arbeit aufatmet und ob der bunten Blumen und Blüten staunt und sich wieder besinnt. Man müßte hier seines bescheidenen Gärtleins „warten" . . . Das wäre ein schöner Trost nach viel Trostlosigkeit. Und der wagemutige Gärtner geht monatlich durch den kümmerlich aufblühenden Winkel, beobachtet und wartet, ob der aufgelockerte Boden nicht doch trägt. . .

Aber siehe da! Die mit Recht erwartete Teilnahme Tausender kann dies blühende Ecklein, unsern jungen Volksgarten, nicht erhalten, und so weit der unentwegte Gärtner allmonatlich die Pforte auch öffnet — es findet sich nicht das Häuflein Liebhaber, die sich hierher gewöhnen und darin heimisch werden. Und da verblüht wieder, was auf unserem Boden gesprossen und gewachsen ist. Die Steine kommen wieder durch und höhnen über Blumen und Blüte: auf mir? — wächst doch nichts! Ja, wenn es noch um Kartoffeln und Weizen ginge . . . das ist meine Gesinnung, ja . . . aber „Blumen"? . . . waut halpt mi so'nt? . . .

Solche Gedanken gibt mir mein Vetter Innerlich ein, und da wird es einen Augenblick ganz bitter, und ich werde versucht, an alle mir bekannten Zeitungen zu schreiben: Seht, da habt Ihr's wieder. Die Rußlandmennoniten, die Flüchtlinge aus Feuer und Furror, haben wieder eine Heimstatt, aber das bedeutet dem großen Haufen doch nur die neue Gelegenheit, zu pflügen und zu ernten und, wenn möglich, auf die schnellste Art wieder reich zu werden. Wo aber sind die Freunde unseres Schrifttums geblieben? wo die Schulerbauer, die schon in Rußland lernten, daß der Mensch nicht allein von Kartoffeln und Weizen lebt? Sind sie denn alle in Rußland geblieben? gestorben und verdorben? Hier wird der Fragezeichen Legion.

Ich wandte mich endlich vom Fenster ab und ließ die Augen über die Bücherregale gleiten; an einem Fach, da wo das bescheidene Schrifttum der Mennoniten steht (ich habe es säuberlich geordnet), bleibt der Blick haften Während ich die Blätter in die Hand nehme, kommen da die Warte-Hefte auf mich zu; sie raunen: nuscht jewt' mea . . auch wir sind schon Ge-sch-sch-sch-ichte geworden, verstehst du? Geschichte, so wie unsere Nachbarn im Schrank, die Bücher unseres Dr. Quiring, erzählen; Geschichte, wie Ohm Janzens gemütvolle Arbeiten dahinter, Dr. Krahns „Menno", Wedels „Geschichte", das „Menn. Lexikon" und alles, alles. Siehst du, Geschichte — das gibt es bei uns noch, aber Gegenwart? . . . .

Und suchend geht die Hand die Reihe weiter, ob sich da nicht ein schwacher Trost finden ließe, bis sie in der bunten Reihe ein kleines Bändchen faßt. Das ist ein altes Jahrbuch, das mir die greise Großmutter im Dorf an der Wolga an meinem 9. Geburtstag in die Hände gelegt. In diesem Büchlein ist für jeden Tag ein Plätzchen für eine Eintragung freigelassen, und auf der ersten Seite hat sie selbst mir mit zitternder Hand ihre Segenssprüche und Wünsche für's Leben eingeschrieben. Hinter ihren tanzenden Buchstaben leuchtet ihr abgeklärtes Gesicht, das mir von der fernen Heimat und von allem anderen so oft erzählt hat, was bleiben wird, wenn einmal Keller und Scheune unserer Bauern leer stehen würden. Das alles ruft jetzt wie eine erfüllte Prophezeiung aus ihren ungelenken Zeilen.

Und wie eine weitere Bestätigung ihrer Mahnungen wirkt jede nächste Eintragung auf jenen Seiten, wo sich die Schulkameraden jener Jahre eingetragen. Da waren solche — die Schrift allein verrät es schon —, die lernten schon als Kinder darüber lachen und spotten, daß der Mensch mehr braucht als Kartoffeln und Weizen; seht nur diese Schriftzüge, sie lärmen förmlich und werden zu häßlichen Fratzen! Da stehen andere verewigt: aufstrebende Zeichen, jeder Buchstabe ein aufgereckter Finger, der über Stall und Scheune hinauszeigt: wir wollen mit euch allen im Dorf bleiben, aber wir möchten so gern über Häuser und Felder hinausleben; den Acker achten, aber doch auch den Horizont lieben, wir wollen: daß was in unserm Leben b l e i b t.

Wo sind sie, die Epp und Klassen, Penner und Wiebe? Die „Materialisten" und die „Idealisten" meiner Jugendjahre? die Verächter unserer Bücher und Blätter? die Huldiger eines größeren, tieferen Lebens, denen der Pflug eine unerträgliche Last gewesen wäre, hätten sie nicht lesen und in Gedichten und Gedanken am Leben unseres größeren Volkes teilhaben dürfen. Ja, wo sind sie denn? In den Urwäldern des Nordens die einen, in den Wildnissen des Ostens die anderen. — Nun, sie haben sicher geerntet, was sie gesät; sie sind gestorben, wie sie gelebt haben. Aber ich meine doch, wenn ich an die spärlichen Nachrichten von ihnen denke, daß diejenigen, die mit uns allen im Staub gewühlt, die aber doch auch auf die Sterne Acht gegeben, uns allen, den Zurückgebliebenen, unverlierbar geblieben sind. Denn etwas von ihnen leuchtet „lange noch zurück". Im alten Jahrbuch steht ihr Name nur noch, aber er hat seinen Klang doch nicht recht verlieren können — er tönt heute noch, wenn auch leise und voller Wehmut nach. Ihr Namenszug steht auf diesen Seiten vor mir: da bin ich wieder; wohl bin ich ein Sterbender, ich werde Dich niemals sehen, aber in Deinen Büchern lebe ich doch noch. Das danke ich Deinem Jahrbuch. . .

Schon wieder knittert der Warte-Brief in meinen Händen und weckt mich aus allen Träumereien. Von einem mennonitischen Jahrbuch steht da zu lesen, das noch einmal den Platz halten soll für unser verlassenes Gärtchen, bis — vielleicht — wieder einmal seine Zeit kommt. Darum tragen wir uns in seine Seiten ein, den noch Lebenden zum Trost und als Mahnung, wie wir es als Schulbuben getan. Mag daraus ein „Vergißmeinnicht" für das Mennonitentum werden, ein Gedenkbüchlein auf unseren verwegenen Fahrten rund um den Erdball. Und daß es jetzt doch alle, nein, möglichst viele bedächten, daß es offen bleibt! Lest doch und schreibt dafür, in steter Sorge darum, daß auch dies schnell wieder zur Geschichte werden kann, was doch unsere lebendige Gegenwart ausmachen sollte!

STEFAN KROEG

# *UNSERE JUGEND UND IHRE KENNTNIS UNSERER KULTUR*

Alle pflichtbewussten Eltern verfolgen mit groesster Anteilnahme die leibliche und geistige Entwicklung ihrer Kinder, ihren Fortschritt in der Schule und im Leben. Bei Veranstaltungen unserer Vereine mit Beteiligung der Jugend hoeren wir oft den wahren Satz: "Unsere Jugend ist unsere Zukunft!" Doch wenn wir kritischer hinsehen, so muessen wir feststellen, dass bisher wenig getan wurde, um unsere Jugend auch nur oberflaechlich mit unserer Kultur, unserer Geschichte und unserem Schicksal bekannt zu machen. Die Hauptarbeit in unseren Jugendabteilungen erstreckt sich auf Volkstaenze und Trachten, die ja auch notwendig ist, aber ich muss hier nachdruecklichst unterstreichen, **dass mit Volkstaenzen u. Trachten allein unsere Kultur nicht erhalten werden kann.**

Auch die Samstagschulen fuer die Volksschulkinder genuegen nicht. Es ist jetzt an der Zeit, am Beginn eines neuen Jahres, dass sich die Vorstaende der Vereine und des Verbandes **eingehend mit der Frage befassen, welche Massnahmen** beschlossen u. durchgefuehrt werden muessen, um unsere Jugend mit unserer Kultur besser bekannt zu machen, damit sie sich ihres Wertes bewusst werden.

Wir sehen zu, wie sie taeglich einer wahren Sturzflut von minderwertigen u. zumeist fuer ihre Charakterbildung gefaehrlichen Sendungen ausgesetzt sind ohne dass ihnen ein Gegenmittel gegen dieses zersetzende Gift von Gewalt, Sex und Mord geboten wird. Wir koennten mit der Jugend ausser Volkstaenzen die in der alten Heimat bewaehrten Heimabende einfuehren, wo Volksgesang, gute Buecher, Musik und Theaterstuecke einstudiert wurden und wo ihnen auch von der Herkunft unseres Stammes und seinen Leistungen ein wahres Bild **vermittelt wurde. Wir koennen ihnen dabei auch ueber** unsere Heimat Kanada von dazu faehigen Lehrern vortragen und sie in die kuenftigen Pflichten als Buerger dieses grossen Landes einweihen lassen.

Die Folge einer solchen Erziehung waere selbstverstaendlich ein verstaerkter Kulturanteil im Programm unserer Veranstaltung, von der Jugend selbst mitgestaltet zur Freude von Jung und Alt. Obzwar diese Ausfuehrungen keinen Anspruch auf Vollstaendigkeit erheben, werden sie doch einsichtsvolle und verantwortungsbewusste Mitglieder der Vorstaende und Vereine zum Nachdenken ueber dieses brennende Problem anregen und sie bewegen, zweckmaessige Schritte zur Aenderung und Verbesserung unserer Jugend- und Kulturarbeit zu unternehmen.

# KARL WERNER MAURER

## Lob der deutschen Sprache

*„Liebe zum Vaterhaus und Liebe zur Muttersprache, einen anderen Patriotismus gibt es nicht."*

*Mechtilde Lichnovsky*

Vor einigen Tagen weilte ein großer, in der ganzen Welt bekannter Gelehrter zu kurzem Besuch an der Universität Manitoba. Es war der holländische Professor Brouwer, Begründer und namhaftester Vertreter der sogenannten intuitiven Mathematik, die wie alles Neue ebenso lebhaft bewundert wird wie sie umstritten bleibt. In größerem Kreise sprach er zu den Studenten der Mathematik, wobei jeder schnell begriff, daß es sich hier nicht einfach um einen Vortrag über einen gelehrten Gegenstand handelte. Nein, dem 72jährigen Professor ging es um etwas viel Wichtigeres; wie von selbst, aber auch mit innerer Notwendigkeit umspannte er den weiten Bogen seiner ganzen Lebensarbeit und gab ihr den Sinn, der ihr am Ende seines langen Schaffens zukommt. In kleinerem Kreise vertiefte und erhöhte sich dieses Verfahren zu einem erregenden und unvergeßlichen Erlebnis. Was mich nun zu diesem Professor führt, ist eine Beobachtung besonderer Art. Es fiel mir nämlich auf, daß er im Sprechen bei der Verfertigung seiner Gedanken immer wieder auf deutsche Wörter und Ausdrucksformen stieß, obwohl sein englisches Sprachvermögen eine auffallende Wucht und Fülle besaß. Als ich ihn nach den Gründen für dieses Verfahren fragte, antwortete er schlagfertig und ohne Umschweife: „Mein ganzes Denken vollzieht sich von jeher in deutscher Sprache. Vielleicht wird einmal die Zeit kommen, da man sich nur auf deutsch wissenschaftlich richtig und genau ausdrücken kann. Schon heute ist es so, daß man zugeben und es verstehen muß: Die deutsche Sprache ist das Latein der Neuzeit." Bei dieser unumwundenen und mit tiefster Überzeugung vorgebrachten Erklärung wurde es in diesem kleinen Kreise plötzlich mäuschenstill. Ich selbst war ganz betroffen über dieses ebenso unerwartete wie großartige Lob auf die deutsche Sprache, das hier in lapidarischer Kürze aus dem Munde eines Holländers und Mathematikers in den engen kanadischen Kreis hineingeworfen wurde. Für einen Deutschen bedeutete dieses erregende Erlebnis eine freudige Ermutigung und eine gewisse Beschämung zugleich. Vielleicht war es gut, daß dieser hohe Tribut von einem Menschen kam, der selbst die deutsche Sprache zunächst einmal als Fremdsprache lernen mußte und dann ganz an ihr heimisch wurde, und — es sei hier schnell hinzugefügt — heimischer als viele Deutsche in ihrer Muttersprache je werden. Als ich mir dessen so recht bewußt wurde, daß diese Huldigung hier in Manitoba als ein spontanes Bekenntnis zur deutschen Sprache aus berufenem Munde abgelegt wurde, da mischte sich ein froher Stolz mit neuer Besinnung auf unsere geliebte deutsche Sprache.

Meine Gedanken sind seitdem mit unwiderstehlichem Drang und Andrang immer wieder zu diesem Erlebnis zurückgekehrt. Dieser holländische Gelehrte ist ja nicht der einzige, der die überragende Größe wie das eigentümliche Wesen der deutschen Sprache erkannt hat. Die Stimmen, die dies bezeugen, sind zu zahlreich, als daß sie hier versammelt werden könnten. Aber es tut not, daß wir uns an einige unter ihnen mit besonderem Nachdruck erinnern. Wie oft hat nicht Jakob Grimm eindringlich über diesen Gegenstand zu den Deutschen gesprochen! Und immer geschah es mit Worten, die zu Herzen dringen, weil sie aus dem Herzen kommen. Vielleicht hat niemand so um das Wesen und die Schönheit der deutschen Sprache gewußt wie er. Er sah ihr wahrhaftig auf den Grund ihrer Reinheit und ihrer Klarheit, aber auch ihres Ursprungs und ihrer Entwicklung; er kannte sie, wie man einen geliebten Menschen kennt, und er liebte sie, wie man Gott liebt. Jedem, der sich der deutschen Sprache bedient, müßte es zur Pflicht gemacht werden, daß er Jakob Grimms Einleitung zu seinem deutschen Wörterbuch nicht nur immer wieder liest — denn hier ist mehr am Platze —, daß er in ihr und mit ihr lebt. Warum haben die Deutschen heute diese Einleitung so gut wie vergessen? Ganz einfach, weil sie ihre Sprache einer stets wachsenden Verrohung aussetzen. Wer kennt denn heute noch seinen Aufruf: „Tretet ein in die euch allen aufgetane Halle eurer angestammten, uralten Sprache, lernet und heiliget sie und haltet an ihr, eure Kraft und Dauer hängt in ihr ... Auch zu euch, ihr ausgewanderten Deutschen, über das salzige Meer gelangen wird das Buch und euch wehmütige, liebliche Gedanken an die Heimatsprache eingeben oder befestigen." Er durfte an anderer Stelle bekennen: „Ich war von Jugend an auf die Ehre unserer Sprache beflissen, und wie, um mich eines platonischen Gleichnisses zu bedienen, die Hirten hungerndem Vieh einen Laubzweig vorhalten und es damit leiten, wohin sie wollen, hätte man mich mit einem altdeutschen Buch durch das Land locken können."

*

Wir Deutsche tun uns sehr viel zu gut auf unser „Gemüt". Aber die allerwenigsten verstehen den Sinn und Gehalt dieses „echt deutschen" Wortes. Sie verwechseln es mit vielem, was mit dem Wort so gut wie gar nichts zu tun hat. Für die meisten beginnt, endet und erschöpft sich sein Sinngehalt heutzutage in dem wohlbekannten, aber seicht gewordenen Anstoß: „Ein Prosit der Gemütlichkeit." Daß es sich bei diesem Wort „Gemüt" in Wirklichkeit aber um eine recht ernste, eine wirkende Kraft und mehr handelt, wird nur noch von wenigen begriffen, gespürt und erlebt. Das Gemüt ist in der Tat eine stille, schöpferische, bildende Macht. Es entfaltet sich nicht im Lärm der lauten Gassen; es wächst, wie der Baum wächst; es lebt, wie die Sprache lebt; es schafft, wie die Sprache schafft.

*

Wenn ich nun noch einmal auf das Erlebnis mit dem holländischen Gelehrten zurückgreife, so geschieht es deshalb, weil ich an ihm sehen und erkennen konnte, wie die unerschütterliche Kraft der deutschen Sprache in ihrer Sendung sich auch heute bewährt und einen Menschen zu seiner großen wissenschaftlichen Lebensarbeit befähigt hat. Gibt es ein schöneres Lob der deutschen Sprache, als dieses Zeugnis und Bekenntnis aus der geschäftigen Werkstatt langjähriger Gelehrtenarbeit? Ist es nicht zugleich wie eine Mahnung und Aufforderung an uns?

HEINRICH D. WIEBE

## Bericht an den Verein Deutsche Sprache

Werte Freunde und Mitglieder des Vereins!

Dankbaren Herzens haben wir uns heute zusammengefunden: sind nun doch 25 Jahre verflossen, seitdem der Verein gegründet wurde. Dass er so lange besteht, spricht von seiner Aufgabe im Rahmen unserer mennonitischen Gemeinschaft. Lasst uns daher dem Herrn ein Eben-Ezer stellen, indem wir dankbar rückwärts, liebend seitwärts und gläubig aufwarts blicken.

Am 27.9.1952 versammelten sich Vertreter verschiedener Gemeinden in der Ersten Mennonitengemeinde, Winnipeg, um einen Verein zur Erhaltung der deutschen Muttersprache zu gründen. Der erste Vorstand bestand aus Lehrer G. H. Peters, Schriftleiter H. F. Klassen, Dr. Walter Quiring, Alt. W. Enns, Dr. N. J. Neufeld und Dr. A. H. Unruh, alles geachtete Persönlichkeiten unserer Gemeinschaft. Vertreter aus anderen Gemeinderichtungen kamen später hinzu. Im ersten Artikel, der über die Gründerversammlung mitteilt (**Mennonitische Rundschau**, 15.10.1952), wird die Betonung auf den Wert der Erhaltung der deutschen Sprache gelegt. Es heisst weiter, dass der Verein sich nicht gegen das Erlernen der englischen Sprache richte. Dieselbe solle gut erlernt werden. Es wurde aber unterstrichen, dass die deutsche Sprache neben ihr Raum habe, und dass es durchaus möglich sei, zwei Sprachen zu erlernen und zu beherrschen.

Damals entfaltete sich eine rege Tätigkeit. Man bildete Zweigstellen in anderen Provinzen, die sich der Zentrale in Winnipeg anschlossen. Mennonitische Lehrerkonferenzen und Schulbehörden wirkten an einer Sache mit. In Manitoba entstand The Mennonite School Trustees' Association, die sich aus je sieben Predigern, Lehrern und Schulräten zusammensetzte. Ein Schulreferent wurde angestellt, der den Lehrern beratend zur Seite stand, Hilfsmittel ausarbeitete und für Lehrbücher sorgte. Eine hier gedruckte Serie von Lesebüchern füllte die Lücke bis bessere aus Deutschland sie ablösten.

Gemeinsam hat man viel erreicht. Wie oft trat man zu Beratungen zusammen, wie oft wurde man bei der Provinz oder in Ottawa vorstellig. Ging es doch erstens darum, dass Deutsch in Landesschulen vom Kindergarten an anerkannt und unterrichtet werden dürfe. Dass dieses möglich wurde, hat nicht zuletzt unsere entschiedene Stellungnahme in Manitoba und vor der Royal Commission on Bilingualism and Biculturalism beigetragen. Gemeinsam haben wir viel erreichen dürfen.

Das Beispiel der früheren Brüder soll uns anspornen, liebend seitwärts zu schauen. Wir sind ihnen Dank und Anerkennung schuldig. Der erste Älteste, Br. Victor Schroeder, war mehrere Jahre Vorsitzender des Vereins. Und in diesem Jahr gingen Pred. Peter Klassen, Queenston, Ont., Br. Jakob Reimer, Vancouver, B.C. und Dr. N. J. Neufeld, Winnipeg, Man., von uns in die Ewigkeit. Sie haben sich an der Arbeit des Vereins rege betätigt.

Als Verein versuchen wir, die gegebenen Möglichkeiten zielbewusst auszuwerten. Zwar hat man Deutsch als Sprache in den meisten Heimen und Gemeinden teilweise oder auch ganz aufgegeben. Doch wird an vielen Schulen diese Sprache besser als vorher unterrichtet. Und unsere Jugend beginnt sich mehr für sie zu interessieren. Hätten wir nur den Willen und die Überzeugung dafür, wieviel mehr könnte erreicht werden. Studenten und Jugendliche weilen oft und gern in Eruopa. Deutsche Literatur- und Liederabende sind populär und der Liederschatzabend des mennonitischen Männerchores, Winnipeg, am 12.11.77 war ein wahrer Erfolg. Beliebt sind die verschiedenen Radioprogramme. Und man beachte auch die ansteigende Zahl der Bücher, die aus unseren Kreisen kommen.

In diesem Jahr gelang es dem Verein, vom Secretary of State, Ottawa, einen beachtlichen Beitrag zu erhalten, der den Druck des Buches *Unter dem Nordlicht*, einer deutsch-kanadischen Anthologie von 26 mennonitischen Dichtern und Schriftstellern, ermöglichte. Es wurde von verschiedenen Kritikern bisher sehr positiv eingeschatzt. Helft uns, dasselbe zu verbreiten, damit viele mit dem beachtlichen Nachlass unserer Dichter und Schriftsteller bekannt wurden. Es ist es wert.

Unser Verein war bevorzugt, indem euer Vorsitzender zwei Wochen lang als Gast der Bundesrepublik bei Regierungsämtern, im Deutschen Akademischen Austauschdienst, Goethe-Institut, Institut für Auslandbeziehungen, sowie in der Mennonitischen Flüchtlingsbetreuung wertvolle Verbindungen anknüpfen durfte. Nun ist die erste Sendung von über 80 Büchern für unsere Vereinsbibliothek bereits eingetroffen.

In der Welt nimmt das Ansehen der deutschen Sprache zu und sie dürfte bald als dritte Weltsprache gelten. Wenn 1911 80 Millionen Deutsch als Muttersprache angaben, so waren es 1938 100 Millionen und heute 110 Millionen. Rund 25 Millionen lernen jährlich die Sprache; viele davon in Ostblockländern. Aber auch an französischen Oberschulen hat Deutsch alle Fremdsprachen überflügelt, und in den U.S.A. sollen 13 Millionen Deutsch studieren. Daher sollten auch wir in Kanada mehr Mut an den Tag legen. Möge es im gläubigen Aufblick geschehen.

Deutsch ist ein wesentliches Bindeglied zwischen unseren Glaubensgeschwistern. Wer an Europa oder Südamerika denkt, weiss, wie wichtig diese Sprache ist. Wie bereichert kommt man von den Begegnungen mit den Geschwistern drüben oder von ihren Versammlungen zurück!

Von Herzen danke ich allen Mitgliedern und Freunden, besonders aber dem Vorstand, für die treue Unterstützung und Mitarbeit. Möge es dem Herrn gelingen, unsern Einsatz für das Studium der Sprachen so fortzuführen, dass wir bereichert würden und Gottes Segen darüber walten könnte. Wer hilft uns?

# Die Autoren

BAUER, WALTER, geb. 1904 in Merseburg, gest. im Dez. 1976 in Toronto. Fruchtbarer Schriftsteller seit 1929: Lyrik, erzählende Prosa, Essay, Hörspiel, Laienspiel, Kinderbuch, Edition. (Vgl. F. Lennartz, 1959, S. 32f.) Seit 1952 in Kanada, wo er in verschiedenen Berufen, zuletzt als Hochschullehrer in Toronto, arbeitete. Wichtigste Werke seiner kanadischen Zeit: "Nachtwachen des Tellerwäschers" (Ged., 1957); "Die Tränen eines Mannes" (Erzn., 1961); "Fremd in Toronto" (Erzn., 1963); "Ein Jahr" (kanad. Tagebuchblätter, 1967).

BAUER, WILHELM, geb. 1930 in Schüttdorf, Niedersachsen. Von 1951 bis 1958 Studium der Germanistik und Geschichte in Tübingen und München. Danach verschiedene Tätigkeiten, u. a. als Werbetexter in Köln. Im Feb. 1967 Übersiedlung nach Kanada, seither in Montreal wohnhaft. Seit 1972 als chargé de cours an der Université de Montréal tätig. Erwerb des Magistertitels (M.A.) im Jahre 1974.

BEISSEL, HENRY, geb. in Deutschland, Studium der Philosophie an den Universitäten London (England) und Köln. Seit 1951 in Kanada; verschiedene Berufe. Studium der englischen Literatur an der Universität Toronto; seit 1958 Hochschullehrer für Englisch, jetzt als Associate Professor in Montreal an der Sir George Williams University. Fruchtbarer Schriftsteller (Lyrik und Drama), der nur auf englisch publiziert. Sein Drama "Inook and the Sun" wurde in Kanada seit 1973 über 200 mal aufgeführt. Übersetzung seiner Werke in verschiedene Sprachen; seinerseits Übersetzer (W. Bauer, T. Dorst, P. Huchel). Das in unserer Anthologie erscheinende Gedicht ist eines der wenigen deutschen Gedichte, die er zur Veröffentlichung freigab.

BOESCHENSTEIN, HERMANN, geb. Mai 1900 in Stein am Rhein, Schweiz. Studium in Zürich, München, Berlin, Königsberg und Rostock. Dr. phil. bei Emil Utitz mit einer philosophischen Dissertation. 1927/28 Reise durch Kanada. Nach dreimonatigem Aufenthalt in der Schweiz endgültige Niederlassung in Kanada im August 1928. Anstellung am Dept. of German der Universität Toronto. 1942-46 Leiter der Kriegsgefangenenbetreuung für Kanada im Dienste des Weltkomitees des Y.M.C.A. (Christlicher Verein Junger Männer). 1950-75 Gastprofessuren an schweizer, englischen, amerikanischen und kanadischen Universitäten. 1968 Ehrendoktor der juristischen Fakultät der Universität Kingston, Ontario. - Zahlreiche germanistische Aufsätze und folgende Bücher: "Das liter. Goethebild der Gegenwart in England" (1933); "Hermann Stehr" (1935); "Gottfried Keller" (1948); "The German Novel, 1939-1944" (1949);

"Deutsche Gefühlskultur" (2 Bde., 1954, 1966); "Der neue Mensch: die Biographie im deutschen Nachkriegsroman" (1958); "German Literature of the 19th Century" (1969). Der Autor, der in Toronto lebt, hat auch drei belletristische Bücher veröffentlicht: "Kanadische Lyrik. Übertragungen" (Bern 1938); "Unter Schweizern in Kanada" (Basel 1974); "Im Roten Ochsen" (Schaffhausen 1976).

BRENTANI, MARIO VON, geb. 1908 in San Quirico bei Genua; Oberschule und Universitätsausbildung in Frankfurt/Main. Emigrierte 1952 mit neun Kindern nach Kanada. Lebt hier als Schriftsteller, Journalist und Maler. Von 1955 bis 1975 Herausgeber und Verleger der prokommunistischen Zeitung "Montrealer Nachrichten"; von der DDR mit hohen Orden ausgezeichnet. Verfasser von 20 Büchern, darunter "Kanada, das Land von übermorgen". Bekannter Maler von Bildern aus dem Leben der Eskimos, worüber meherere Bildbände erschienen. Lebt im Ruhestand bei Montreal.

CARDINAL, GEORG IRWIN VON, geb. 1907 in Langenschwalbach (Taunus); Gymnasium in Königsberg; Jurastudium in Königsberg und München; 1933 bis zur Flucht 1945 Landwirt in Ostpreußen. Seit ca. 1848 in Waterloo, Ontario, wo er jetzt auf einer Farm im Ruhestand lebt. Einzelgänger, von dem bislang nur wenige Gedichte durch seinen Bruder Clive von Cardinal in Zeitschriften veröffentlicht wurden.

DYCK, ARNOLD, geb. 1899 in Hochfeld, Ukraine. Ausbildung an der Mennonitischen Handelsschule in der Ukraine; Studium der Kunstgeschichte in München, Stuttgart und St. Petersburg. 1923 Auswanderung nach Kanada, wo er in Steinbach, Manitoba, der Herausgeber der "Steinbach Post" wurde; Gründer und Herausgeber der "Mennonitischen Warte" (1935-38), fortgesetzt 1943-44 als "Mennonitisches Jahrbuch"; aktive Beteiligung am mennonitischen Echo-Verlag (Winnipeg). Verfasser von 10 niederdeutschen und 2 hochdeutschen Büchern, wovon der mennonit. Bildungsroman "Verloren in der Steppe" ins Englische übersetzt wurde. Gest. 1970.

DYCK(-KNOOP), HEDWIG, geb. 1919, Tochter von Arnold Dyck. In Steinbach, Manitoba aufgewachsen. Musikstudium in München und Hamburg. Lebt jetzt als Lehrerin in Uchte bei Nienburg. Veröffentlichung einiger Gedichte in Zeitschriften und Anthologien.

DYCK, J. WILLIAM, geb. 1918 in Samara, Rußland. Kam nach dem 2. Weltkrieg nach Nordamerika. Promotion an der Universität von Michigan. Derzeit Vorstand der Abteilung für Germanistik und Slavistik der Universität Waterloo. Publikationen: germanist. und slavist. Artikel, Kultur-Lesehefte für Colleges (über Mozart, Humboldt, Wagner und Nietzsche), Buch über Pasternak. Herausgeber der 1973 gegründeten Zeitschrift "Germano-Slavica". Eine Kurzgeschichte und einige Gedichte von ihm sind in der Anthologie "Unter dem Nordlicht" (1977) erschienen.

FRIESEN, ABRAM J., geb. 1919 in Schönfeld, Ukraine. Kam 1926 nach Kanada. Schulbesuch in Grünthal und Steinbach, Manitoba. 1935 bis 1954 Arbeit auf Farmen, in Fabriken und Druckereien. 1954-58 Studium (Theaterwissenschaft, deutsche und englische Literatur) in Göttingen und Mainz. Promotion 1958. Seit 1959 Hochschullehrer an kanadischen und amerikanischen Universitäten, jetzt als Professor für Germanistik an der Universität von New Brunswick in Fredericton. Publizierte, neben germanistischen Aufsätzen und einigen Gedichten, ein kleines Schauspiel "Gott grüß dich!" (1952) und eine Erzählung "Prost Mahlzeit" (1949).

FRIESEN, GERHARD (PSEUDONYM FRITZ SENN), geb. 1894 in Halbstadt, Ukraine. Der erste Weltkrieg vereitelte seinen Plan, ein Lehrer zu werden. 1924 Auswanderung nach Kanada. Lebte in Manitoba teilweise als Farmer. Fruchtbarer Beiträger zu der "Mennonitischen Warte". Lebt derzeit in Wilhelmshaven, Deutschland. Eine Auswahl seiner Gedichte, hrg. von Elisabeth Peters, erschien 1974 in Winnipeg unter dem Titel "Das Dorf im Abendgrauen".

FRIESEN, ISAAC P., geb. 1873 in der Ukraine; 1875 Auswanderung mit den Eltern nach Nordamerika. Gest. 1952 in Rosthern, Saskatchewan. Publizierte Gedichte in mennonitischen Publikationen. 1930 erschien in Konstanz sein Gedichtband "Im Dienste des Meisters".

FRISCH, ANTON, geb. im Mai 1921 in Neapel als Sohn eines österreichischen Vaters und einer mütterlicherseits ungarischen Mutter. Erziehung in England und Kanada, wohin er 1940 kam. Verschiedene Wohnorte. Anfang der 60er Jahre lebte er in Brampton, Ontário, dann längere Zeit in Montreal, von wo er vor einigen Jahren mit unbekannter Adresse verzog. 1952 erschien von ihm im Verlag Kuno Hoynigg (Wien) die Gedichtsammlung "Steine aus Kanada".

FRÖHLICH, CHRISTINE, geb. 1930 in Hamburg als Christine von Bergen. Ausbildung in Mittelschule und Frauenfachschule, dann Praktikantin in Großbetrieben Deutschlands und der Schweiz. 1952 Auswanderung nach New York, 1953 Übersiedlung nach Toronto, wo sie als Hausfrau lebt. Hat einige noch unveröffentlichte Bühnenspiele für die Theatergruppe der deutschen Sonnabend-Sprachschule in Toronto geschrieben. Zwei davon werden als ein Band in der Reihe Belletristik der "Deutschkanadischen Schriften" erscheinen (hrg. von H. Boeschenstein und H. Froeschle; Verlag: German-Canadian Historical Association).

GOERZEN, JAKOB WARKENTIN, geb. in Schönau, Ukraine. 1927 Auswanderung nach Westkanada. 1938 Schulreife. Studium in Edmonton mit Unterbrechungen von 1938 bis 1948. Abschluß der Graduate Studies in Toronto mit einer Dissertation über "Low German in Canada". 1964 Veröffentlichung einer dreisprachigen Lyriksammlung "Germanic Heritage" (englisch, hoch- und niederdeutsch). Arbeitet seit vielen Jahren an einer Übertragung der Bibel ins Niederdeutsche.

GROSSMANN, JOHN, geb. 1888 in einem Dorf bei Bayreuth, Oberfranken; Volksschulausbildung, Landarbeiter, Seemann, 1914-18 Dienst als Marinesoldat, 1920-28 Fabrikarbeiter in Fürth, Teilnahme an Kursen der Volkshochschule. Auswanderung nach Kanada 1928, Landarbeit in Saskatchewan. 1930 Gründung einer eigenen Heimstätte in der Wildnis von British Columbia, 27 Meilen nördlich von Fort St. John. Beendigung des Heimstättenlebens im Alter von 68 Jahren. Lebte seitdem als Pensionär in Hedley, B.C. - Publikation seiner Erinnerungen in Bd. 1 und 2 (1973, 1975) des "Deutschkanadischen Jahrbuchs". Gestorben 1979.

HADERLEIN, KUONRAT G.J., geb. 1932 in Berlin-Charlottenburg; Schulausbildung in Berlin und Kulmbach. Studium 1953-59 in Erlangen, Göttingen und Berlin. 1959 Auswanderung nach Kanada. Fortsetzung des Studiums 1960-64 an der Universität von Alberta in Edmonton. Seit 1964 in Saskatoon, wo er Deutsch an der Universität lehrt. Seit ca. drei Jahren Herausgeber der "Canada-Mongolia Review". Veröffentlichung einzelner Gedichte in den kanadischen Zeitschriften "March", "Edge" und "Prisma". Eine Gedichtsammlung ist noch unveröffentlicht.

HARDER, HANS, geb. in Samara an der Wolga, Rußland. Studium an der Universität Königsberg, geisteswissenschaftliche Fächer. Lebt heute als emeritierter Universitätsprofessor in Schlüchtern, Hessen. Publikationen: "Das sibirische Tor" (Stuttgart 1938); "Klim - ein russisches Bauernleben" (Berlin 1940); "Der deutsche Doktor von Moskau" (Stuttgart 1941) u.a. Beiträge zu mennonitischen Periodika, darunter die "Mennonitische Warte" und das "Mennonitische Jahrbuch" (Winnipeg).

HEYDE, WOLFGANG, war Kriegsgefangener im Lager Gravenhurst in Ontario, wo er Prof. Hermann Boeschenstein eine kleine Gedichtsammlung übereignete aus Dankbarkeit für dessen kulturelle Betreuung der Gefangenen als Angestellter des Weltkomitees des Y.M.C.A. Unsere Gedichte sind dieser im Lager verfaßten Geschenkgabe entnommen.

HOGREBE, JOHANNES K., geb. 1906 in Westfalen; Potsdamer Kadettenkorps; Studium der Landwirtschaft. Danach als Betriebswissenschaftler in der Landwirtschaftsindustrie in Pommern und Westpreußen tätig. Nach Verlust seines Besitzes in Ostdeutschland 1945 Neuanfang in Göttingen. 1951 Auswanderung nach Kanada, wo er in der freien Wirtschaft und dem Versicherungswesen tätig war. Lebt in Ontario. Seit seinem erfolgreichen Erstling "Der Trapper vom Ghostriver" (Hamburg 1969) Verfasser einer Reihe von Büchern über die kanadische Wildnis und das dortige Jagdwesen: "Abenteuer der Wildnis" (Hamburg 1970); "Im Paradies der Jäger und Fischer" (Hamburg 1971); "In urigen Wäldern und auf einsamen Seen" (Berlin 1972); "Auf Fahrten und Fährten" (Berlin 1973), u.a.

JANZEN, JAKOB H., geb. 1878 in Steinbach, Ukraine. Besuch der Zentralschule in Gnadenfeld, Ukraine, wo er ein Lehrer-Zertifikat erwarb. Von 1908-21 Lehrer an der mennonitischen Mädchenschule in Tiege, Ukraine; dann Entlassung wegen seiner religiösen Ansichten. 1913-14 Studium in Jena und Greifswald. 1924 Auswanderung nach Kanada, wo er sich in Waterloo niederließ. 1944 Ehrendoktorat des Bethel College in Kansas. Gest. 1950.- 13 Publikationen, hochdeutsch und niederdeutsch, zwischen 1912 und 1949, Belletristik und Sachschrifttum. (Genaueres siehe bei G.K. Epp (Hrg.), "Unter dem Nordlicht").

KEBSCHULL, HEINRICH, geb. 1897 in Bütow, Pommern. Ausübung verschiedener Berufe (Landwirt, Zimmermeister, Phonetik-Lehrer an der Staatliche Schauspielschule München, Bildhauer, Elektriker). 1951 nach Kanada ausgewandert, lebt in Toronto.- Veröffentlichung von einzelnen Gedichten in der deutschkanadischen Presse. Einige Filmdrehbücher und Theaterstücke bislang unveröffentlicht.

KLASSEN, PETER J., geb. 1889 in Ohrloff, Taurien (Ukraine); in Spat (Krim) aufgewachsen. 1925 Auswanderung nach Kanada, 1928-48 Farmer und mennonitischer Prediger bei Superb, Saskatchewan. Gest. 1953 in Vancouver.- 1940-52 regelmäßiger Beiträger zu "Der Kinderbote"; seine Gedichte, Erzählungen und Romane erschienen auch in anderen deutschsprachigen Periodika Kanadas (z. B. 1936-38 in der "Mennonitischen Warte"). Buchpublikationen: " Als die Heimat zur Fremde geworden" (Winnipeg o.J.); "Die Geschichte des Ohm Klaas" (Regina, Sask., o.D.); "Großmutters Schatz" (Superb 1939); "Die Heimfahrt" (Superb, Sask. 1943); "Der Peet", 4 Bde., 1943, 45, 49; "Fünfunddreißig Fabeln" (Superb 1944).

KLEER, HELGA, geb. 1914 in Dortmund-Brackel. Volks- und höhere Handelsschule bis 1931; arbeitete als behördliche Angestellte und Lohnbuchhalterin. Auswanderung nach Kanada 1952. Tätigkeit in Ontario als Sprachlehrerin (Englisch und Italienisch) und als Häusermaklerin.- Publikationen: einzelne Gedichte in deutschkanadischen Zeitschriften und in Band IV des "Deutschkanadischen Jahrbuchs".

KRAUSE, RÜDIGER, geb. 1947 in Gummersbach, Westdeutschland. 1954 Auswanderung nach Kanada mit den Eltern. Lebt jetzt als Lehrer in Surrey, B.C., wo er einer zweisprachigen Gemeinde wiedergeborener Christen angehört. Schreibt seit den 60er Jahren, zuerst auf englisch, dann - unter dem Einfluß von Ulrich Schaffer - deutsch. Wenige seiner Gedichte sind veröffentlicht, ein paar davon im "Deutschkanadischen Jahrbuch" IV, Toronto 1978.

KROEG, STEFAN, geb. 1905 in Franztal, einem Vorort Semlins an der Donau, bei Belgrad, als Sohn bäuerlicher Eltern. Erste dichterischen Versuche in den "Banater Monatsheften" (Teschenburg) und im "Schwäbischen Volkserzieher" (Groß Betschkerek); in einigen Anthologien auslandsdeutscher Dichter mit ein paar Gedichten vertreten. 1948 Auswanderung nach Kanada; Arbeit in Toronto als Angestellter eines medizinischen Forschungsinstituts. 1954 Mitbegründer der "Vereinigung der Donauschwaben" in Toronto, 1960 des "Verbandes der Donauschwaben in Kanada". Seit 1964 Schriftleiter des "Heimatboten", Organ des Verbandes der Donauschwaben in Kanada und USA; darin Veröffentlichung einiger Gedichte.

KROEGER, JÜRGEN E., geb. 1905 in Riga. Abitur am Realgymnasium in Libau 1924. Staatliche Landwirtschaftsprüfung, Tätigkeit als Landwirt. Flucht nach Deutschland, 1950 Auswanderung nach Kanada; nach längerem Aufenthalt in Ontario Rückkehr nach Deutschland, wo er in Lüneburg lebt. Publikationen: "Die Ungezählten" (Hannover 1958); "Und folgten dem Ruf" (Hamburg 1969); "Eine baltische Illusion" (Lüneburg 1973); "Start am anderen Ufer" (Lüneburg 1975).

KULLY, ROLF MAX, geb. 1934 in Solothurn, Schweiz. Schulausbildung in Grenchen und Solothurn; 1954-58 Primarlehrer in Himmelried. Studium in Basel, München und Perugia. Universitätsassistent in Basel. 1974 Auswanderung nach Kanada, wo er als Professor für germanist. Linguistik und Philologie an der Université de Montréal wirkt. Neben zahlreichen Fachaufsätzen und einigen Editionen Verfasser einiger belletristischer Werke: "Parabeln" (1962); "Der Kindleinfresser oder die helvetische Armenbibel" (1964); Kurzgeschichten in der "National-Zeitung" (Basel), den "Basler Nachrichten" und dem Grencher Jahrbuch.

LOEB, ERNST, geb. Ende 1914 in Andernach am Rhein. Auswanderung nach USA 1936; Studium in Pennsylvania und Washington. 1961 Ph.D. an Washington University. Germanist an amerikanischen und kanadischen Universitäten; seit 1970 Professor an der Queen's University in Kingston, Ontario. Verfasser zweier germanist. Bücher (über Goethe, 1967, und Heine, 1975) sowie von ca. 20 Fachaufsätzen. Einige seiner Gedichte erschienen 1974 als Privatdruck in Kingston unter dem Titel "Loebliches".

LOEWEN, GERHARD, geb. 1868 in der Ukraine, wo er die Schule besuchte. Von 1886 bis 1925 Schul- und Privatlehrer in Rußland. 1925 Auswanderung nach Kanada. Veröffentlichung mehrerer Bücher in Rußland und des Bandes "Feldblumen" 1946 in Steinbach, Manitoba.

LOHRENZ, GERHARD, geb. 1899 in Sagradowka, Ukraine. Studium an der Handelsschule in Molotschna. Kam 1925 nach Kanada. 1927-31 Studium in Gretna, Man. und an der Manitoba Normal School. 1931-52 Schullehrer in Manitoba, 1952-65 Dozent am Canadian Mennonite Bible College in Winnipeg, 1965-71 Pastor an der Sargent Avenue Mennonite Church in Winnipeg. 1974 Ehrendoktor der Universität Winnipeg.- Verfasser historischer Studien, eines Romans "Storm Tossed" und von 3 Bänden "Lose Blätter" (Winnipeg 1974-76).

LUETKENHAUS (-MUEHTING), ALMUTH, geb. in Hamm, Westfalen. 1948-52 Studium an den Werkkunstschulen in Dortmund und Münster. 1952-66 Kunst-Dozentin an der Volkshochschule in Hamm. 1966 Auswanderung nach Kanada. Lebt heute als bekannte Bildhauerin in Oakville, Ontario. Neben Teilnahme an Gruppenausstellungen wurden A. Luetkenhaus' Werke an folgenden Orten in Einzelausstellungen gezeigt: Hamm, Soest, Toronto, Georgetown (Ont.), Hamilton, Ottawa und Oakville, Ont.- Die Gedichte und Kurzgeschichten der Künstlerin sind noch großenteils ungedruckt; eine Kurzgeschichte wird in Alexander Ritters für den Erdmann-Verlag (Tübingen) vorbereiteten Anthologie auslandsdeutscher Erzähler erscheinen.

MAURER, KARL WERNER, geb. 1903 in Eßlingen, Württemberg. Studium in Tübingen und Uppsala; 1927 Dr. phil. mit einer altgermanistischen Dissertation bei Hermann Schneider in Tübingen (1973 publiziert). 1927 Lecteur d'Allemand in Dijon, dann "Fachlehrer für deutsche Literatur" in Bonn. 1931 Dozent am University College in London. 1940 mehrmonatige Internierung auf der Isle of Man. 1951 Berufung als Professor für Germanistik an die University of Manitoba in Winnipeg, wo er heute noch wohnt. Publikationen: zahlreiche Übersetzungen ins Englische (Rilke, Mörike, Hesse, Hölderlin, Goethe, Kleist, Valéry u.a.), Editionen; germanistische und komparatistische Aufsätze.

MOHL, JOSEF G., geb. 1881 in Hoeflein, Österreich. Wanderte 1908 nach Kanada aus, wo er sich in Edenwold, Sask., niederließ. Arbeit als Farmer, Angestellter und Kaufladenbesitzer. Starb in Edenwold 1977. Im Nachlaß einige unvollendete Dramen. Von den wenigen auf uns überkommenen Gedichten erschienen ein paar in "Prisma" (Regina) und in dem "Deutschkanadischen Jahrbuch" IV (Toronto 1978).

MOOS, FRANZ, geb. in Schongau, Kanton Luzern, Schweiz. Kaufmännische Lehre in Wohlen, Aargau; danach jahrelang in Italien, Peru und USA tätig. 1946 Rückkehr in die Schweiz zu Studienzwecken. 1956 Auswanderung nach Kanada, lebte in Montreal und Toronto. Von 1958 bis 1971 freier Journalist und Wirtschaftskorrespondent für deutschsprachige Zeitungen in Europa und Mitglied der Parliamentary Press Gallery in Ottawa. Seither lebt er im Ruhestand mit seiner Frau an der kanad. Westküste.- Neben Essays veröffentlichte Moos in der deutschkanadischen Presse, vor allem in den "Montrealer Nachrichten", auch einige Kurzgeschichten.

MORSTEIN, PETRA VON, geb. in Deutschland. Lehrt heute Philosophie an der Universität von Manitoba, Winnipeg.- Publikationen: "An alle" (Frankfurt 1969); Fachaufsätze.

NEUENDORFF, GERD, geb. 1930 in Tallin (Reval), Estland; Schulausbildung in Estland und Westpreußen. Tischlerlehre in Lübeck von 1945 bis 1948. Als einer der ersten 16 Deutschen, denen die Einwanderung erlaubt wurde, kam er 1948 nach Kanada. Gegenwärtig technischer Zeichner bei einer Ingenieurfirma in Winnipeg.- Einzelne Gedichte des Autors erschienen in der deutschen Presse Kanadas. Seit 1954 arbeitet er als Spieler und Regisseur mit der Theatergruppe des Jugendvereins der "First Mennonite Church" in Winnipeg zusammen. Sein von dieser Gruppe mit großem Erfolg aufgeführtes Drama "Und keiner hört hin" ist noch unveröffentlicht.

NUSENOW, GERTRUDE, geb. 1889 in Leipzig; Kindheit in großbürgerlichem Haus. 1914 Tod ihres ersten Mannes, eines französischen Professors, nach zehnmonatiger Ehe. Zweite Ehe mit einem russischen Emigranten von 1934-1936 (Tod des Gatten). Danach Auswanderung nach Frankreich, von dort über die Zwischenstationen Afrika, Kuba und USA nach Kanada. Lebte lange in Montreal, wo sie 1968 starb. Ihre Gedichte erschienen vor allem in den "Montrealer Nachrichten".

OESEN, ANNE VON, geb. in Wien. Kam noch in den 20er Jahren als 13-jährige mit den Eltern in die USA, wo sie ihre Schulzeit beendete. Nach der Heirat und Aufenthalten in Deutschland und USA Einwanderung in Kanada nach dem 2. Weltkrieg. Beruflich hauptsächlich als Sekretärin, in Vancouver als Journalistin tätig; leitete dort eine Zeitlang eine englischsprachige Wochenzeitung. Lebt heute in Toronto. Veröffentlichung von Gedichten und Aufsätzen in deutsch- und englischsprachigen kanadischen und amerikanischen Zeitschriften sowie im "Deutschkanadischen Jahrbuch" Bd. 3 und 4.

OMPTEDA, FEKKO VON, geb. 1911 in Dresden, Schulbesuch in Bautzen, Meißen und Dresden. Studium am Orchesterschul-Konversatorium in Dresden, dann Studium der Rechtswissenschaft in Kiel, Leipzig und München. Abschluß des Musikstudiums an der Musikhochschule in Berlin-Charlottenburg. Komponierte Musicals, Walzer, Lieder und Filmmusik. Nach Kriegsende Pianist und Ansager im Unterhaltungsorchester des Senders München. 1953 Auswanderung nach Kanada. Musikalische Tätigkeiten in Toronto, auch in der deutschsprachigen lutherischen St. Georgs-Gemeinde und im Klub "Harmonie". Lebt in Toronto.- Eine Reihe von Gedichten des Autors erschien in der deutschkanadischen Presse, vor allem der "Torontoer Zeitung".

POHLKAMP, ANTON, geb. 1878 in Münster, Westfalen. Erlernte das Handwerk des Gold- und Silberschmieds. Gründung eines eigenen Unternehmens feiner Metallarbeiten (1910) und eines radiotechnischen Unternehmens nach dem Kriege. Auswanderung nach Kanada im Mai 1933. Farmer in Alberta, 1942 Übersiedlung nach British Columbia.- Veröffentlichung von Gedichten in der deutschkanadischen Presse ("Nordwesten" u.a.)

POTITT, ERWIN, geb. in Deutschland. Auswanderung nach Kanada in den 50er Jahren. Lebt heute in Montreal, wo er eine deutsche Laientheatergruppe leitet. Zwei für diese Gruppe geschriebene Dramen sind noch unveröffentlicht. Publikationen einiger Gedichte in Zeitschriften und im Bd. 2 des "Deutschkanadischen Jahrbuchs".

ROOME, WALTER, geb. 1902 als Walter Ruhm in Danzig. Schulausbildung am dortigen Gymnasium, Studium in München, Heidelberg und Göttingen. Erlangung des Doktorgrades 1926. Tätigkeit als Rechtsanwalt in Danzig. 1938 Emigration nach England; in Kanada 1953 eingewandert. Lebt im Ruhestand in Montreal, wo er bei der CBC und als Deutschlehrer arbeitete.- Publikationen: "Gereimtes und Ungereimtes" (1967), Übersetzungen ins Englische: Wilhelm Busch (Max und Moritz, Die Abenteuer eines Junggesellen), diverse Gedichte (z. B. Seumes "Der Wilde"), Übers. ins Deutsche: E. A. Poe, Der Rabe; Robert Browning, Der Rattenfänger von Hameln u.a.

ROOSCH, HARTWIG, geb. 1947 in Maschen (bei Hamburg). Nach Abschluß der Mittleren Reife Lehre als Feinmechaniker. Auswanderung nach Kanada 1969, Tätigkeiten in Vancouver und Edmonton, dann Studium in B. C. 1975 B. A. in Anglistik und Germanistik. Ist gegenwärtig Oberschullehrer in Coquitlam, B. C. Gehört zum Kreis von Ulrich Schaffer. Seine Gedichte sind größtenteils unveröffentlicht; ein paar erschienen im "Deutschkanadischen Jahrbuch" Bd. IV, 1978.

SAUDER, BEN (Pseudonym), Nachkomme pennsylvaniendeutscher Mennoniten, geb. 1898 auf einer Farm bei Hesson, Ontario. Volksschule, ländliches Leben als Farmer und Fabrikarbeiter in St. Jacobs, Ontario (Grafschaft Waterloo). Gest. Mai 1978.- Publikation: "Der Nachbar an de Schtroas" (Gedichte); = Band I der Pennsylvania German Folklore Society of Ontario, 1955.

SAWATZKY, VALENTIN, geb. 1914 in Chortitza-Rosenthal, Ukraine. Studium und Tätigkeit als Ingenieur. 1943-48 wohnhaft in Deutschland, 1948 Auswanderung nach Kanada. Lebt heute als Ingenieur in Waterloo, Ont.- Veröffentlichung von Gedichten in deutschkanadischen und deutschamerikanischen, auch lateinamerikanischen (mennonitischen) Zeitschriften und im "Deutschkanadischen Jahrbuch" Bd. III. Vier Bücher im Selbstverlag: "Lindenblätter" (1958), "Heimatglocken" (1962), "Friedensklänge" (1971), "Abendlicht" (1977).

SCHAEFER, EWALD, geb. 1929 in Freudenstadt, Wttbg. Schulausbildung in Rheinfelden und Säckingen. 1949-52 Studium in Freiburg und Basel. 1952-58 verschiedene Arbeiten, längere Aufenthalte in Paris und London. 1958 Einwanderung nach Kanada, wohnhaft in Toronto. 1960-63 und 1964-71 bei der Canadian Broadcasting Corporation angestellt. 1967 Deutschstudium an der Universität Toronto, 1972 M.A. Arbeitet an einer Dissertation über Benn.- Veröffentlichung von Gedichten in der "Frankfurter Rundschau", dem "Merkur", in "Descant" und dem "Deutschkanadischen Jahrbuch" (Bd. II und IV).

SCHAFFER, ULRICH, geb. im Dez. 1942 auf einem Gut in Pommern. 1945 Flucht, Niederlassung in Seebergen bei Bremen. 1953 Auswanderung mit der Familie nach Kanada; zwei Jahre in der Prärie Albertas (Lethbridge), dann Umzug nach Kitimat im Norden British Columbias. Mit 16 begann er zu schreiben und zu malen. 1961 Beginn des Germanistik- und Anglistikstudiums in Vancouver. 1965-66 Studienjahr in Hamburg. Wachsendes Interesse an Jugendarbeit. Seit 1970 Dozent für deutsche Sprache und Literatur am Douglas College in Vancouver.- Publikationen: "im gegenwind" (Karlsruhe 1964); "gurluana" (Karlsruhe 1965); "trotz meiner schuld" (Wuppertal 1971); "ich will dich lieben" (Wuppertal 1974); "umkehrungen" (Wuppertal 1975); "Gott, was willst du? Nachdenken über Psalmen"; "Jesus, ich bin traurig froh. Fragantworten und Selbstgespräche" (beide Wuppertal 1976).

SEEL, ELSE, geb. 9.11.1894 auf einem Gutshof in Schivelbein, Pommern. Nach dortiger Schulausbildung (Lyzeum in Kolberg) Tätigkeit im Archiv der Deutschen Rentenbank und einige Semester Studien in Berlin. 1927 Heirat mit dem in Vancouver ansässigen bayerischen Einwanderer Georg Seel. Lebte als Trappersfrau in Wistaria am Ootsa Lake im nördlichen British Columbia, auch nach dem Tod ihres Mannes, bis die Gegend 1950 durch den Bau eines Staudamms überflutet wurde. Zog dann nach Victoria, später nach Vancouver, wo sie 1974 starb.- Publikationen: Gedichte und Kurzgeschichten in der deutschkanadischen Presse und im Deutschkanadischen Jahrbuch Bd. III; "Haus im Urwald" (Gedichte; Vancouver 1956); "Kanadisches Tagebuch" (Tübingen 1964). Eine repräsentative Auswahl des Werkes von Else Seel wird z. Zt. von Rodney Symington zur Publikation in der Reihe Belletristik der "Deutschkanadischen Schriften" vorbereitet.

STIEGER, RAIMUND, geb. 1927 in Taufkirchen, Oberösterreich. Auswanderung nach Kanada im Jahre 1954; lebt als Geschäftsmann und aktives Mitglied des Klubs "Harmonie" in Toronto.- Einige seiner Gedichte sind in der deutschkanadischen Presse und in den fünf Heftchen der Zeitschrift "Litera" (Anthologien deutscher und deutschkanadischer Lyrik, 1959, 1960, 1961, 1969) erschienen; Heft 1 dieser Veröffentlichung wurde von Wolf Gögginger, die restlichen von R. Stieger herausgegeben.

TOEWS, GERHARD G., 1897 in Wiesenheim, Ukraine, geb. Studium an der Handelsschule in Molotschna. Die Studien an der Universität Charkow wurden 1917 durch den Bürgerkrieg unterbrochen. Verließ 1920 die Sowjetunion und wanderte 1923 in Kanada ein. Lebt in St. Catherines, Ontario.- Publikationen (Pseudonym: Georg de Brecht): Beiträge zu mennonitischen Periodika; "Die Heimat in Flammen" (Regina, Sask. 1933); "Die Heimat in Trümmern" (Steinbach, Man. 1936).

ULLMANN, VICTORIA, geb. 1915 auf einem Gut in Dubbertech, Kreis Bublitz (Ostpommern). Nach der Schulausbildung Landwirtschaftslehre. Ehe mit einem Gutsbesitzer, vier Töchter. 1952 Auswanderung nach Kanada, verschiedene Tätigkeiten. Verfasserin von Kurzgeschichten, wovon eine zweimal in der deutschkanadischen Presse veröffentlicht wurde.

UNRUH, NIKOLAUS H., geb. 1897 in Muntau, Ukraine. Studium an der Handelsschule in Molotschna. 1924 Auswanderung nach Kanada, Niederlassung als Farmer bei St. Elisabeth, Manitoba. War 40 Jahre lang Sonntagsschullehrer und Prediger seiner Mennonitischen Kirche. - Publikationen: einige niederdeutsche Dramen und das Bändchen "Gedichte und plattdeutsche Gespräche" (Steinbach, Man. 1973).

WEISS, MARIE.

WEISSELBERGER, CARL, geb. 1900 in Wien. Flucht aus Wien im April 1939, kam nach London. Internierung im Mai 1940, am 14. Juli 1940 Deportierung von der Isle of Man nach Kanada. Interniert in einem Lager in der Provinz Quebec. Nach Freilassung Tätigkeit in Ottawa bei der staatlichen Briefzensur. Nach Kriegsende Musik- und Kunstkritiker am "Ottawa Citizen". 1968 im Ruhestand, lebte bis zu seinem Tod Ende April 1970 in Victoria, B. C.- Publikationen: 1934-38 Kurzgeschichten (im "Wiener Tag", der Münchener "Jugend", "Bergland", schweizer und sudetendeutschen Zeitungen). Roman "Die Zeit ohne Gnade" in Fortsetzungen im "Wiener Tag". Nach dem Krieg, neben englischen Artikeln, Beiträge zur "New Yorker Staats-Zeitung". Sammlung von Kurzprosa: "Der Rabbi mit der Axt", Victoria 1973.

WERNETH, JOSEPH, Donauschwabe; nach Heimatverlust einige Jahre in Deutschland, dann Auswanderung nach Kanada. Lebte zuletzt als Pensionär in Toronto und starb 1979. Publikationen: "Heimweh" (Toronto 1955), Aufsätze im "Heimatboten".

WIEBE, HEINRICH D., geb. 1917 in Sagradowka, Ukraine. Studierte an der Freien Ukrainischen Universität München. Auswanderung nach Kanada 1949. Lehrt als Associate Professor slavische Studien an der Universität in Manitoba in Winnipeg.- Publikationen: "Kulish as a Gogolist"; "Unter dem Nordlicht" (Mitherausgeber); Aufsätze in mennonitischen Zeitungen.

WINDTHORST, ROLF, geb. Okt. 1909 in Dortmund. Schulzeit dort, in Bonn und in Köln. 1929 Jura-, Geschichts-, Philosophie- und Sprachstudium in Bonn, Göttingen, Kiel, Berlin, Hamburg, Greifswald und Tours. 1935 Ausschluß von der Universität als Regimegegner. 1936-38

Buchhändlerlehre in Schweinfurt und Leipzig, 1938-40 Buchhandelsgehilfe in Bamberg und München. 1940-45 Wehrdienst, 1943 schwere Verwundung, 1945 russische Gefangenschaft. 1946-54 eigene Sortimentsbuchhandlung in Wiedenbrück. Juli 1956 Auswanderung nach Kanada, hier verschiedene Berufe. 1963-68 erneutes Studium, seit 1965 im Schuldienst für fremde Sprachen; 1974 Pensionierung.- Seit den 30er Jahren um eigenen Ausdruck bemüht; erst in den 50er Jahren als Übersetzer, Essayist und Lyriker hervorgetreten. Einige seiner Gedichte erschienen in den "Canadian Ethnic Studies" und dem "Deutschkanadischen Jahrbuch" Bd. II und III.

WOLFL, ILSE, geb. 1920 in Podersam, Sudetenland. Flucht im August 1945 nach Eger, im Herbst 1945 weiter nach Weiden, Oberpfalz. 1948 Auswanderung nach Kanada. Seitdem in Toronto wohnhaft, wo sie derzeitig als Prokuristin für eine Flugzeugfirma arbeitet.- Publikationen: Gedichte in der deutschkanadischen Presse seit Mitte der 60er Jahre und der Zeitschrift "Die Hausfrau" (Chicago).

# Quellen

BAUER, WALTER, "Nachtwachen des Tellerwäschers" (München: Desch 1957); "Mein blaues Oktavheft" (Hamburg: Tessloff 1952); "Klopfzeichen" (Hamburg: Tessloff 1962); "Fremd in Toronto" (Hattingen: Hundt 1963); "Der Weg zählt, nicht die Herberge" (Hamburg: Tessloff 1964); "Ein Jahr" (Hamburg: Merlin 1967); "Lebenslauf" (München: Desch 1975)

BOESCHENSTEIN, HERMANN, "Unter Schweizern in Kanada" (Basel: Gute Schriften 1974)

"COURIER" (Wochenzeitung, Winnipeg; Chefredaktion: (Bern Laengin)

"DER BOTE" (Wochenzeitung, Saskatoon; Chefredaktion: (Gerhard Ens)

"DEUTSCHKANADISCHES JAHRBUCH/GERMAN-CANADIAN YEARBOOK" (hrg. von Hartmut Fröschle). Bd. 1 und 2, Toronto 1973, 1975

DYCK, ARNOLD, "Verloren in der Steppe", 4 Bde., 1944-48 (Bd. 1-2: Steinbach, Man; Bd. 3-4: North Kildonan, Man.)

EPP, GEORG K. (Hrg.), "Unter dem Nordlicht" (Winnipeg: Mennonitischer Sprachverein 1977)

FRIESEN, ABRAM J., "Prost Mahlzeit" (Grünthal, Man. 1949)

FRIESEN, GERHARD (siehe Senn, Fritz)

FRISCH, ANTON, "Steine aus Kanada" (Wien: Hoynigg 1952)

GOERZEN, JAKOB WARKENTIN, "Germanic Heritage" (Edmonton 1964)

"GLOBUS" (Vierteljahresschrift des VDA, München), 1973, Nr. 3

GROSSMANN, JOHN, "Streiflichter vom Rande der Zivilisation. Die Erlebnisse eines deutschen Heimstätters im Peace River-Gebiet." 2 Teile. In: Deutschkanadisches Jahrbuch" Bd. 1 und 2

"HEIMATBOTE" (Monatsschrift, Toronto; Chefredaktion: Stefan Kroeg)

"HESPERUS" (Zeitschrift der Jean Paul-Gesellschaft), Nr. 21, März 1961

HOGREBE, JOHANNES K., "Der Trapper vom Ghostriver" (Hamburg, Berlin: Paul Parey, 4. Aufl. 1975)

KROEGER, JÜRGEN E., "Start am anderen Ufer" (Lüneburg: Verlag Nordland-Druck 1975)

KULLY, ROLF MAX, "Der Rastplatz". In: "Grenchener Jahrbuch" 1976

LOEB, ERNST, "Loebliches" (Kingston, Ont. 1974)

LOHRENZ, GERHARD, "Lose Blätter" Bd. 3 (Winnipeg 1976)

"MENNONITISCHE RUNDSCHAU" (Winnipeg; Chefredaktion: Erich L. Ratzlaff)

"MENNONITISCHE WARTE" (Steinbach, Man., 4 Bde., 1935-38; Hrg.: Arnold B. Dyck)

"MENNONITISCHES JAHRBUCH" (Winnipeg, 2 Bde., 1943-44; Hrg.: A.B. Dyck)

"MONTREALER NACHRICHTEN" (Montreal, hrg. von Mario Heil de Brentani)

MORSTEIN, PETRA VON, "An Alle" (Frankfurt: Insel 1969)

"PRISMA" (Halbjahresschrift, Regina, Sask.; Hrg.: Klaus Burmeister)

ROOME, WALTER, "Gereimtes und Ungereimtes (Schweinfurt: neues forum 1967)

SAUDER, BEN, "Der Nachbar an de Schtroas". In: "Pennsylvania German Folklore" Bd. 1, Kitchener-Waterloo 1955

SAWATZKY, VALENTIN, "Friedensklänge" (Waterloo, Ont. 1971)

SCHAFFER, ULRICH, "gurluana" (Karlsruhe: Braun 1965); "ich will dich lieben" (Wuppertal: Brockhaus 1974); "umkehrungen" (Wuppertal: Oncken 1975)

SEEL, ELSE, "Haus im Urwald" (Regina: Western Printers 1956); "Kanadisches Tagebuch" (Tübingen: Erdmann 1964)

SENN, FRITZ, "Das Dorf im Abendgrauen" (hrg. von Elisabeth Peters; Winnipeg: Mennonitischer Sprachverein 1974)

STIEGER, raimund (Hrg.), "Litera", 4 Hefte (Toronto 1960-69)

"TORONTOER ZEITUNG" (Wochenzeitung, Toronto; Chefredaktion: Erich Reprich)

UNRUH, NIKOLAUS H. VON, "Gedichte und plattdeutsche Gespräche" (Steinbach, Man. 1973)

WEISS, MARIE, "Stürme und Stille. Gedichte" (Vancouver: Continental Book Centre 1956)

WEISSELBERGER, CARL, "Der Rabbi mit der Axt (Victoria: University of Victoria 1973)

WERNETH, JOSEPH, "Heimweh" (Toronto 1955)

* Wo kein Verlag angegeben ist, handelt es sich um den Selbstverlag des Verfassers.

# Ausgewählte Literatur

Bibliographien:

CARDINAL, CLIVE H. VON, A Preliminary Check List of Studies on German-Canadian Creative Literature, Part 1: General Studies. In: "Canadian Ethnic Studies" I, 1969, 1. S. 38ff.

Ders., A Preliminary Check List of Studies on German-Canadian Creative Literature, Part 2: Specific Studies. Ebd. II, 1. S. 63-69

CARDINAL, CLIVE H. and MALYCKY, ALEXANDER, German-Canadian Creative Literature: a Preliminary Check List of Authors and Pseudonyms. In: CES I, 1969, 1. S. 31-37

FRÖSCHLE, HARTMUT, Deutschkanadische Bibliographie. Eine Auswahl. In: "Deutschkanadisches Jahrbuch". Bd. 1, Toronto: Historical Society of Mecklenburg Upper Canada 1973. S. 327-344

WINDTHORST, ROLF E., German-Canadian Creative Literature: a Preliminary Check List of Imprints. In: CES II, 1, 1970. S. 55-62

Studien:

"Annalen 1. Erstes Montrealer Symposium Deutschkanadische Studien". Hrg. von Karin Guerttler und Friedhelm Lach. Montreal 1976

"Annalen 2. Zweites Montrealer Symposium Deutschkanadische Studien". Hrg. von Karin Guerttler und Herfried Scheer. Montreal 1978

BOESCHENSTEIN, HERMANN, Else Seel, a German-Canadian Poetess. In: CES I, 1969, H. 2. S. 51-58

Ders., Betrachtungen zur deutschkanadischen Literatur. In: "Annalen 1". Montreal 1976. S. 1-17

CARDINAL, CLIVE H. VON, Some Polish- and German-Canadian Poetry. In: CES I, 2. S. 67-76

CARDINAL, CLIVE H. VON, Begegnung mit dem deutschen Gedicht. In: Leopold Auburger und Heinz Kloss (Hrg.), Deutsch als Muttersprache in Kanada, Wiesbaden 1977. S. 78-82

EPP, GEORG K. (Hrg.), "Unter dem Nordlicht". Winnipeg: Mennonit. Sprachverein 1977 (S. IXff. engl. und dt. Vorwort)

FRÖSCHLE, HARTMUT, Deutschkanadische Studien. Aufgaben und Möglichkeiten. In: "Dt. kan. Jb." II, Toronto 1975. S. 6-23

Ders., Gibt es eine deutschkanadische Literatur? In: "Dt. kan. Jb." III, Toronto 1976. S. 174-187

Ders., Die deutschkanadische Literatur. Umfang und Problemstellungen. In: "Annalen 1". Montreal 1976. S. 19-30.

Ders., Eugen Funcken, Heinrich Rembe und Emil Querner: drei frühe deutschkanadische Dichter. In: "Annalen 2. Zweites Montrealer Symposium Deutschkanadische Studien". Hrg. von Karin Guerttler und Herfried Scheer. Montreal 1978. S. 46-70

HADLEY, MICHAEL L., Education and Alienation in Dyck's "Verloren in der Steppe": a Novel of Cultural Crisis. In: "Dt. kan. Jb." III, Toronto 1976. S. 199-206

JANZEN, J.H., Die Belletristik der canadischen rußlanddeutschen Mennoniten. In: "Christlicher Gemeinde-Kalender für das Jahr 1938", Jg. 47, Iberstein bei Worms

KLEIN, KARL-KURT, "Literaturgeschichte des Deutschtums im Ausland". Leipzig 1939 (über Kanada: S. 278-87). Neu herausg. mit Bibliographie (1945-1978) von Alexander Ritter. Hildesheim: Olms 1979

KLOSS, HEINZ, Deutsch-kanadische Dichtung. In: "Der Auslandsdeutsche" Jg. 19, 1936. S. 814-34

Ders., Randbemerkungen zur deutschkanadischen Literatur. In: "Mitteilungen" des IfA 1957, H.3. S. 191-94

Ders. (Hrg.), "Ahornblätter. Anthologie deutschkanadischer Dichtung". Würzburg 1961 (Vorwort S. 9-41)

Ders. und Leopold Auburger (Hrg.), "Deutsch als Muttersprache in Kanada." Wiesbaden 1977

SCHMIEDEHAUS, WALTER, Der Schriftsteller Arnold Dyck. In: "Mennonit. Welt" Jg. 5, 1952, H.1. S. 8f.

SYMINGTON, RODNEY T.K., Else Seel: eine Biographie im Nachlaß. In: "Dt. kan. Jb." III, 1976, S. 193-198

## DER HERAUSGEBER DER REIHE

Alexander Ritter

Geboren 1939. Studium der Germanistik, Geographie und Philosophie. Dr. phil. Studiendirektor am Kreisgymnasium in Itzehoe.
Publikationen:
Darstellung und Funktion der Landschaft in den Amerika-Romanen von Charles Sealsfield (Karl Postl). Kiel 1969. – Charles Sealsfield: Sämtliche Schriften (Mhrsg.). Hildesheim 1972ff. – Auslandsdeutsche Literatur der Gegenwart (Hrsg.). 13 Bde. Hildesheim 1974. – Nachrichten aus Kasachstan. Deutsche Dichtung in der Sowjetunion (Hrsg.). Hildesheim 1974. – Landschaft und Raum in der Erzählkunst (Hrsg.). Darmstadt 1975. – Günter Grass: Katz und Maus. Erläuterungen und Dokumente (Hrsg.). Stuttgart 1977. – Deutschlands literarisches Amerikabild (Hrsg.). Hildesheim 1977. – Zeitgestaltung in der Erzählkunst (Hrsg.). Darmstadt 1978. – Steinburger Studien (Mhrsg.). Heide 1978ff. – J. G. Müller von Itzehoe und die deutsche Spätaufklärung (Hrsg.). Heide 1978. – Karl Kurt Klein: Literaturgeschichte des Deutschtums im Ausland. Mit einer Bibliographie 1945-1978 (Hrsg.). Hildesheim 1979. – Aufsätze zur deutschen Literatur des 18. und 19. Jahrhunderts sowie zur deutschsprachigen Literatur des Auslands.

## DER HERAUSGEBER DES BANDES

Hartmut Froeschle

Geb. 1937 in Leipzig. Studium der Germanistik, Romanistik und Anglistik in Tübingen, München und Paris. Seit 1969 Professor für deutsche Sprache und Literatur an der Universität Toronto.
Publikationen: Justinus Kerner und Ludwig Uhland. Geschichte einer Dichterfreundschaft. Göppingen 1972. – Ludwig Uhland und die Romantik. Köln 1973. – Deutschkanadisches Jahrbuch (Hrg.) Band 1-5, Toronto 1973-1980; Drei frühe deutschkanadische Dichter (Hrg.) Toronto 1978. – Die Deutschen in Lateinamerika. Schicksal und Leistung (Hrg.). Tübingen 1979. – Aufsätze zur schwäbischen Literaturgeschichte und zur Kulturgeschichte der ethnischen deutschen Gruppen in Nord- und Südamerika.

# AUSLANDSDEUTSCHE LITERATUR DER GEGENWART

Hauptherausgeber: *Dr. Alexander Ritter,* Itzehoe, B. R. Deutschland

1: NACHRICHTEN AUS KASACHSTAN. Deutsche Dichtung in der Sowjetunion. Hildesheim 1974. Hrsg. v. *Dr. Alexander Ritter,* Itzehoe, Bundesrepublik Deutschland. XIV u. 245 S. DM 15,—
*Lieferbar!*

2: NACHRICHTEN AUS RUMÄNIEN. Rumäniendeutsche Literatur. Hildesheim 1976. Hrsg. v. *Heinrich Stiehler,* Frankfurt am Main, Bundesrepublik Deutschland. 260 S.
*Lieferbar!* DM 19,80

3/1: NACHRICHTEN AUS DEM ELSASS. Deutschsprachige Literatur in Frankreich. Hildesheim 1977. Hrsg. v. *Prof. Dr. Adrien Finck,* Straßburg, Frankreich. 247 S.
*Lieferbar!* DM 19,80

3/2: NACHRICHTEN AUS DEM ELSASS 2. Mundart und Protest. Deutschsprachige Literatur in Frankreich. Hildesheim 1978. Hrsg. v. *Prof. Dr. Adrien Finck,* Straßburg, Frankreich. 173 S. DM 14,80
*Lieferbar!*

4: NACHRICHTEN AUS SÜDTIROL. Deutschsprachige Literatur in Italien. Hildesheim (i. Vorb.). Hrsg. v. *Prof. Dr. Alfred Gruber,* Dorf Tirol, Italien.
*In Vorbereitung!*

5: NACHRICHTEN AUS DEN STAATEN. Deutschsprachige Literatur in den USA. Hildesheim (i. Vorb.). Hrsg. v. *Prof. Dr. Gerhard K. Friesen,* Waterloo, Ont., Kanada.
*In Vorbereitung!*

6: NACHRICHTEN AUS ONTARIO. Deutschsprachige Literatur in Kanada. Hildesheim 1981. Hrsg. v. *Prof. Dr. Hartmut Froeschle,* Toronto, Kanada.
*Lieferbar!* DM 24,80

8: NACHRICHTEN AUS PATAGONIEN. Deutschsprachige Literatur in Argentinien. Hildesheim (i. Vorb.). Hrsg. v. *Prof. Dr. Nicolás J. Dornheim,* Mendoza, Argentinien.
*In Vorbereitung!*

9: NACHRICHTEN AUS BELGIEN. Deutschsprachige Literatur in Belgien. Hildesheim (i. Vorb.). Hrsg. v. *Leo Wintgens,* Moresnet, Belgien.
*In Vorbereitung!*

10: NACHRICHTEN AUS ISRAEL. Deutschsprachige Literatur in Israel. Hildesheim 1981. Hrsg. v. *Dr. Margarita Pazi,* Tel Aviv, Israel. DM 24,80
*Lieferbar!*

11: NACHRICHTEN AUS LUXEMBURG. Deutschsprachige Literatur in Luxemburg. Hildesheim 1979. Hrsg. v. *Carlo Hury,* Luxemburg, Luxemburg. DM 24,80
*Lieferbar!*

12: NACHRICHTEN AUS DEM ALEMANNISCHEN. Neue Mundartdichtung aus Baden, dem Elsaß, der Schweiz und Vorarlberg. Hildesheim 1979. Hrsg. v. *Prof. Dr. Adrien Finck* u. *Prof. Dr. Raymond Matzen,* Straßburg, Frankreich. DM 19,80
*Lieferbar!*

13: IN DIESER SPRACHE. Neue deutschsprachige Dichtung aus dem Elsaß. Hrsg. v. *Adrien Finck, André Weckmann* u. *Conrad Winter.* Hildesheim 1981. Ca. 220 S.
*Lieferbar!* DM 19,80